LE MONDE SELON CHIRAC

Du même auteur

Essais historiques

La Justice au XIXe siècle. Les magistrats, Perrin, 1980

La Justice au XIXe siècle. Les républiques des avocats, Perrin, 1984

Les Oubliés de la République, Fayard, 2008 (prix Agrippa-d'Aubigné 2008)

Les Dynasties républicaines, Fayard, 2009

En tête-à-tête avec de Gaulle (illustrations de Philippe Lorin), Gründ, 2010

En tête-à-tête avec les présidents de la République (illustrations de Philippe Lorin), Gründ, 2012

Ces femmes qui ont réveillé la France (avec Valérie Bochenek), Fayard, 2012

Essais politiques

Les Idées constitutionnelles du général de Gaulle, Librairie générale de droit et de jurisprudence, 1974 (prix Edmond-Michelet 1974)

Le Pouvoir politique (avec Michel Debré), Seghers, 1976

Le Gaullisme (avec Michel Debré), Plon, 1978

En mon for intérieur, Lattès, 1997

Le gaullisme n'est pas une nostalgie, Robert Laffont, 1999

La Laïcité à l'école, un principe républicain à réaffirmer, Odile Jacob, 2004

Qu'est-ce que l'Assemblée nationale ?, L'Archipel, 2006

Racontez-moi le Conseil constitutionnel, Name éditions, 2010 et 2014

Françaises, Français. Ces discours qui ont marqué la Ve République, Archipel, 2013

Romans policiers

Le Curieux, Éditions n° 1, 1986

Pièges, Robert Laffont, 1998

Quand les brochets font courir les carpes, Fayard, 2008

Meurtre à l'Assemblée, Fayard, 2009

Regard de femme, Fayard, 2010

Jeux de haine, Fayard, 2011

JEAN-LOUIS DEBRÉ

LE MONDE SELON CHIRAC

Convictions, réflexions, traits d'humour et portraits

TALLANDIER

2, rue Rotrou – 75006 Paris
www.tallandier.com

Introduction

Pendant quarante ans, du dernier tiers du XXe siècle au début du XXIe siècle, Jacques Chirac aura été un des principaux acteurs de la France, de cette France qui change, doute, perd ses repères traditionnels mais aussi crée, innove – en un mot : qui se transforme, dans un monde où les vérités ne sont plus des certitudes.

Innombrables sont ses interventions télévisées, conférences de presse, allocutions publiques, articles, discours officiels, commentaires sur l'actualité nationale et internationale. Il a signé nombre de programmes et engagements électoraux, rédigé ses *Mémoires*… Les ouvrages sur lui foisonnent, certains critiques, d'autres bienveillants.

Sa vie publique et personnelle a été inlassablement observée, décrite, commentée.

Son histoire politique est celle d'un conquérant, toujours en mouvement, inépuisable, instinctif, mais elle met aussi en lumière un immense décalage entre l'homme et le reflet qu'il aima longtemps donner de lui.

« Chirac parle peu de lui, se livre très rarement et se confie moins encore. "J'éprouve une véritable impuissance à parler de moi-même… j'ai la simplicité de croire que mes états d'âme et mes humeurs n'intéressent personne[1]…" "Je veux conserver mon "jardin secret"[2] », avoue-t-il au journaliste Bernard Pivot. Et plus tard, il ajoute : « Je n'aime pas m'attarder sur le passé, pas plus que je n'aime me mettre en scène[3]. »

Et pourtant c'est bien ce qu'il entreprend en publiant ses *Mémoires*, en acceptant des reportages photos avec sa femme et sa famille. Le paradoxe n'est qu'apparent, tant Chirac a toujours pris un indéniable recul par rapport à lui-même. Il s'est souvent amusé – son côté provocateur ou pudique – à donner une image voilée de lui. Celle d'un homme imperméable à toute culture, qui ne lit que quelques romans policiers, aime la musique militaire, ne regarde à la télévision que des westerns, rit aux pitreries de Louis de Funès, raffole de la bière Corona, se délecte de tête de veau et d'autres mets roboratifs…

Parfois il a été présenté, surtout avant son accession à l'Élysée, comme un agité, engloutissant le présent sans se soucier du temps suivant, vivant dans l'instant, toujours en mouvement, comme poursuivi par le temps qui passe. « Je comprends fort bien que l'opinion publique ait pu éprouver le sentiment que je me démenais trop […]. Je ne puis modifier mon tempérament, marcher à petit pas de sénateur, ni affecter des mines d'onction épiscopale […]. Malheureusement, je m'endors toujours avec l'impression que le temps m'a manqué[4]. »

Ces clichés, qu'il a souvent lui-même accrédités, sont pourtant loin d'être toute la vérité de Chirac. Cette volonté inflexible d'avancer, ce refus de renoncer – ou simplement de s'arrêter – sont aussi l'expression d'un solide optimisme dont il fait preuve en toutes circonstances. Et qui est peut-être son véritable moteur.

Nous ne parlons pas ici de l'enthousiasme béat du satisfait, mais de cette énergie dont Saint-John Perse a sans doute donné la meilleure définition, que Chirac cite d'ailleurs volontiers : « Des raisons d'optimisme ? Elles sont avant tout d'ordre vital : la vie rend mille à qui lui donne cent ; elle enlève mille à qui lui refuse cent. Malheur aux incertains et aux parcimonieux ! On périt par défaut bien plus que par excès. La vie est toute action ; l'inertie est la mort [...]. Ainsi, pour les sociétés comme pour les individus le goût de l'énergie, source première d'optimisme, est un instinct foncier de rectitude organique. Le pessimisme n'est pas seulement une faute contre nature, c'est le “péché de l'esprit”, le seul irrémissible[5]. »

Il y a bien sûr le Chirac aux discours ou écrits bien policés. En ce domaine, au fur et à mesure qu'il progresse sur le chemin des responsabilités politiques, son expression devient plus contenue, contrôlée. Son verbe s'aseptise, au détriment parfois de la spontanéité et de l'originalité.

Il y a aussi le Chirac aux réponses automatiques, mécaniques, dilatoires. Ainsi à Georges Marchais, secrétaire général du Parti communiste français, qui propose de voter une loi sur les ressources financières des partis politiques, Chirac répond : « C'est sans aucun doute un problème à étudier[6]... »

Il y a également le Chirac des formules imagées, à l'emporte-pièce. Ce langage tour à tour surprenant ou provocant, parfois gaulois, sait briser tout conformisme, renvoyer dos à dos vocabulaire technocratique ou convenu, déstabiliser les interlocuteurs malveillants et décontenancer les prétentieux. On trouvera ici quelques-unes de ces expressions truculentes.

Sans cesse Chirac nous prend à contre-pied, faisant voler en éclats l'image de lui que nous nous étions fabriquée. Un jour c'est cette déclaration au journal *L'Équipe* : « Peut-être qu'en pratiquant jeune, j'aurais pu faire du sumo, j'avais la taille nécessaire et le poids, ça s'acquiert[7]. » Une autre fois, ces propos qui, pour moi encore aujourd'hui, n'ont rien perdu de leur mystère : « Je compte beaucoup sur l'appui de ce qui ne s'exprime pas, comme l'élévation mystique du matin sur la France[8]. »

Alors, sait-on vraiment qui est Jacques Chirac ?

Je l'ai approché plus que d'autres, mais j'ai la conviction de n'avoir jamais vraiment percé tout ce que sa personnalité cache. Cet essai n'a pourtant pas la prétention de lever entièrement le voile sur sa personnalité complexe, insaisissable. Mon dessein, à travers ces citations de ses propos ou écrits, est de mieux comprendre les fondements et l'évolution de sa pensée politique, de saisir la logique de son action publique – et, avec prudence, d'approcher son mystère.

On y découvre sans surprise un homme aux fortes convictions, qui, en vrai politique, aime commander, décider, ordonner. Chirac a construit son destin public avec ambition, certes, mais surtout avec une inépuisable énergie – et parfois sans faiblesse ni remords. Sa détermination semble se renforcer devant la multiplication des obstacles et même au plus fort de la tourmente, dans les premiers mois de la campagne présidentielle de 1995, alors que nombre de ses « amis » politiques le trahissent, rares sont ceux qui peuvent déceler chez lui la tentation d'abandonner la partie.

Et pourtant... C'était en décembre 1994, à Saint Denis de La Réunion, où Chirac faisait campagne. Les sondages étaient particulièrement décevants et malgré ses efforts, il n'arrivait pas à inquiéter Balladur, dont la victoire semblait assurée. Descendant la rue de Paris, je lui ai demandé : « Comment voyez-vous la suite ? » Il m'a avoué, pour la première fois : « Cela n'est pas gagné, cela va être difficile. » Un instant, il s'est alors amusé à imaginer une autre vie – une vie loin de la politique : « Nous pourrions ouvrir une agence de voyages, tu la tiendras, je voyagerais ! » Bien sûr, il s'est immédiatement repris : « On finira par y arriver ! »

Chirac est un homme d'État qui porte au plus profond de lui une certaine idée de la France et du rôle de l'État, une conception de la société, une vision forte du monde. Durant les années passées à l'Élysée, souvent il a su se détacher des querelles politiques pour situer son action dans une perspective historique. Le seul combat qui vaille est celui que l'on mène pour l'homme.

Cependant, il n'est absolument pas un doctrinaire. Je suis impressionné par l'absence chez lui de tout esprit dogmatique. En témoigne sa qualité d'écoute : contrairement à nombre de politiques, il s'intéresse vraiment à son interlocuteur, le laisse parler, l'interroge, ne prenant la parole qu'ensuite. Il accepte volontiers la critique lorsqu'elle s'exprime avec sincérité et se veut constructive.

Chaque fois que je parle avec Jacques Chirac, je songe à ces lignes attribuées à Anatole France : « Heureux ceux qui n'ont qu'une vérité. Plus heureux et plus grands, ceux qui ont fait le tour des choses et qui ont assez approché la vérité pour savoir qu'il n'y a pas qu'une vérité : il y a des vérités. » C'est donc à la découverte d'un homme qui a toujours cherché la vérité que ce livre vous invite.

1

Itinéraire d'une vie politique

Les débuts

« Explorer d'autres univers »

Rien ne prédestinait Jacques Chirac, qui aspirait, adolescent, à devenir capitaine au long cours, à intégrer le monde de la politique :

« Lorsque je quitte le lycée Carnot, à dix-huit ans [...], je n'ai qu'un désir : devenir capitaine au long cours. Voyager, sillonner toutes les mers du globe, je n'aspire qu'à cela depuis que j'ai commencé à explorer d'autres univers. Mon père, qui nourrit pour moi des ambitions plus sérieuses, m'inscrit d'autorité en mathématiques supérieures au lycée Louis-le-Grand afin que je prépare Polytechnique. Résolu malgré tout à tenter la seule expérience qui m'intéresse, je décide, au début de l'été 1950, d'aller m'engager secrètement comme pilotin sur un bateau de la marine marchande[1]. »

Ses grands-parents étaient instituteurs, son père, cadre dans une banque à Clermont-Ferrand, puis directeur d'une société de construction d'avions. Seul son grand-père, Louis Chirac, militant anticlérical, franc-maçon, vénérable de la loge de la Fidélité à l'Orient, est engagé en politique :

« Soucieux de faire de ses élèves des citoyens responsables, il leur inculque les valeurs républicaines de solidarité et de fraternité [...]. Archétype même du “hussard noir de la République”, c'est un militant passionné de l'enseignement public [...]. Membre actif du parti radical-socialiste de l'arrondissement de Brive, Louis Chirac a été de tous les combats politiques de l'entre-deux-guerres[2]. »

Des idéaux pacifistes

Gandhi, le partisan et théoricien de la non-violence, est le héros de son adolescence :

« J'ai été bouleversé par son assassinat, lorsque je l'ai appris en écoutant la radio dans ma chambre le 31 janvier 1948. Sa disparition fut un des grands chocs de mon adolescence... Idole de ma jeunesse, le Mahatma Gandhi est un de ceux dont l'enseignement a le plus contribué à forger ma sensibilité politique[3]. »

Étudiant à l'École des sciences politiques au début des années 1950, Jacques Chirac vend quelques fins de semaine le journal L'Humanité-dimanche *devant l'église Saint-Sulpice à Paris :*

« Ce qui m'a entraîné brièvement vers les communistes, c'est avant tout les idéaux pacifistes dont ils se réclamaient. Comme beaucoup de jeunes gens de ma génération, horrifiés par la tragédie d'Hiroshima, j'étais hostile à toute nouvelle utilisation de l'arme nucléaire. Je n'ignorais pas que ceux qui m'avaient incité à signer l'appel de Stockholm appartenaient au parti communiste, ce qui, de prime abord, ne me gênait en rien[4]. »

Mais le jeune Chirac sort effrayé d'une réunion de cellule communiste :

« Épouvanté par le sectarisme de mes camarades, j'ai eu vite fait de m'éloigner d'eux[5]. »

S'il ne rejoint pas les rangs des socialistes de la SFIO comme lui propose son camarade Michel Rocard, futur Premier ministre de Mitterrand, il ne rallie pas pour autant le camp des gaullistes et n'adhère pas au Rassemblement du peuple français (RPF) créé par de Gaulle :

« Quant au gaullisme, il se confond pour moi avec le RPF que je juge lui-même trop conservateur et auquel je n'ai pas davantage adhéré[6]. »

À cette époque, le Chirac qui se construit n'éprouve pas un réel attrait pour un engagement politique :

« En réalité, mon intérêt pour la politique demeure encore très relatif à cette date. D'autres expériences m'attirent bien davantage, à commencer par celles, restées inassouvies, de l'aventure et de la découverte du monde[7]. »

Genèse d'une vocation

À sa sortie de l'ENA, il accomplit son service militaire en Algérie :

« Pour moi, l'Algérie a été la période la plus passionnante de mon existence [...]. Pendant de longs mois, j'ai eu une vie passionnante et enthousiasmante, mais détachée de tous les éléments qui pouvaient alimenter une réflexion politique. Si bien que pour moi, le problème algérien se situait dans un contexte très particulier. On nous avait dit que nous étions là pour la bonne cause, et nous ne remettions pas cela en question [...]. Je savais qu'il y avait un gouvernement socialiste. Ce n'était pas, en réalité, mon problème à l'époque, et cela ne suscitait pas chez moi de réactions [...]. Pour moi, et contrairement à ce que l'on peut penser, ce fut un moment de très grande liberté, et probablement un des seuls moments où j'ai eu le sentiment d'avoir une influence directe sur le cours des choses. Parce qu'il y allait de la vie d'hommes qui étaient sous mes ordres et donc c'est le seul moment où j'aie eu le sentiment de commander[8]. »

Il est ensuite affecté à la Cour des comptes puis au Secrétariat général du gouvernement. Peu après, il rejoint le cabinet de Georges Pompidou, Premier ministre :

« Mon ambition était plutôt d'ordre administratif, même après plusieurs années au cabinet du Premier ministre. En 1966, on m'a laissé entendre que je pourrais être nommé [...] comme directeur des transports aériens : ça me convenait tout à fait[9]. »

Mais la politique l'intéresse. Peut-être commence-t-elle même à l'attirer ? Pas par facilité car, Chirac en a conscience très tôt, on ne naît pas politique, on le devient – à force de travail et à l'issue d'un très long apprentissage :

« La politique, c'est comme tout : c'est un métier, cela s'apprend, cela ne s'improvise pas. On avait l'habitude de dire souvent que le café du Commerce était l'endroit approprié pour faire la stratégie, la politique et la diplomatie. Ce n'est pas vrai. La stratégie, la politique et la diplomatie, ce sont des métiers qui ne sortent pas spontanément, cela s'apprend[10]. »

Il a la volonté d'agir :

« "Le politique" est, par excellence, l'homme qui agit. (Je fais la distinction d'avec le "politicien", homme qui parle et qui intrigue.) Et dire aujourd'hui d'un homme politique qu'il est actif, c'est sans doute vouloir lui décerner un grand éloge.

Mais, dans le même temps, nous sommes trop imprégnés du vieux dualisme des philosophies idéalistes pour ne pas nourrir quelques inquiétudes vis-à-vis de l'homme d'action. Nous opposons volontiers le savant et le politique, c'est-à-dire les vertus de raison et les vertus de force ; et nous conférons aux "clercs" le privilège d'évoluer dans le spirituel et l'universel, tandis que seule la volonté de dominer le temporel et le particulier nous semble inspirer la passion politique… En réalité, l'homme est d'abord ce qu'il fait. Il se constitue corps et âme par ses actes, de sorte qu'il nous faut renverser les relations habituelles de la pensée et de l'action.

"Au commencement était le verbe" est-il écrit. Je serais tenté de rétorquer avec Goethe : "Au commencement était l'action"… La pensée livrée à elle-même vagabonde. Voyez comme nos intellectuels en chaise longue sont prodigues de systèmes, de conseils, de critiques. Mais bien peu prennent le risque d'exercer dans la cité les responsabilités qui tempèrent l'intolérance et font mûrir la réflexion… Ainsi se dérègle l'intelligence[11]. »

Dauphin de Pompidou

Débute un exceptionnel parcours politique. En 1967, Chirac se présente aux élections législatives en Corrèze. Pompidou lui fait l'honneur et l'amitié de venir le soutenir à Ussel.

« C'était la première fois depuis Henri Queuille qu'un chef de gouvernement venait[12]… »

Chirac est élu au second tour face à un candidat communiste après l'élimination de Mitterrand, candidat des socialistes. Il s'agit de Robert, le frère de François :

« L'homme est sympathique et nos relations, par la suite, ne cesseront d'être cordiales […]. Mais faire campagne chez les paysans de haute Corrèze répugne manifestement à ce bourgeois citadin qui n'a ni le temps ni le goût de se familiariser avec les coutumes locales[13]. »

Tout juste élu député, il entre au gouvernement de Pompidou et devient, le 6 avril 1967, secrétaire d'État aux Affaires sociales, chargé des problèmes de l'emploi :

« Il était nécessaire de doter ce pays de ce que le Premier ministre a appelé l'infrastructure de l'adaptation, et, dans le domaine de l'emploi par conséquent, d'un outil à la disposition des services actuels de l'emploi, du ministre des Affaires Sociales et du Secrétariat d'État à l'Emploi, d'un outil qui soit souple et efficace, et qui permette de mettre à la disposition du travailleur tous les moyens nécessaires à son placement, à son orientation, à son accueil, aux liaisons avec sa formation professionnelle, et bien entendu, au règlement de tous les problèmes auxquels il doit faire face lorsqu'il est privé de son emploi pour en trouver un autre[14]. »

En juillet, alors que le pays ne compte guère plus de 2 % de chômeurs, il annonce la création de l'Agence nationale pour l'emploi (ANPE) :

« Jusqu'ici, le chômage avait été considéré comme une sorte de maladie honteuse du corps social contre laquelle on luttait plus ou moins efficacement par les voies traditionnelles de l'assistance. Je crois que la dignité même du travailleur implique la mise en œuvre non plus d'une notion d'assistance qui me paraît périmée, comme celle de chômage, mais de la notion de solidarité professionnelle et de solidarité nationale au service d'une période de transition qui risque de toucher le travailleur et qui touchera naturellement le travailleur dans le déroulement normal de sa carrière[15]. »

Lorsqu'il signe cette ordonnance, Jacques Chirac a conscience que le problème du chômage s'accroîtra dans les années à venir. Il insiste sur la nécessité d'assurer aux demandeurs d'emploi

« un montant de ressources qui leur permettra de ne pas ajouter au traumatisme causé par la perte de l'emploi des drames qui étaient ceux qui concernaient la subsistance même[16]. »

Conseiller municipal de Sainte-Féréole (1965-1977), conseiller général de la Corrèze (1968-1982), président du

Conseil général de la Corrèze (1970-1979), maire de Paris de 1977 à 1995, il est nommé plusieurs fois ministre.

Coexistence politique difficile avec Valéry Giscard d'Estaing

À partir de 1963 et surtout après son éviction du gouvernement en janvier 1966, Valéry Giscard d'Estaing s'emploie à dynamiser et à moderniser le courant libéral de la majorité, à se constituer une formation partisane au service de son ambition politique. Il cherche à se démarquer du général de Gaulle sans rompre totalement avec lui. Il crée la Fédération nationale des républicains indépendants et lance, le 10 janvier 1967, « le oui mais » à de Gaulle, dénonçant peu après son « exercice solitaire du pouvoir ». Le sentier politique qu'il emprunte est étroit : être dans la majorité tout en s'en démarquant, constituer une troisième voie se faufilant entre la gauche et les gaullistes.
Lors du référendum sur la participation, la régionalisation et la réforme du Sénat de 1968, Giscard appelle à voter non, sachant parfaitement qu'un résultat négatif aboutirait à la démission du général de Gaulle.

L'Appel des 43

En 1969, suite à la démission du Général, Georges Pompidou est élu président de la République. Mais sa mort prématurée, en 1974, rend nécessaires de nouvelles élections présidentielles. Persuadé que Chaban-Delmas n'a pas de chance face à Mitterrand, Chirac rallie Giscard d'Estaing, estimant qu'il est en mesure d'enrayer la poussée politique des socialistes et de la gauche. Le 13 avril 1974, Chirac lance l'Appel des 43, signé par quatre ministres et trente-neuf députés. Ce manifeste apparaît clairement comme une déclaration de soutien à Valéry Giscard d'Estaing :

« La disparition brutale de Georges Pompidou place la France devant un choix fondamental : élire un chef de l'État et donc opter pour un type de société.

La tâche engagée doit être poursuivie. Or la pluralité des candidatures qui se manifestent de la part d'hommes qui, à des titres divers, ont participé à l'œuvre entreprise par le général de Gaulle et Georges Pompidou apparaît comme un phénomène, peut-être explicable, mais profondément regrettable.

Les élus soussignés ont vivement souhaité une candidature d'union afin de faire échec à la coalition socialo-communiste en respectant l'esprit de rassemblement de la Ve République.

C'est pourquoi ils ont soutenu de tout cœur les efforts de Pierre Messmer, Premier ministre et chef de la majorité, pour y parvenir.

Ils rendent hommage à son action.

Compte tenu de l'évolution récente de la situation, notamment de la dernière candidature enregistrée, et du fait que les délais impartis par la loi pour le dépôt des candidatures ne sont pas expirés, ils ont décidé de se réunir.

Ils appellent une dernière fois l'attention des candidats issus de la majorité sur les risques que présente cette situation que le pays ne comprend guère et admet mal.

Ils confirment les principes fondamentaux de la Ve République, pour lesquels ils ont combattu et auxquels ils sont inébranlablement attachés :

– sur le plan extérieur : indépendance nationale, construction de l'Europe, solidarité avec tous les peuples ;

– sur le plan intérieur : respect des institutions, sauvegarde de la liberté, progrès économique, répartition toujours meilleure des revenus et des responsabilités entre tous les Français.

Ils considèrent que la défense de ces principes est leur premier devoir.

En conséquence, ils arrêteront ensemble et en conscience une position concertée en faveur de la solution qui leur paraîtra le mieux assurer le respect de ces principes en faisant échec à toute candidature socialo-communiste, qui remettrait en cause l'avenir de la France et le bonheur des Français. »

Pour le récompenser de son soutien, le nouveau président de la République Valéry Giscard d'Estaing (1974-1981) nomme Chirac Premier ministre. Le 27 mai 1974, « tâche exaltante, tâche difficile », Chirac prend ses fonctions à Matignon :

« Il s'agit de passer d'une société encore engoncée dans des stratifications rigides qu'entretiennent l'esprit de caste et le poids de la bureaucratie à une société profondément différente, dont les marques essentielles soient la simplicité démocratique et une égalité vraie. Il s'agit, dans une conception moderne de la liberté, de la liberté réelle, de rendre aux hommes et aux femmes de ce pays le pouvoir de conduire leur vie. Il s'agit enfin, par une pratique renouvelée de la concertation entre tous les acteurs de la vie économique et sociale et, dans le domaine politique, par des rapports différents entre la majorité et l'opposition, de faire de la société française un modèle exemplaire de démocratie libérale.

[...] Ce sera ainsi notre œuvre que d'avoir, dans un moment décisif de notre histoire, réalisé la transformation voulue par notre pays[17]. »

Mais cette nomination n'est pas exempte d'arrière-pensées politiques : Giscard entend bien se servir de son Premier ministre pour bâtir sa majorité au détriment des gaullistes. De plus, l'accession à l'Élysée de Giscard d'Estaing se manifeste par une pratique institutionnelle nouvelle des institutions, le « présidentialisme personnel », pour reprendre l'expression de Michel Debré, le rédacteur de la constitution de la Ve République. En tant que Premier ministre, Chirac expérimente une succession de désaccords et de vexations imaginées par Giscard pour l'humilier :

« Doté d'une propension naturelle à tout contrôler, à exercer son pouvoir jusque dans les moindres détails, il est en outre encouragé sans cesse par son entourage à rabaisser le Premier ministre, et le cas échéant, à le blesser[18]. »

Débute alors un véritable bras de fer entre les deux hommes.

Chirac impose Simone Veil

L'usage veut que la formation du gouvernement incombe au Premier ministre. Pourtant, c'est à peine si le Président prend la peine de consulter Chirac sur le choix des ministres et secrétaires d'État. Mais concernant le ministère de la Santé, le Premier ministre se montre inflexible :

« Sous peine de ne pouvoir cautionner ce gouvernement, je lui demande que le ministère de la Santé soit confié à […] Simone Veil, alors secrétaire générale du Conseil supérieur de la magistrature et engagée de longue date dans le combat pour le droit des femmes […]. Giscard, qui n'a pas beaucoup de sympathie pour elle et la soupçonne d'avoir voté, lors de l'élection présidentielle, en faveur de François Mitterrand après avoir choisi Chaban-Delmas au premier tour, est plus que réticent à cette idée. Il y est même franchement défavorable. Mais devant mon insistance, il finit par céder[19]. »

Jacques Chirac s'investit personnellement dans la défense d'une des lois les plus symboliques du septennat de Giscard d'Estaing : la « loi Veil » dépénalisant l'avortement, qui sera votée le 17 janvier 1975.

« Parmi les réformes entreprises au début du septennat de Valéry Giscard d'Estaing, la loi sur l'avortement est une de celles sur lesquelles je me suis le plus engagé. J'y ai été favorable dès le départ […]. Il s'agissait moins, à mes yeux, d'une affaire de convictions que d'une nécessité. L'hypocrisie qui entourait alors cette question était devenue intolérable. Les avortements clandestins se réalisaient dans des conditions insupportables et souvent dangereuses pour la santé des femmes qui les subissaient. Une légalisation de l'interruption volontaire de grossesse soulevait, certes, des questions d'éthique. Mais elle avait au moins le mérite d'en finir avec une situation qui ne pouvait plus durer[20]. »

Simone Veil racontera plus tard que, rentrée chez elle au milieu de la nuit, épuisée, elle trouve une énorme gerbe de fleurs, envoyée par Jacques Chirac.

Le Centre Beaubourg, un projet voulu par Pompidou

À plusieurs reprises Chirac menace de démissionner, notamment quand Giscard envisage de faire arrêter la construction du Centre Beaubourg, qui prendra ultérieurement le nom de Centre Pompidou.

« Un jour, Giscard me convoque [...] pour me faire part de ses grands projets. "Je vais arrêter cette monstruosité qu'est le Centre Beaubourg", me déclare-t-il tout net. Mon sang ne fait qu'un tour : "Monsieur le Président, cette décision implique que vous changiez aussi de Premier ministre. Car je n'accepterai pas qu'on puisse remettre en cause ce qui a été la dernière œuvre de M. Pompidou"[21]... »

Face à la détermination de Chirac, Giscard est contraint de renoncer à son projet.

Des pratiques régaliennes

La conception que Giscard se fait de son rôle de Président, s'occupant et décidant de tout, réduisant la fonction de Premier ministre à celle d'un chef d'état-major, ne pouvait pas durablement s'accorder avec la personnalité de Chirac :

« Valéry Giscard d'Estaing m'a surtout appris, au cours de nos deux années de collaboration, que restreindre l'autorité du Premier ministre conduit inévitablement à affaiblir celle du chef de l'État. Voilà ce qu'il ne faut jamais faire [...]. De Valéry Giscard d'Estaing, je ne partageais pas la conception d'un Élysée s'occupant de tout, tranchant et décidant de tout [...]. En France, une telle conception, ne peut conduire qu'à la confusion des pouvoirs, à la perte de responsabilités gouvernementale et administrative et, pour finir, à une forme d'inefficacité et d'immobilisme[22]. »

« Giscardiser » les députés gaullistes – ou les « chiraquiser » ?

Giscard, qui n'a pas dissous l'Assemblée nationale à son arrivée à la présidence de la République, ne peut s'appuyer sur un groupe parlementaire majoritaire totalement acquis à sa cause : il a besoin des gaullistes. En 1974, la majorité à l'Assemblée nationale est composée de 183 députés gaullistes (UDR, Union pour la Défense de la République) et de 54 députés issus des Républicains indépendants de Giscard.

La disparition de Pompidou avant la fin de son septennat a déclenché une profonde inquiétude au sein des parlementaires et militants gaullistes, qui débouche rapidement sur une crise d'identité d'autant plus vive qu'ils n'ont plus de chef incontesté. Giscard, qui entend profiter de cette situation, a recours à une formule politique originale, celle de « majorité présidentielle ». Ainsi, faisant partie de la « majorité présidentielle », les députés gaullistes se devront de le soutenir :

« De leur côté, irrités par les annonces répétées d'un "rééquilibrage" de la majorité, les élus de l'UDR se montrent de plus en plus critiques envers certaines idées malencontreuses du chef de l'État, comme la suppression des célébrations du 8 mai ou son absence au mont Valérien, le 18 juin 1975, sans parler de sa volonté de changer le rythme de *La Marseillaise*[23]. »

Déjà, lors de la formation du gouvernement Chirac, l'accession, imposée par Giscard, à des postes ministériels importants des plus antigaullistes des giscardiens avait été prise comme une provocation par nombre de députés UDR :

« Hormis le sénateur Jacques Soufflet, en charge de la Défense, les gaullistes sont écartés des postes clés au profit des responsables centristes et giscardiens : Michel Poniatowski, promu ministre d'État et numéro deux du gouvernement, prend l'Intérieur, Jean-Pierre Fourcade, les Finances, Jean Sauvagnargues, les Affaires étrangères,

Jean Lecanuet, la Justice, Christian Bonnet, l'Agriculture, Michel d'Ornano, l'Industrie[24]… »

Chirac a compris la manœuvre. En décembre 1974, pour s'assurer du soutien des députés gaullistes, il s'empare de la direction de l'UDR :

« Dans les mois qui suivent l'élection de Valéry Giscard d'Estaing, je n'ai pourtant de cesse que de reprendre en main un mouvement gaulliste affaibli et désemparé afin, non seulement de le sauver de la dislocation et lui restituer toute sa place dans la vie politique, mais aussi de m'assurer de l'action qu'il apporterait à l'action du président de la République et de son gouvernement. Cette tâche est d'autant moins aisée qu'en dehors même des griefs et des rancœurs qui se manifestent contre moi au sein de l'UDR – d'avoir soutenu non Chaban-Delmas mais Giscard d'Estaing à l'élection présidentielle –, les gaullistes ne sont pas enclins à accorder leur confiance à un chef de l'État qui, de son côté, ne fait rien pour les séduire ou les ménager[25]… »

Giscard accepte finalement la suggestion de Chirac de recevoir les députés et sénateurs pour leur parler. Mais…

« fait exactement le contraire de ce que je lui avais recommandé […] le voici qui se lance, à la fin du repas, dans un cours de droit constitutionnel long de trois quarts d'heure. Un véritable désastre : alors que ses invités n'aspiraient qu'à se sentir aimés, Giscard n'avait pu résister au plaisir de leur faire comprendre qu'il était plus intelligent qu'eux ! Les gaullistes repartirent furieux. Dès lors, l'incompréhension entre eux et lui ne pouvait qu'empirer[26]... »

Situation inédite dans l'histoire de la Ve République, le Premier ministre est aussi le secrétaire général du parti le plus important de la majorité, duquel le président de la République n'est pas issu.

Démission !

L'opposition entre les deux hommes trouve son aboutissement le 25 août 1976 lorsque Chirac impose son départ de Matignon à Giscard. Après une série d'incidents et de petites humiliations politiques :

« Ainsi le 15 juillet, sans m'en avoir prévenu, Giscard sollicite en Conseil des ministres l'avis du gouvernement sur la question de l'élection du Parlement européen au suffrage universel [...]. Je m'étonne de la “procédure insolite et inhabituelle” qui consiste désormais à ne même plus me tenir informé de l'ordre du jour des réunions gouvernementales [...]. Le 19 juillet, j'informe Valéry Giscard d'Estaing, lors d'un entretien que j'ai sollicité, de mon souhait d'être démis de mes fonctions. Il s'y refuse[27]. »

Cependant,

« le 26 juillet, je remets en main propre au président de la République ma lettre de démission[28]. »

Giscard entend gagner du temps et lui imposer son rythme politique. Il suggère donc à Chirac de lui reparler de son projet de démission après les vacances de l'été. Chirac, qui a perçu la manœuvre, entend démissionner de sa propre initiative. Un mois plus tard, avant le Conseil des ministres du 25 août, Chirac informe les ministres de sa démission et donc celle du gouvernement.

« Je ne dispose pas des moyens que j'estime aujourd'hui nécessaires pour assumer efficacement mes fonctions de Premier ministre. Et dans ces conditions, j'ai décidé d'y mettre fin[29]. »

Les rapports de Giscard et de Chirac continueront à se dégrader par la suite, notamment lorsque Chirac transformera, le 5 décembre 1976, le parti gaulliste en un vaste mouvement politique moderne – le Rassemblement pour la République, RPR – dont le but est de préparer l'alternance politique et de constituer un outil de reconquête du pouvoir :

« Rassemblement pour la démocratie, mais aussi rassemblement dans la majorité [...] j'ignore s'il sera bientôt *toute* la majorité mais il sera tout entier *dans* la majorité.

Notre peuple, dont c'est la grandeur d'être rebelle à la contrainte, a quelquefois besoin qu'on l'exhorte. Alors, il se rappelle son passé, et il étonne le monde. Le voici soudain réconcilié avec lui-même, réuni dans le même combat, consacrant toutes ses forces à défendre sa culture et sa société. Le voici rassemblé. Citoyens et citoyennes de mon pays, vous êtes les fils et les filles de ces hommes qui ont lutté dans notre longue histoire pour nous donner le droit d'être libres. L'appel que je lance à mon tour n'est que l'écho de l'éternel appel des nations qui ne veulent pas mourir[30]. »

Après la démission de Chirac, le Président Giscard d'Estaing nomme Raymond Barre pour diriger le gouvernement et gérer la cohabitation parlementaire avec les gaullistes de Chirac. La mission est difficile : Barre, qui fut professeur d'université, ne fait pas partie de la famille gaulliste qui pourtant est le groupe le plus important de l'Assemblée nationale. Au surplus, il n'est pas un élu. Le 27 août 1976, au moment de la passation des pouvoirs, Chirac adresse tous ses vœux de réussite au nouveau Premier ministre :

« Je vous cède la place. Je pars sans amertume, et ma tristesse est atténuée parce que c'est vous, pour qui j'ai de l'estime et de l'amitié. Pour mon pays, je souhaite de tout mon cœur que vous réussissiez[31]. »

Confronté à la crise économique mondiale consécutive à l'envolée du prix du pétrole, le gouvernement, avec l'aval du président de la République, impose une politique de rigueur. Avec l'approbation de Giscard, Barre conteste sévèrement à plusieurs reprises le bilan de Chirac à Matignon :

« Ce sont les mises en cause incessantes, par mon successeur, de ma propre action à Matignon, et de l'héritage, selon lui catastrophique, que je lui aurais légué, qui contribuent à envenimer les relations entre le gouvernement et les principales composantes de sa majorité. Il n'est pas de jour où Raymond Barre ne laisse entendre, quand il ne l'affirme pas ouvertement, qu'il a trouvé "les caisses vides" à son arrivée [...]. Pas de jour, non plus, où Raymond Barre ne se pose en sauveur d'une économie prétendument naufragée par son prédécesseur[32]... »

Les gaullistes, emmenés par Chirac, ne cessent de s'opposer au gouvernement pour mieux cibler le Président.

La « bataille de Paris »

Chirac multiplie les opérations de déstabilisation à l'égard de Giscard. Le Président a personnellement désigné son ami Michel d'Ornano pour affronter le suffrage des Parisiens aux élections municipales de mars 1977, qui ont lieu pour la première fois au suffrage universel. Or, le 19 janvier 1977, Chirac annonce sa candidature :

« Après la conférence de presse du président de la République, j'ai estimé nécessaire de rencontrer le Premier ministre pour m'entretenir avec lui des affaires du pays. [...] J'ai [...] exprimé mes plus extrêmes réserves sur la situation de la majorité et son évolution, notamment en ce qui concerne les élections municipales. En fait, ces élections, qu'on le veuille ou non, engageront dans une large mesure la campagne législative. Il est donc essentiel qu'elle soit menée avec rigueur et détermination. À Paris, l'heure n'est plus [...] aux compromis de partis. Il convient maintenant d'affirmer clairement notre résolution et de faire en sorte que la capitale de la France ne courre pas le risque de tomber aux mains des socialo-communistes. En conséquence, et fidèle à l'engagement que j'ai pris de combattre partout les dangers du collectivisme, j'ai décidé de me présenter à Paris à la tête de tous ceux qui se rassemblent pour mener le même combat. Une fois encore, le peuple de Paris, j'en suis sûr, saura donner l'exemple[33]. »

À la suite d'une campagne dynamique, Chirac élimine le protégé et favori du Président. Victoire d'autant plus significative et humiliante pour Giscard que ces municipales sont en France un succès pour la gauche, sauf à Paris où le fidèle giscardien est éliminé... par Chirac. Le 25 mars 1977, Jacques Chirac devient le premier maire de Paris depuis Jules Ferry :

« Je me sens personnellement responsable de la sécurité des Parisiennes et des Parisiens. Il n'est en effet pas concevable que, après le métro, les rues deviennent de moins en moins sûres. Il n'est pas admissible que les femmes seules soient importunées, les personnes âgées détroussées, les enfants molestés sur le chemin de l'école. La police fait son devoir du mieux qu'elle peut, mais elle ne peut plus faire face à toutes les tâches qui lui incombent.

Il faut augmenter ses effectifs et ses moyens. C'est une question que je traiterai avec le préfet de police. Mais il faut aussi améliorer les méthodes d'intervention. Par exemple en développant les îlotiers, ces policiers attachés à un quartier, à un ensemble d'immeubles, qu'ils apprennent à connaître, tout en établissant des relations confiantes avec la population. Il faut faciliter le logement des gardiens de la paix à proximité de leurs lieux de travail, dans les immeubles dépendant de la Ville.

Il faut pratiquer une politique de présence aux points où règne le plus l'insécurité : parcs de stationnement, métro le soir, abords des écoles, rues désertes, etc. Enfin, la Ville va faire un gros effort pour mieux éclairer un certain nombre de rues la nuit, de façon à dissuader les auteurs de vols et d'agressions diverses[34]. »

La mairie de Paris devient pour Chirac la vitrine de sa volonté politique d'agir et de se préparer aux prochaines élections nationales. Dès la première année de son mandat à la mairie de Paris, il vise à assurer la propreté et la salubrité des rues de Paris, notamment par l'instauration des « motocrottes » (que la vox populi rebaptisera rapidement « chiraclettes ») :

« Le problème de la pollution canine, c'est à la fois un problème de discipline et un problème de moyens. Cela veut dire que ceux qui sont des propriétaires de chiens, qui ont l'avantage et la joie d'avoir des bêtes, doivent comprendre que la limite de leur liberté, c'est l'atteinte portée à celle des autres, et doivent donc s'efforcer d'éviter des pollutions qui soient manifestement excessives. Et c'est possible, avec un peu de bonne volonté et un peu de bonne discipline. J'envisage d'ailleurs de confier, pour orienter cette discipline si j'ose dire, en accord avec le préfet de police, aux agents féminins et contractuels de la police, une mission pour faire en sorte que, sans verbaliser (ou à la limite, en verbalisant), il y ait une autorité qui s'exerce pour canaliser cette discipline. Et puis il y a une question de moyens : il existe actuellement, et un certain nombre de villes les ont développés, des petits engins qui lavent les trottoirs – car il faut de l'eau : sans eau on ne fait rien de propre. Ces petits engins, nous allons nous en équiper assez systématiquement dans les mois à venir, de façon à pouvoir laver les trottoirs de façon plus permanente, et plusieurs fois par jour[35]. »

Il renforce également la sécurité à Paris, crée la délégation à la sécurité dont il confie la responsabilité à l'un de ses fidèles compagnons, Henri Cuq. Plus tard, il soutiendra dès sa création par le docteur Xavier Emmanuelli le service social.

Les élections législatives

Giscard entre personnellement en campagne pour remporter les élections législatives. Il crée l'Union pour la démocratie française (UDF) dont la stratégie affichée est de rassembler l'électorat centriste, giscardien, libéral, radical de droite et, au-delà, d'attirer tous les antigaullistes – pour ainsi assécher au mieux l'engouement pour le RPR de Chirac :

« Le 19 mars 1978, la majorité compte 290 députés, la gauche 201. Le RPR, avec 153 sièges contre 137 à l'UDF, conserve sa prédominance sur le parti du Président, bien que celui-ci sorte renforcé en nombre de représentants. Ce qui aurait pu être l'occasion d'un nouveau départ est pris comme une offense par l'Élysée. Plutôt que de faire un geste en direction du RPR, Giscard préfère exprimer à l'opposition son espoir de réussir à organiser… "une cohabitation raisonnable". Manière de dire, sans doute, qu'il envisage déjà de se passer de ses alliés naturels.

Dès lors, plus rien ne peut retenir notre mouvement d'exister pour lui-même[36]. »

Guérilla

Face au groupe parlementaire RPR frondeur, et ne pouvant naturellement pas compter sur le renfort de l'opposition, Raymond Barre est contraint, entre octobre 1978 et février 1980, de recourir sept fois à la procédure de l'article 49, alinéa 3 de la Constitution qui permet d'écarter le vote des nombreux amendements qui dénaturent ses projets de loi, mais aussi de contourner l'obstruction parlementaire. Il met en jeu la responsabilité du gouvernement douze fois, dont quatre fois uniquement en janvier 1980 ! Mais Chirac attend son heure…

« Est-ce que nous pourrons nous faire écouter un peu plus dans l'avenir ? C'est possible – en tous les cas, nous nous y efforcerons. Mais ce que je peux vous dire c'est qu'effectivement, et sauf s'il y avait des entreprises tout à fait inattendues de la part du gouvernement ou du chef de l'État […], je n'ai pas l'intention de prendre la responsabilité d'ouvrir dans ce pays, qui est soumis aux crises économiques et internationales que nous connaissons, une crise politique à quelque 15 mois du grand débat qui permettra à l'opinion publique de trancher et de juger sur la gestion et les options qui lui sont offertes[37]. »

Le 26 avril 1981, au premier tour de scrutin, le Président Giscard d'Estaing trouve face à lui François Mitterrand pour les socialistes, Georges Marchais pour les communistes, mais aussi Jacques Chirac, qui a attendu le 3 février pour annoncer sa candidature dans un simple communiqué de presse :

« La France a les moyens de la grandeur et du progrès, et pourtant elle s'affaiblit. La lassitude et le doute s'insinuent. Il faut arrêter ce processus de dégradation […]. La France peut, en libérant son économie, assurer du travail à tous et faire d'une collectivité d'individus une vraie communauté d'hommes […]. La France peut renforcer sa sécurité et sa présence dans le monde et porter son message de dignité et de paix à tous les peuples qui veulent disposer d'eux-mêmes […]. La France peut montrer l'exemple de la démocratie en refusant toute complaisance à ceux qui bafouent la loi par la violence en exerçant sans faiblesse l'autorité républicaine qui garantit la liberté et la sécurité[38]. »

Au soir du 1er tour, avec 18 % des suffrages, Chirac est éliminé, mais son score dépasse les prévisions et marque la progression du RPR :

« Plus de 5 millions de Françaises et de Français m'ont apporté aujourd'hui leur suffrage. Je les en remercie du fond du cœur parce que leur confiance me donne la force et l'espoir. Elle me sera précieuse pour continuer de défendre les idées auxquelles je crois et qui, un jour, je le sais, l'emporteront. Nous ne construirons pas en effet l'avenir les yeux tournés vers le passé[39]. »

Finalement, le 10 mai 1981, François Mitterrand devance Valéry Giscard d'Estaing, le Président sortant :

« Je n'ai pas le cœur à me réjouir d'un échec aussi retentissant qui rejaillit, au-delà du candidat, sur l'ensemble de la majorité. En politique, on ne construit pas une victoire sur la défaite de son propre camp[40]. »

Le 21 mai 1981, après la cérémonie d'investiture du nouveau Président, Jacques Chirac, alors maire de Paris, reçoit François Mitterrand à l'Hôtel de Ville :

« Maintenant, à l'issue du septennat du président Giscard d'Estaing, qui quitte le pouvoir dans des conditions auxquelles chacun doit rendre hommage, s'ouvre une période nouvelle de la Ve République. La France, comme souvent dans son histoire, a manifesté la volonté du changement. C'est une volonté qui doit être respectée : il reste beaucoup à faire pour moderniser son économie, pour accroître la justice et la solidarité, pour donner plus de moyens à ses forces militaires, pour modifier l'équilibre des pouvoirs au profit des collectivités régionales et locales, pour assurer plus solidement les droits de la famille, pour faire de notre pays, partout dans le monde, le défenseur des nations opprimées.

Mais n'oublions pas que les dangers du monde ne sont pas dissipés, loin de là. L'union des Français, la cohésion de la société française sont plus nécessaires que jamais. Plus nécessaires que jamais aussi le respect d'autrui et le réalisme dans l'action. Je forme des vœux pour que, durant les prochaines années, et sous votre présidence, la France soit en mesure de poursuivre son chemin dans la voie du progrès, de la justice et de l'indépendance nationale selon sa vocation telle que l'histoire l'a léguée aux Français. C'est le souhait, monsieur le président de la République, que j'exprime au nom de Paris qui vous accueille aujourd'hui. »

Cohabitation politique avec François Mitterrand

Dès son arrivée à l'Élysée en 1981, Mitterrand désigne comme Premier ministre le socialiste Pierre Mauroy, député et maire de Lille, et dissout l'Assemblée nationale. Après la victoire de la gauche aux élections législatives, Mauroy constitue un second gouvernement qui comprend quatre ministres communistes, une première depuis la Libération. Chirac se montre rapidement critique et inquiet :

« Je n'attaque pas avec une grande vigueur le gouvernement. Je constate simplement quelques faits. La situation financière de la France s'est, depuis le 11 mai, considérablement dégradée, on ne peut pas l'ignorer, on peut essayer de le masquer, mais on ne peut pas l'ignorer, car il y va de l'avenir, de notre pays. Les quelques décisions qui ont été prises jusqu'ici, et qui sont encore très rares, vont étrangement dans le même sens qui est celui de l'affaiblissement de notre économie, et cela m'inquiète. Ce gouvernement pour le moment reste sur le plan de ses grandes orientations politiques dans un flou qui ne nous permet pas de savoir exactement ce qu'il veut. Les déclarations, même sur des choses essentielles, des ministres de ce gouvernement sont relativement contradictoires, comme on l'a vu encore pour ce qui concerne un problème très important qui est celui de l'avenir de nos centrales nucléaires. Alors, naturellement je suis conduit à appeler l'attention de nos concitoyens sur ces faits, de façon à ce qu'ils en tirent les conclusions en ce qui concerne leurs votes, mais je n'ai pas attaqué un gouvernement qui n'a pas encore fait grand-chose, si ce n'est pour le moment d'affaiblir sensiblement la position de la France sur le plan financier et dans le monde [...]. Ce gouvernement, qu'on le veuille ou non, n'inspire pas confiance[41]. »

Le gouvernement tente alors d'inscrire dans la réalité juridique les cent dix propositions du candidat Mitterrand. Il s'agit de procéder aux nationalisations promises, de développer la décentralisation, de transformer les relations entre les représentants du capital et les salariés et « démocratiser le secteur public », d'abaisser à 60 ans l'âge de la retraite, de créer l'impôt sur les grandes fortunes et de mettre fin à la peine de mort et aux juridictions d'exception.

L'abolition de la peine de mort

Le 17 septembre 1981, Chirac fait partie des seize députés d'opposition, avec, entre autres, Philippe Séguin et Jacques Toubon, qui votent l'abolition de la peine de mort :

« J'ai toujours été hostile à la peine de mort, estimant qu'en aucun cas elle ne saurait constituer un acte de justice. Personne, selon moi, n'est en droit de porter atteinte à la vie humaine. J'ai beaucoup regretté qu'on ait tant tardé à prendre une telle décision[42]. »

Bien plus tard, c'est d'ailleurs Jacques Chirac qui présentera au Conseil des ministres un projet de loi permettant de rendre en France l'abolition de la peine de mort irréversible grâce à une révision constitutionnelle :

« Avec ce projet de loi, la France va affirmer dans sa loi fondamentale son attachement solennel au respect absolu de la vie humaine, inviolable et sacrée en toute circonstance.

Cela interdira le rétablissement d'une peine inhumaine, qui ne saurait constituer un acte de justice.

Cela permettra aussi à la France de poursuivre son action en faveur de l'abolition universelle, alors que 78 pays appliquent encore ce châtiment.

Le Parlement sera réuni en Congrès en vue de l'adoption de ce texte avant la fin des travaux parlementaires[43]. »

Désaveu pour Mitterrand

Pour Mitterrand, l'état de grâce ne dure pas. La reprise économique n'est pas au rendez-vous des réformes. Le chômage atteint le chiffre des deux millions de demandeurs d'emploi, les investissements s'effondrent. Les Françaises et les Français se détournent de leur Président.

Les élections partielles, les cantonales de 1982 et les municipales de mars 1983 sonnent comme un désaveu pour le gouvernement et Mitterrand. Pour tenter d'éviter l'hémorragie politique, Pierre Mauroy constitue un troisième gouvernement. Mitterrand lui impose de procéder à une nouvelle dévaluation, la troisième depuis le début du septennat, et de s'engager dans une réelle politique de rigueur.

La guerre scolaire

Pour donner des gages à sa gauche laïque, Mitterrand laisse le gouvernement s'engager en 1984 dans une réforme de l'école privée, entraînant une forte mobilisation de la droite et des Français. En rouvrant la guerre scolaire, le gouvernement Mauroy signe sa perte. Le 4 mars 1984, puis le 24 juin, Jacques Chirac, maire de Paris, défile en tête du cortège des manifestants, revêtu de son écharpe tricolore :

« La guerre scolaire s'est rallumée, qu'on pouvait croire définitivement éteinte après tant d'années de querelles et de controverses. C'était compter sans l'anticléricalisme resté vivace des nouveaux dirigeants du pays et sans les motivations ambiguës d'un chef de l'État lui-même issu de l'enseignement confessionnel. Formé à l'école publique, contrairement à François Mitterrand, et élevé dans le respect de la laïcité, je n'en suis pas moins attaché, en ce qui me concerne, à la préservation des établissements privés, et, plus encore, à la liberté des familles en matière d'éducation[44]. »

Le Parti socialiste en déroute

Le 17 juin 1984, les élections européennes se soldent par la déroute du Parti socialiste, l'effondrement des communistes, le succès de la droite et celui des extrémistes du Front national :

« Instrumentalisé contre nous par le chef de l'État, le Front national est, au demeurant, l'une des résultantes directes de la politique suivie depuis 1981. La décision prise par le gouvernement, cette année-là, de régulariser massivement la situation des travailleurs clandestins a eu des effets désastreux. Légaliser la présence sur notre sol de 120 000 sans-papiers, c'était [...] provoquer et alimenter chez beaucoup de nos compatriotes des réactions virulentes [...]. Je coupai court aussitôt à toute idée d'entente ou de stratégie commune avec le Front national, parti de la haine et du rejet de l'autre, à l'opposé de toutes mes convictions[45]. »

Mitterrand reprend l'initiative politique. Il accrédite l'idée de la nécessité d'une rupture, qui s'incarne dans le nouveau Premier ministre, Laurent Fabius, le plus jeune chef de gouvernement que la France ait connu – il n'a que trente-huit ans. Ce tournant s'illustre aussi avec le départ des communistes du gouvernement, qui prennent leurs distances vis-à-vis de Mitterrand. Jacques Chirac, chef de l'opposition, déplore un nouveau gouvernement trop peu représentatif de la société française :

« Le PS seul au pouvoir ne représente plus qu'un Français sur quatre et ne dispose plus de base populaire[46]. »

C'est par un traitement social que le gouvernement entend lutter contre la progression du chômage. Il crée les travaux d'utilité collective (TUC), en partie financés par l'État, limite les cas où l'on peut cumuler un emploi et une retraite, introduit davantage de flexibilité dans le temps de travail. Pour éviter une nouvelle déroute électorale, le gouvernement décide d'appliquer la quarante-septième proposition du candidat Mitterrand et de modifier en 1985

la loi électorale pour l'élection des députés. Ils seront désormais élus selon le régime de la représentation proportionnelle.
Les extrémistes du Front national voient dans cette modification une opportunité politique. Mitterrand espère qu'elle privera la droite d'une victoire annoncée. Elle ne fait qu'en restreindre le succès, renvoyant la gauche dans la minorité à l'Assemblée nationale, et assurant au Front national l'élection de trente-cinq députés. C'est le début de la première cohabitation.

Premier ministre de Mitterrand

Pour la seconde fois, le 20 mars 1986, Jacques Chirac accède à Matignon. Il devient le troisième Premier ministre de François Mitterrand, mais le premier à n'être pas issu des rangs du Parti socialiste :

« Les Français ont compris les dangers du dirigisme étatique et n'en veulent plus. Par un de ces paradoxes dont l'histoire a le secret, c'est précisément au moment où la socialisation semblait triompher que le besoin d'autonomie personnelle, nourri par l'élévation du niveau de culture et d'éducation, s'exprime avec le plus de force. Voilà d'où naissent sans aucun doute les tensions qui travaillent notre société depuis des années : collectivisation accrue de la vie quotidienne mais, inversement, recherche d'un nouvel équilibre entre les exigences de la justice pour tous et l'aspiration à plus de liberté pour chacun[47]. »

Cette cohabitation, facilitée par la souplesse des dispositions constitutionnelles, n'en demeure pas moins inédite et laborieuse :

« Il ne fait aucun doute, pour François Mitterrand comme pour moi, que la cohabitation nous place tous deux dans une situation délicate où, sans être condamnés à s'entendre, nous n'en serons pas moins contraints à agir de concert pour le bien de la Nation. Dans cette période d'observation mutuelle – “je ne cesserai de vous surveiller”, m'avait glissé François Mitterrand d'un ton badin, lors de notre premier échange –, le plus vulnérable serait à coup sûr celui des deux auquel il reviendrait d'assumer seul la responsabilité de la politique engagée. Telle allait être, pour la première fois depuis la fondation de la Ve République, la vocation exclusive du Premier ministre[48]. »

Jacques Chirac est contraint, entre mai 1986 et mai 1987, de batailler dur à l'Assemblée nationale. En un an, il engage sept fois la responsabilité de son gouvernement. Ainsi, le 7 avril 1987 :

« Le vote de confiance que je vous demande doit intervenir en toute clarté : il doit signifier, aux yeux des Français, que chacun de celles ou de ceux qui apporteront leur soutien au Gouvernement, approuve la politique menée depuis un an, accepte le programme que j'ai fixé pour les prochains mois et adhère aux grandes orientations que j'ai exposées.

Oui, la confiance que je vous demande, c'est bien cela, l'engagement de défendre la politique menée depuis un an, de défendre la politique que nous allons mener dans l'année qui vient. Comment ne pas le faire d'ailleurs, dès lors que l'on apporte au Gouvernement un soutien actif ?

Mais cette confiance, Mesdames et Messieurs les Députés, veut dire aussi autre chose. À mes yeux, elle veut dire que la majorité doit demeurer solidaire pour préparer dans les conditions de dignité, de responsabilité, et d'union la plus large possible, l'échéance électorale de 1988. Cela suppose que nous tournions nos yeux vers l'avenir et que, forts de ce que nous aurons fait pendant deux ans, nous sachions entraîner le pays derrière nous.

Pour ma part, je suis persuadé que le grand débat de 1988 sera celui-là : soit rebrousser chemin, remettre en cause ce qui aura été fait pendant deux ans et finalement compromettre les chances de la France qui doit impérativement s'adapter au monde qui l'entoure ; soit, prenant acte de ce qui aura été fait pendant deux ans, poursuivre dans la même voie, la voie de l'assainissement, la voie de la liberté, la voie de la solidarité, la seule voie qui permette à la France d'être elle-même.

À chacun d'apprécier en conscience si, partageant ou non cette façon de voir, il décide ou non de voter la confiance. Car c'est d'un nouveau contrat entre nous qu'il s'agit : poursuivre le redressement et maintenir l'union, voilà les deux termes de ce contrat.

Si vous pensez que c'est bien ce contrat-là que nous devons conclure, alors, j'en suis certain, nous franchirons ensemble l'étape de 1988 et votre assemblée, qui a été élue pour cinq ans, pourra continuer sa tâche au service de notre pays.

Je suis certain, Mesdames et Messieurs les Députés, de pouvoir compter sur le soutien de la majorité. Je suis certain qu'elle confirmera le choix qu'elle a fait il y a un an. Je suis certain qu'elle décidera de poursuivre pendant une nouvelle année l'action dans laquelle elle s'est engagée. J'attends avec confiance votre décision[49]. »

Dans le domaine de la politique étrangère Chirac, habilement, évite de trop se démarquer de Mitterrand, notamment en ce qui concerne les questions européennes. Sur la scène internationale, la France parle d'une seule voix :

« C'est à propos de l'Europe et des questions de défense que s'est opéré, entre François Mitterrand et moi, le rapprochement le plus sensible, jusqu'à nous permettre, le plus souvent, de parler d'une seule voix lors des négociations internationales où nous défendons, au coude à coude, les intérêts de la France[50]. »

L'échec

À cent jours de l'élection présidentielle, le 16 janvier 1988, Jacques Chirac annonce, depuis l'hôtel Matignon, sa candidature :

« En mars 1986, j'ai accepté d'être le chef du gouvernement pour entreprendre sans retard le redressement nécessaire de notre pays, pour préserver l'unité des Français. La tâche n'était pas facile, et je le savais. Pourtant nous avons travaillé, et, dans beaucoup de domaines, nous avons réussi. Aujourd'hui les conditions sont réunies pour franchir une nouvelle étape [...]. Comme vous, je suis ambitieux pour la France : une France qui donne un espoir à sa jeunesse ; une France plus attentive à ceux qui souffrent de la misère, de la solitude ou d'être sans emploi ; une France dynamique, audacieuse, créative, prête à saisir la chance du grand marché Européen de 1992 ; une France forte, généreuse qui assure son indépendance et son rang dans le monde [...]. Cette France-là, ce n'est pas celle des idéologies. C'est la France fidèle à son passé et confiante en son avenir de grande puissance. C'est la France du courage et de l'action. C'est vrai, de nouveaux et importants progrès sont nécessaires. Ils sont à notre portée si nous savons faire preuve de volonté, d'unité et d'imagination, si nous avons l'enthousiasme sans quoi rien de grand ne peut se faire[51]. »

Au premier tour, le 24 avril, et malgré l'appui de nombreuses personnalités – Johnny Hallyday a même chanté son soutien à l'hippodrome de Vincennes ! –, il n'obtient que 19,94 % des suffrages. C'est à peine mieux que sept ans auparavant, mais Chirac est qualifié pour le second tour. Le 28 avril, le débat télévisé qui l'oppose à François Mitterrand est houleux. Au plus fort de la discussion, Chirac lance à son adversaire une formule qui fera date :

« Tout à coup, vous dérapez dans la fureur concentrée[52]. »

Le 8 mai, au soir du second tour, Jacques Chirac subit une défaite importante avec 45, 98 % des voix. Il souhaite « Bonne chance à la France et aux Français » :

« Les Français ont décidé de confier la responsabilité de l'État à M. Mitterrand. Dans une démocratie, c'est le peuple qui est le maître et je m'incline devant son choix. Je remercie toutes celles et tous ceux qui m'ont fait confiance et dont l'appui fervent a été pour moi un soutien irréprochable. Durant deux années, j'ai mis en œuvre dans notre pays une politique nouvelle fondée sur une plus grande liberté, une plus grande justice, une meilleure sécurité. Au cours de la campagne électorale, j'ai proposé aux Français un nouveau pacte républicain, engageant notre pays à construire son avenir au sein de l'Europe, en lui donnant les moyens d'être plus fort et plus solidaire, mieux défendu et plus respecté.

Je souhaite bonne chance à la France et bonne chance aux Français. Quoiqu'il advienne, tous ceux qui se sont rassemblés autour de ma candidature sont porteurs d'une espérance. Cette espérance, ensemble nous la ferons vivre, nous la ferons grandir dans l'union[53]. »

Le 10 mai, Chirac cède l'hôtel Matignon à Michel Rocard. Le 15, l'Assemblée nationale est dissoute. Au moment de la passation de pouvoir, il dit au nouveau Premier ministre :

« Je te plains. Je suis venu deux fois dans cet hôtel Matignon et la seconde fois n'a pas été la pire[54]. »

... et lui prodigue un dernier conseil :

« Méfie-toi, c'est quand il est le plus souriant et le plus affable que son poignard est le plus près de ton dos[55]. »

Tandis que le nouveau gouvernement se met en place, Chirac repart en campagne. À Paris et en Corrèze, il rencontre les Français et prend des bains de foule :

« Serrez des mains, encore des mains, travaillez au ras des pâquerettes. Les Français sont las des débats idéologiques[56]. »

L'ULTIME MARCHE

Partout réélu

Moins d'un mois plus tard, le 5 juin 1988, Chirac est réélu dès le premier tour dans la nouvelle 3ᵉ circonscription de la Corrèze. Le 19 mars 1989, c'est le triomphe : après une campagne au cours de laquelle il a notamment promis qu'« en 1994, on [pourrait] se baigner dans la Seine à Paris, et [qu'il serait] le premier à le faire[57] ! », Chirac est réélu à la mairie de Paris. Les listes du RPR, en remportant les 20 arrondissements de la capitale, ont réalisé le « grand chelem ». Mais sur l'ensemble de la France, le Parti socialiste sort renforcé de ces élections, remportant 35 municipalités de plus de 20 000 habitants :

« Je constate que si à Paris nous avons gagné pour une large part grâce à l'union, nous avons ailleurs perdu parce que nous n'étions pas assez unis, comme les désunions dans le passé récent – aux présidentielles par exemple –, nous ont conduit à la défaite. Et c'est pourquoi je lance vraiment ce soir un appel, non seulement à l'ensemble des électrices et des électeurs, de l'UDF comme du RPR, parce que je n'ai pas à les convaincre : ils le sont – mais à l'ensemble des responsables de toutes ces formations, qui constituent ensemble l'opposition actuelle, en leur demandant de faire en sorte que les divergences qui sont subalternes, dérisoires entre eux, ne soient pas mises en exergue. Les Français ne le comprennent pas, et ne l'admettront plus. Ces jeux politiciens relèvent du passé. Les intérêts partisans relèvent du passé.

Ce qui est important aujourd'hui, c'est qu'ensemble, les responsables de l'UDF comme du RPR prennent conscience de la nécessité de s'unir de façon plus claire, sans arrière-pensées, sans réserves, pour être une véritable force politique d'alternance [...]. Et c'est à cette union concrète et réaliste que pour ma part, maintenant, je vais me consacrer[58]. »

Trois mois plus tard, la liste d'union UDF-RPR, conduite par Alain Juppé et Valéry Giscard d'Estaing, et soutenue par Chirac, arrive en tête aux élections européennes. Triomphant, il constate :

« Les socialistes sont sortis défaits[59]. »

Et s'il estime que l'opposition peut désormais quitter « une période d'instabilité, d'incertitude et d'indécision, qui doit, aujourd'hui, trouver son terme dans l'esprit d'ouverture et de dialogue », il rejette toute idée de fusion UDF-RPR, comme l'avait proposé Valéry Giscard d'Estaing :

« Nous n'avons pas l'intention de fusionner avec qui que ce soit, mais de renforcer les liens de solidarité avec les autres, les centristes et l'UDF et, aussi, de nous ouvrir vers les autres courants de l'opposition démocratique, qui peuvent se manifester en opposition aux forces socialistes[60]. »

Trahi

Le RPR sort victorieux de l'élection législative des 21 et 28 mars 1993 : avec ceux de l'UDF, les députés du RPR emportent la majorité absolue à l'Assemblée nationale. Mais Chirac, pour mieux se préparer aux présidentielles de 1995, laisse la place de Premier ministre à Édouard Balladur :

« J'avais confiance en Édouard Balladur. C'est à mon instigation qu'il est devenu Premier ministre [...]. Sa nomination répondait, au demeurant, à un souhait qu'Édouard Balladur m'avait souvent exprimé en privé, sans que j'y aie vu ou voulu voir, pendant longtemps, les signes annonciateurs d'une ambition rivale[61]. »

Pourtant, il connaît parfaitement l'ambition de celui qui deviendra son rival. C'est lui qui l'avait nommé ministre de l'Économie et des Finances en 1986 – poste pour lequel il avait réclamé le titre de ministre d'État :

« Sceptique par nature et libéral par conviction, Édouard Balladur est un calculateur froid, qui répugne aux emballements et aux coups d'éclat [...]. Pleinement conscient de sa valeur intellectuelle, il ne fait pas mystère auprès de moi de se sentir supérieur à tous ceux qui m'entourent et d'espérer désormais, après avoir longtemps occupé dans l'ombre les seconds rôles, se voir octroyer la place éminente qu'il estime mériter[62]. »

Balladur fait de moins en moins mystère de ses ambitions présidentielles, mais il faudra du temps à Chirac pour admettre la trahison :

« Mais un accord politique, ayant aussi valeur de contrat moral, avait été scellé entre nous pour les deux années à venir. Une répartition des tâches, en quelque sorte, Édouard Balladur dirigeant le gouvernement pendant que je me consacrais à la préparation de l'élection présidentielle[63]. »

Rapidement, un certain nombre de ministres et de députés, dont certains devaient leur existence politique à l'action de Jacques Chirac, rejoignent le clan Balladur. Ils y sont encouragés par les sondages qui prévoient une large avance de Balladur au premier tour de l'élection présidentielle :

« Le premier à s'éloigner, parmi les membres du gouvernement Balladur, sera le ministre du Budget, Nicolas Sarkozy[64]. »

Interrogé par Chirac sur les raisons de son ralliement à Balladur, Sarkozy lui répond :

« Je suis un politique… je fais de la politique et il est évident que Balladur sera élu[65]. »

La victoire

La campagne de Jacques Chirac, centrée sur le thème de la « fracture sociale », est efficace. Au terme d'une lutte sans concession, il parvient à éliminer Balladur, qui se classe troisième le soir du premier tour. Lors du débat qui l'oppose à Lionel Jospin entre les deux tours, Chirac insiste sur le concret de l'action politique :

« La protestation, naturellement, s'est exprimée partout, plus que par le passé. Elle vient je crois de ce qu'un très grand nombre de Français se trouvent aujourd'hui dans une situation d'inconfort. Ils sont, pour diverses raisons, malheureux, ils se sentent un peu exclus. C'est un diagnostic que j'ai porté déjà depuis un certain temps et qui se traduit par une fracture sociale qui met en cause la cohésion de notre pays, et donc sa force.

La réduction de cette fracture, c'est le problème essentiel. Ça veut dire prendre en considération les difficultés quotidiennes des gens [...] et leur apporter une solution[66]. »

Avec 52,64 %, Chirac est élu, le 7 mai 1995, vingt-deuxième président de la République française :

« Mes chers compatriotes, je serai le président de tous les Français. Je mesure la gravité des responsabilités qui vont être les miennes. Je mesure la difficulté de la tâche qui nous attend. Comme vous, je veux un État vigoureux, impartial, exigeant pour lui-même et soucieux de la bonne utilisation des deniers publics, un État qui n'isole pas ceux qui gouvernent du peuple qui les a choisis.

Notre bataille principale a un nom : la lutte contre le chômage. Les remèdes classiques ont fait long feu. Il faut une nouvelle approche, de nouvelles méthodes. Il faut, avant de prendre quelque décision que ce soit, se poser la question : est-ce que c'est bon pour l'emploi ? Toutes les initiatives seront soutenues, toutes les énergies seront mobilisées, toutes les réussites seront encouragées.

Il en sera de même pour la lutte contre l'exclusion. Lorsque nous aurons fait reculer ces fléaux, alors la France redeviendra elle-même : terre de liberté, de fraternité, d'égalité des chances, terre de solidarité[67]. »

L'ÉLYSÉE, ENFIN

Chirac Président

Le 17 mai 1995, Jacques Chirac est accueilli par François Mitterrand sur le perron de l'Élysée. Le nouveau Président prononce son discours d'investiture, dans lequel il insiste sur le « pacte républicain », principal thème de sa campagne :

« L'élection présidentielle n'a pas vu la victoire d'une France contre une autre, d'une idéologie contre une autre [...].

Je n'aurai d'autre ambition que de rendre les Français plus unis, plus égaux, et la France plus allante, forte de son histoire comme de ses atouts [...].

Surtout, j'engagerai toutes mes forces pour restaurer la cohésion de la France et renouer le pacte républicain entre les Français. L'emploi sera ma préoccupation de tous les instants. La campagne qui s'achève a permis à notre pays de se découvrir tel qu'il est, avec ses cicatrices, ses fractures, ses inégalités, ses exclus, mais aussi avec son ardeur, sa générosité, son désir de rêver et de faire du rêve une réalité.

La France est un vieux pays, mais elle est aussi une Nation jeune, enthousiaste, prête à libérer le meilleur d'elle-même pour peu qu'on lui montre l'horizon, et non l'étroitesse de murs clos[68]. »

Le jour même, Chirac nomme Alain Juppé Premier ministre. Il n'a pas oublié la leçon apprise de son expérience comme chef du gouvernement sous Giscard :

« Fidèle à la règle de nos institutions, qui veut que la responsabilité de la politique gouvernementale incombe au seul Premier ministre, j'ai de surcroît acquis la conviction, l'expérience aidant, que le Président doit pouvoir compter, à Matignon, sur un homme assez fort pour mettre en œuvre ses directives et assurer la conduite de la majorité parlementaire. À cet égard, Valéry Giscard d'Estaing m'a surtout appris, au cours de nos deux années de collaboration, que restreindre l'autorité du Premier ministre conduit inévitablement à affaiblir celle du chef de l'État. Voilà ce qu'il ne faut jamais faire. Les deux sont une réalité indissociable[69]. »

Premières mesures

Une des premières décisions de Jacques Chirac provoque de vives réactions de la part de la communauté internationale. Alors qu'on s'apprête à célébrer le 50e anniversaire des bombardements d'Hiroshima et de Nagasaki, le nouveau Président annonce en effet son intention de procéder à une campagne d'essais nucléaires :

« Le moment est venu pour la France d'arrêter une décision définitive dans le domaine de ses essais nucléaires. Naturellement, nous préférerions tous ne pas avoir à reprendre d'essais nucléaires. Malheureusement nous les avons arrêtés un peu trop tôt, en avril 1992, avant que la série, qui devait nous permettre d'achever, ne soit terminée. J'ai donc consulté tous les experts civils et militaires, compétents et responsables, pour qu'ils me donnent leur sentiment sur les conséquences de cet arrêt, la possibilité de maintenir le moratoire ou, au contraire, la nécessité de terminer les essais interrompus.

Je peux vous dire qu'ils ont été unanimes pour m'indiquer que, si nous voulions assurer la sûreté, la sécurité et la fiabilité de nos forces de dissuasion sur lesquelles reposent notre défense et notre indépendance, si nous voulions passer au stade de la simulation en laboratoire [...], nous étions obligés d'achever cette série d'essais nucléaires. Vous savez que ces essais se passent dans le Pacifique Sud, qu'ils ont lieu dans des conditions où, sans entrer dans les polémiques, il n'y a strictement aucune conséquence écologique, comme ont pu le constater de nombreux spécialistes étrangers venus sur les sites [...]. Les essais nécessaires sont au nombre de huit. Ils interviendront à partir de septembre et seront, en tous les cas, terminés fin mai 1996, et peut-être avant. J'insiste sur ce point parce que c'est à l'automne 1996 que va arriver à terme et à signature le traité international portant interdiction de tout essai nucléaire, et la France a bien l'intention de signer sans réserve ce traité à l'automne 1996. Mais pour ce faire, il fallait naturellement qu'elle soit en situation d'assurer à la fois la sécurité et la fiabilité de sa force de dissuasion et qu'elle ait aussi la possibilité, comme l'ont d'autres pays, de passer à la simulation.

Mon objectif est d'obtenir pour la France une sécurité renforcée à un coût moindre [...]. Après mûre réflexion, après de larges consultations, j'ai pris cette décision parce que je la considérais nécessaire aux intérêts supérieurs de notre nation. Elle est naturellement irrévocable [...][70]. »

Le 16 juillet, à l'occasion de l'anniversaire de la rafle du Vél'd'Hiv, Jacques Chirac évoque « la dette imprescriptible » que la France, « patrie des Lumières et des droits de l'homme, terre d'accueil et d'asile » a contractée auprès des victimes livrées au régime nazi :

« Cinquante ans après, fidèle à sa loi, mais sans esprit de haine ou de vengeance, la Communauté juive se souvient, et toute la France avec elle. Pour que vivent les six millions de martyrs de la Shoah. Pour que de telles atrocités ne se reproduisent jamais plus. Pour que le sang de l'holocauste devienne, selon le mot de Samuel Pisar, le "sang de l'espoir".

Quand souffle l'esprit de haine, avivé ici par les intégrismes, alimenté là par la peur et l'exclusion. Quand à nos portes, ici même, certains groupuscules, certaines publications, certains enseignements, certains partis politiques se révèlent porteurs, de manière plus ou moins ouverte, d'une idéologie raciste et antisémite, alors cet esprit de vigilance qui vous anime, qui nous anime, doit se manifester avec plus de force que jamais.

En la matière, rien n'est insignifiant, rien n'est banal, rien n'est dissociable. Les crimes racistes, la défense de thèses révisionnistes, les provocations en tout genre – les petites phrases, les bons mots – puisent aux mêmes sources[71]. »

Une des promesses de campagne de Jacques Chirac concernait la fin du service militaire. Le 22 février 1996, lors d'un entretien télévisé avec les journalistes Anne Sinclair et Alain Duhamel, Jacques Chirac annonce la suspension du service national :

« [...] Le service militaire a été créé en 1905, à une époque où il fallait des poitrines à opposer à d'autres poitrines, si j'ose dire, face à un danger extérieur. Cette époque est complètement révolue. Nous n'avons plus besoin d'appelés, de gens faisant leur service militaire[72]. »

L'agriculture de demain

En mars 1996, Jacques Chirac saisit l'occasion du cinquantième anniversaire de la Fédération nationale des exploitants agricoles (FNSEA) pour annoncer une modernisation de la filière et la préparation d'une loi d'orientation agricole. Longtemps élu d'un département rural, il connaît bien le secteur de l'agriculture, ses structures et ses besoins, et nourrit pour lui de grandes ambitions :

« L'agriculture de demain sera plus scientifique, elle sera plus innovante. Elle développera de nouvelles méthodes de culture. Elle reposera, plus encore qu'aujourd'hui, sur la recherche agro-alimentaire. Elle respectera davantage encore l'environnement.

Pour leur part, les consommateurs seront plus exigeants sur la qualité des produits. C'est une chance. Notre agriculture moins polluante, moins consommatrice d'engrais, plus respectueuse des équilibres naturels, orientera sa production vers la qualité. Comme en matière industrielle, l'État incitera les exploitants agricoles à produire propre et à innover.

L'agriculture de demain se mettra davantage au service de l'industrie. Les débouchés industriels des produits agricoles se développeront. La décision gouvernementale de faciliter l'introduction, dès l'an 2000, d'une composante végétale dans les carburants issus du pétrole représente un pas important dans cette direction[73]. »

La modernisation du secteur agricole passe aussi par la sécurisation sanitaire qui permettra de préserver le modèle alimentaire français :

« La France est porteuse d'un modèle alimentaire fondé sur le goût, la variété et les plaisirs de la table, modèle qu'elle a forgé au cours des siècles et qu'elle ne cesse d'enrichir en mariant à la fois tradition et innovation »

Ce modèle participe de l'identité de notre pays et de sa culture. En même temps, il contribue puissamment à sa vitalité économique[74]. »

Grogne sociale

En France, le gouvernement Juppé, qui a lancé depuis l'hiver 1995 une série de réformes, toutes jugées nécessaires par Jacques Chirac (réformes des retraites du public, de la Sécurité sociale, gel des salaires des fonctionnaires), est de plus en plus impopulaire. La Contribution au rembourse-

ment de la dette sociale (CRDS) est créée, mais le gouvernement, contraint de reculer sur le dossier de la réforme des retraites. Un constat s'impose : celui de l'impossibilité de mener à bien ces réformes indispensables :

« Je me souviens d'une conversation à ce propos, un dimanche après-midi, avec Jean-Louis Debré… Je lui fais part de mes réticences et je ne le sens pas d'avantage enthousiaste. Mais son analyse me paraît réaliste : "Il est évident, me dit-il, que nous sommes en pleine crise, il y a des grèves, les sondages ne sont pas bons. Mais ce sera sans doute pire l'année prochaine. Des élections anticipées auraient l'avantage de prendre la gauche de court. La majorité serait probablement reconduite, mais avec un faible score." Ni lui ni moi ne prenons suffisamment en compte, à ce moment-là, la possibilité pour le Front national de se maintenir au second tour à notre détriment dans un grand nombre de circonscriptions. Or c'est elle seule qui fera la différence quelques mois plus tard[75]. »

Le score du Front national. C'est, en effet, cette « inconnue » qui me fait peur. J'en informe Jacques Chirac, mais les dés sont jetés :

« Le 21 avril, en milieu de journée, alors que je m'apprête à annoncer le soir même aux Français la dissolution de l'Assemblée, je téléphone à Jean-Louis Debré… Je m'enquiers auprès de lui des dernières estimations électorales recueillies par ses services. Il me confirme la probabilité de notre victoire, "mais de justesse" ajoute-t-il, tout en insistant, cette fois, sur la seule inconnue du scrutin : le score du Front national et le report de ses voix au second tour. Je sens Jean-Louis moins confiant qu'auparavant et même plus inquiet qu'il n'ose me l'avouer[76]. »

La dissolution

C'est dans ce contexte incertain que Jacques Chirac annonce, le 21 avril 1997, la dissolution de l'Assemblée :

« Pourquoi, au risque de vous surprendre, me suis-je résolu à user maintenant du pouvoir, que me confère l'article 12 de la Constitution, pour abréger le mandat d'une assemblée que j'ai tenu à conserver en 1995 et dont la majorité a soutenu loyalement le gouvernement ? Une Assemblée qui a contribué à définir les lignes de force d'une France moderne et compétitive et à laquelle je rends hommage ?

Aujourd'hui, je considère, en conscience, que l'intérêt du pays commande d'anticiper les élections. J'ai acquis la conviction qu'il faut redonner la parole au peuple, afin qu'il se prononce clairement sur l'ampleur et le rythme des changements à conduire pendant les cinq prochaines années. Pour aborder cette nouvelle étape, nous avons besoin d'une majorité ressourcée et disposant du temps nécessaire à l'action.

Nous avons engagé ensemble un effort considérable. Des réformes de fond sont en cours : la protection sociale, les armées et le service national, l'enseignement supérieur, la fiscalité, le secteur public. Après un long laisser-aller dont nous payons toujours le prix, l'assainissement de nos finances a été entrepris grâce à chacun d'entre vous. Nous avons ainsi recréé les conditions de la croissance. Cette politique commence à donner des résultats, mais ils ne sont pas suffisants. Ce n'est donc pas le moment de marquer une pause. Notre économie, nos entreprises, l'emploi ne peuvent attendre.

Il faut au contraire, dès maintenant, aller plus loin sur le chemin des changements. Il faut que l'action politique monte en puissance pendant les cinq années qui viennent. Pour réussir, la France a besoin d'un nouvel élan. Cet élan ne peut être donné que par l'adhésion, clairement exprimée, du peuple français.

Mes chers Compatriotes, le temps est venu de vous prononcer[77]. »

Les élections législatives des 25 mai et 1er juin 1997 voient la « gauche plurielle », menée par Lionel Jospin, remporter une large victoire : 319 sièges sur 577. Le RPR ne compte plus que 134 députés. Sans le vouloir, Jacques Chirac a ainsi ouvert la voie à une troisième cohabitation.

CHIRAC/JOSPIN : UNE COHABITATION SANS CONCESSION

Le partage du pouvoir

La victoire de la gauche constitue un véritable séisme politique. Chirac, qui espérait tant diriger le pays, sera contraint, pendant cinq ans, de le partager avec celui qui fut son adversaire aux élections présidentielles :

« Bien que le choix du Premier ministre lui appartienne, la pratique de la cohabitation veut que le président de la République fasse appel au leader du parti majoritaire, sauf si celui-ci, comme je l'ai fait en 1993, décide à tort ou à raison de s'effacer au profit de l'un des siens. Au lendemain du scrutin, je téléphone à Lionel Jospin pour lui confirmer mon intention de le nommer à Matignon[78]. »

La cohabitation, déclare alors Chirac à certains, c'est « l'inimitié tempérée par la nécessité » – et à Jospin, qui lui précise qu'elle n'est pas la fusion, il réplique : « elle n'est pas non plus la fission[79] » :

« Ce que je sais de la cohabitation, je l'ai appris de François Mitterrand et puisé dans ma propre expérience. Le premier m'en a relevé les vices et les vertus, les jeux subtils et les contraintes avantageuses. La seconde m'a éclairé sur le fonctionnement singulier de ce pouvoir à deux têtes et permis d'en mesurer toute la complexité [...]. Résolu à ne rien abdiquer de mes prérogatives, j'entends de même laisser le nouveau chef de gouvernement bénéficier de la plénitude de ses propres pouvoirs dans le cadre strict de notre Constitution[80]. »

Dès le 7 juin, lors de sa première sortie officielle depuis les élections législatives, le Président s'exprime sur cette cohabitation qui débute. Avec une grande fermeté, il insiste sur la place et le rôle de chacun, mettant l'accent aussi sur ces « idéaux de la République » qui lient le Président et son nouveau chef du gouvernement :

« Depuis une semaine, nous sommes entrés dans ce que nous appelons la cohabitation. Cette situation institutionnelle particulière, je l'ai déjà vécue. C'était en 1986, j'étais Premier ministre et j'avais pu apprécier le rôle fondamental, je l'avais indiqué, du président de la République en tant que gardien de nos institutions.

Aujourd'hui, mon devoir, c'est de veiller à ce que chacun ait sa place, et que, respectant l'autre, nous servions tous ensemble des intérêts et des valeurs qui nous dépassent, qui nous unissent aussi et qui sont tout simplement les idéaux de la République, au premier rang desquels l'égalité des chances, la morale civique, la vertu républicaine.

Aujourd'hui, mon devoir, c'est de lutter pied à pied partout dans le monde pour que la France tienne son rang, assure sa sécurité, affirme son influence, accroisse ses parts de marché.

Aujourd'hui, mon devoir, c'est de préserver les acquis européens obtenus après quarante ans de patience et d'efforts et de continuer d'avancer malgré les obstacles vers une Europe unie forte et juste.

Aujourd'hui, mon devoir, c'est de veiller à ce que la France entre dans l'ère des hautes technologies sans lesquelles nous resterions à l'écart de la croissance et du plein-emploi.

Aujourd'hui, mon devoir, c'est de garantir l'équilibre de notre société et en particulier la solidarité, la cohésion et donc notre système de protection sociale[81]. »

Débat sur la durée légale du travail

Devenu un président de cohabitation, Jacques Chirac, comme François Mitterrand l'avait fait avant lui, concentre sur les dossiers sociaux ses plus sévères et plus fréquentes interventions : la politique familiale, l'emploi des jeunes dans le secteur public, les 35 heures...
La réduction de la durée légale de travail à 35 heures qui « repose sur une chimère économique dont on aura vite fait de s'apercevoir[82] *» donne lieu à des affrontements publics entre les deux hommes :*

« L'aspiration naturelle à travailler moins devait être compatible avec la bonne santé de l'entreprise. La solution est dans l'aménagement du temps de travail, qui dans le monde d'aujourd'hui ne peut pas être imposé, mais doit être négocié au cas par cas au sein des entreprises. Ce qui suppose un dialogue efficace et confiant entre les partenaires sociaux [...]. La bonne voie est celle qui permet de développer l'emploi essentiel, c'est-à-dire l'emploi productif[83]. »

La bataille du Pacte civil de solidarité

Chirac juge la loi sur le Pacte civil de solidarité (PACS), préparée par le gouvernement Jospin,

« une formule inadaptée aux besoins de la famille, car elle ne reconnaît pas la valeur de l'engagement[84] ».

Le 6 juin 1998, alors qu'il remet la médaille de la famille française à des mères de famille nombreuse, il déclare :

« Il ne faut pas prendre le risque de dénaturer le droit du mariage, ni de le banaliser, en mettant sur le même plan d'autres réalités humaines de notre temps, qui conduisent bien loin des valeurs fondamentales de la famille. »

Il met aussi en cause la méthode choisie par le gouvernement, qu'il accuse de partialité, pour faire aboutir cette loi :

« Quand les droits de la personne sont en cause, j'estime pour ma part qu'il faut toujours écouter l'ensemble des points de vue, consulter toutes les familles de pensée, prendre les éclairages juridiques nécessaires, éviter de heurter, refuser d'exclure, respecter les convictions de chacun[85]. »

Coupe du monde de football

L'été 1998, la France organise la coupe du monde de football. Très présent pendant les matchs, Chirac bénéficie d'un regain de popularité après la victoire finale de la France. Douze ans après, il se souvient :

« 6 juin 1998. Alors président de la République, je me rends au centre d'entraînement de l'équipe de France de football à Clairefontaine. J'y vais pour apporter aux joueurs tricolores un soutien tout naturel, à quelques jours de l'ouverture de la Coupe du monde en France. Les Français espèrent. Mais les matches de préparation ont été peu encourageants. Beaucoup doutent, à cette heure, de la capacité de l'équipe de France à aller au bout de la compétition.

Ce jour-là, et malgré la morosité des spécialistes, je dis au capitaine des Bleus Didier Deschamps que je compte sur eux, et que je m'entraîne, de mon côté, à leur remettre la Coupe.

Ce que je pressens à ce moment-là n'a rien à voir avec un pronostic sportif. C'est de l'ordre de l'intuition. Je perçois que la Coupe du monde de football, à quelques jours de son ouverture, peut susciter un engouement sans égal et galvaniser nos joueurs. Je crois en cette équipe. Je crois à l'abnégation et au travail qui a été engagé par ses cadres. Je crois que l'enthousiasme des supporters parviendra à porter notre équipe. Qu'elle va se dépasser, se surpasser.

J'en suis d'autant plus convaincu, que l'équipe de France dispose, à sa tête, d'un homme d'une grande compétence, Aimé Jacquet, qui incarne l'esprit français dans ce qu'il a de meilleur : sérieux, déterminé, humain, tolérant mais ferme.

Un peu plus d'un mois après cette visite de soutien et d'encouragement, je remettrai la Coupe du monde à son capitaine, Didier Deschamps, comme nous nous l'étions promis à Clairefontaine.

Ce 12 juillet 1998, j'étais évidemment heureux d'être le Président chargé de remettre à l'équipe de son pays le plus prestigieux des trophées. Mais j'ai surtout ressenti, comme beaucoup de la fierté : cette victoire était celle de la solidarité, et de la cohésion. Elle a montré, une fois encore, que la France avait une âme. Cette équipe, à la fois tricolore et multicolore, donnait alors au monde une belle image de la France dans ce qu'elle a d'humaniste, de fort, de rassemblée[86]. »

Parler d'une seule voix

Malgré des désaccords sur le plan intérieur, ni Chirac ni Jospin ne perdent de vue l'intérêt supérieur de la France. Ils s'efforcent d'apparaître unis pour ce qui regarde la politique européenne et la politique étrangère. C'est ensemble qu'ils organisent la conférence de Rambouillet en février-mars 1999, pour tenter de trouver une issue à la crise du Kosovo. Chirac déclare à l'ouverture de cette réunion internationale :

« Il est des moments, rares, où l'Histoire est dans la main de quelques hommes. Tel est le cas, aujourd'hui, pour vous qui prenez place à la table des négociations. C'est le sort du Kosovo, mais c'est surtout le sort des femmes, des hommes et des enfants qui vivent sur cette terre, dont vous allez déterminer le destin. Le cadre de cette négociation a été clairement défini par le Groupe de contact. Les principes d'une autonomie substantielle vont vous être présentés. Il vous appartient de les préciser et de leur donner corps pour qu'à l'intérieur des frontières existantes, tous les habitants de la province, quelle que soit leur origine, puissent vivre dans la paix et dans le respect de leurs personnes et de leur droit. […] La communauté internationale unanime s'est mobilisée. Son action n'est dirigée contre personne. Elle s'exerce au bénéfice de tous. Mais, sachez le, la France, pas plus que ses partenaires européens, américains ou russes, ne tolèrera que persiste un conflit qui bafoue les principes essentiels de la dignité humaine. Nous n'accepterons pas que le cycle des violences menace, de proche en proche, la stabilité de tout le sud-est de l'Europe. Nous voulons la paix sur notre continent. [...] Soyez assurés que la France, comme elle l'a fait depuis l'origine des conflits dans l'ex-Yougoslavie, prendra toutes ses responsabilités. Elle le doit à son ambition européenne. Elle le doit aussi à la mémoire de ses fils, morts sur la terre yougoslave pour un idéal de paix, de dignité et de liberté que nous continuerons de servir avec détermination. Aux représentants des deux parties, Serbes et Albanais du Kosovo, je dis : la paix est entre vos mains. Je fais appel à votre sens des responsabilités. Je fais appel à votre courage. Non pas le courage qui conduit à la guerre, à la vengeance et à un cycle sans fin de violences. Mais au vrai courage, plus grand et plus noble. Le courage d'accepter la négociation et de faire la paix. [...] Les prochains jours vous offrent une occasion unique de franchir une étape décisive vers la réconciliation. D'engager un processus conduisant à une autonomie substantielle du Kosovo dans le respect des droits de chacun. Il y faudra de la persévérance et une volonté sans faille. Mais soyez en assurés : lorsque vous repartirez de Rambouillet, c'est une page de l'histoire de l'Europe qui aura été tournée. Je vous exhorte à faire triompher les forces de la vie sur les forces de la mort. Le monde vous regarde. Le monde vous attend. Je vous remercie[87]. »

Après les attentats du 11 septembre 2001, Chirac et Jospin agiront aussi conjointement dans la mise en place des premières mesures de précaution, puis dans la guerre contre le terrorisme :

« Les attentats qui ont frappé aujourd'hui les États-Unis d'Amérique sont une épouvantable tragédie. Jamais aucun pays dans le monde n'a été la cible d'attentats terroristes d'une telle ampleur, ni d'une telle violence.

Je veux redire au peuple américain la solidarité de tous les Français dans cette dramatique épreuve. Nos pensées vont en particulier à toutes les victimes, à leurs familles, à leurs proches.

Ce qui s'est produit aux États-Unis nous concerne tous. J'imagine les sentiments que chacun d'entre vous éprouve ce soir, sentiments d'horreur et peut-être d'inquiétude, et j'ai pensé qu'il était de mon devoir de vous parler [...][88]. »

Cependant, face aux déclarations de « solidarité totale » et aux offres de soutien au gouvernement américain faites par Chirac, Jospin se montre beaucoup plus réservé, estimant que le soutien aux États-Unis n'impliquait pas la perte de son libre arbitre. Mais en tant que président, c'est Chirac qui détermine la politique étrangère de la France. Le 16 novembre 2001, il annonce le départ de soldats français en Afghanistan :

« Le 11 septembre, le monde avait été frappé par la terreur. La haine avait assassiné des milliers d'innocents avec une violence inouïe et chacun, soudain, s'était senti menacé, vulnérable [...]. Fort de votre soutien, j'ai exprimé la vision de la France et les exigences qui la fondent [...]. Exigence de fermeté, par notre soutien déterminé à l'action militaire menée contre les terroristes d'Al Qaïda. Cette action se poursuivra jusqu'à ce que le cœur du réseau terroriste, et notamment Ben Laden, soit neutralisé. La France y participe déjà avec deux mille hommes. Avec le Gouvernement j'ai décidé de renforcer notre contribution par l'envoi d'avions de combat supplémentaires.

Et je tiens à rendre hommage à la compétence et à la disponibilité de nos armées qui ont répondu sans faillir à toutes les demandes qui leur ont été adressées.

Exigence de vérité, pour dénoncer l'imposture de Ben Laden [...]. La vérité consistait aussi à dire, dès le départ, que l'action militaire, légitime et nécessaire, devait être complétée par une action politique et une action humanitaire d'envergure.

Ainsi, dès la chute de Mazâr e Sharif une action humanitaire d'urgence a été engagée pour permettre l'acheminement de l'aide aux millions d'Afghans en détresse. La France y prend une part active. J'ai décidé, avec le gouvernement, l'envoi de soldats français pour participer à la sécurité de cette zone, et en particulier de l'aéroport. Cela permettra la mise en place d'un pont aérien humanitaire auquel des avions français vont contribuer. Nos ONG, dont je salue le travail admirable en Afghanistan, ont d'ores et déjà renforcé leur présence.

L'urgence appelait également une solution politique, qui passe nécessairement par l'ONU. À l'initiative de la France et du Royaume-Uni, une résolution qui fixe le cadre de l'action à mener vient d'être adoptée par le Conseil de sécurité […].

Alors que l'espoir renaît à Kaboul, qu'un timide vent de liberté commence à souffler, que les yeux des femmes revoient le jour, que la musique parcourt les rues, aidons les Afghans à se rassembler pour que nul ne cède à la vengeance, pour que l'oppression laisse la place à la tolérance[89]. »

Domaine réservé

On assiste cependant à quelques passes d'armes. En déplacement au Proche-Orient en février 2000, Lionel qualifie de « terroristes » les actions du Hezbollah chiite libanais contre Israël. Des propos qui lui valent d'être accueilli à l'université palestinienne de Bir Zeit, en Cisjordanie, par plusieurs dizaines de jeunes qui lui lancent des pierres. Les images diffusées à la télévision sont catastrophiques pour l'image de Jospin et humiliantes pour la France. Chirac en profite pour adresser publiquement un sévère rappel à l'ordre à son Premier ministre :

« Le président de la République a téléphoné au Premier ministre ce soir, dès son retour du Proche-Orient. Il lui a confirmé ce qu'il lui avait déjà fait savoir par un message écrit, le 25 février. Le chef de l'État a réaffirmé la constance de la politique étrangère de la France et l'équilibre qui inspire l'action de notre pays au Proche-Orient, action qui demeure inchangée. S'agissant des relations entre Israël et le Liban, le président de la République a rappelé les responsabilités particulières confiées en avril 1996 par les parties concernées à la France et aux États-Unis, dans un esprit de confiance et d'impartialité. Remettre en cause cette impartialité serait porter atteinte à la crédibilité de notre politique étrangère et à la capacité de la France d'agir pour la paix[90]. »

Le quinquennat

Le 24 septembre 2000, les Français, invités à se prononcer par référendum, choisissent à une très large majorité la réduction de la durée du mandat présidentiel à cinq ans :

« Je vous avais appelé à faire ce choix. Vous avez répondu oui.

Élu de tous les Français, le Président incarne l'intérêt général et la continuité de la République. Vous le choisirez plus souvent. Votre voix, votre décision compteront davantage. Votre pouvoir démocratique s'en trouvera renforcé.

Ce jour doit marquer une étape importante.

En vous donnant plus fréquemment la parole, le quinquennat va créer des exigences nouvelles : pour vos élus d'abord, mais aussi pour chacun d'entre vous. La démocratie appartient à chaque Français et chacun en est également responsable, vis-à-vis de lui-même et vis-à-vis des autres[91]. »

La vache folle

Le 22 octobre 2000, un animal suspect est découvert dans un abattoir. La chaîne d'hypermarchés qui avait commercialisé de la viande en provenance du même troupeau rappelle la marchandise. L'angoisse s'empare des Français, il faut agir vite. Lionel Jospin tergiverse. Le 7 novembre, Jacques Chirac décide de s'adresser solennellement au pays pour demander au Premier ministre l'application du principe de précaution :

« Les principes sont clairs. Dans cette crise, aucun impératif ne peut être placé plus haut que l'exigence de la santé publique. Aucune autre considération ne saurait inspirer l'action des pouvoirs publics. La confiance de nos concitoyens dans la sécurité de leur alimentation et de celle de leurs enfants doit être rétablie. L'avenir lui-même de la filière bovine est entièrement subordonné à la réponse qui sera apportée à cet impératif majeur de santé publique. Aucune objection économique, aucune contrainte technique ne peuvent être retenues qui seraient contraires à cet impératif. Tout doit donc être mis en œuvre pour parvenir à une sécurité maximale.

[…] Nous devons sans retard interdire les farines animales et prendre le cap du dépistage systématique de la maladie, afin de limiter, autant qu'il est techniquement possible, les risques de contamination.

[…] S'agissant des farines animales, une expertise a été demandée, à juste titre, à l'Agence de sécurité alimentaire. J'estime pour ma part que, sans attendre les résultats de cette expertise, il faut suspendre l'utilisation de ces farines dans tous les élevages en attendant de prendre une décision définitive, au vu des dires d'experts.

[…] Mes chers compatriotes, je comprends parfaitement vos inquiétudes, mais il ne faut pas céder à des peurs irrationnelles. Nous devons sortir au plus vite de cette crise et nous pouvons le faire, en appliquant de la manière la plus rigoureuse le principe de précaution. Nous aurons également besoin de stimuler davantage notre recherche médicale pour comprendre mieux cette maladie et en venir à bout.

L'impératif de santé publique est d'intérêt national. Lui seul peut permettre de rétablir la confiance et, en fin de compte, lui seul est de nature à préserver les intérêts économiques de nos éleveurs, qui depuis des années ont engagé un combat pour la qualité et qui sont aujourd'hui menacés par le doute qui s'est répandu dans l'esprit des consommateurs.

Je compte sur la solidarité et la mobilisation de tous les acteurs de la sécurité alimentaire pour que la France se montre exemplaire dans la maîtrise de ce nouveau risque sanitaire en faisant prévaloir l'esprit de précaution et de responsabilité[92]. »

Les affaires s'invitent dans la cohabitation

C'est à cette époque qu'éclatent différentes affaires concernant le financement du RPR et la gestion de la mairie de Paris. Portés par le socialiste Arnaud Montebourg, 30 députés réclament la traduction du Président devant la Haute Cour de justice :

« Apparemment désavouée par le chef du gouvernement, cette initiative intempestive fera long feu, n'ayant obtenu la signature que d'une poignée d'élus[93]. »

Une autre affaire surgit rapidement, concernant cette fois d'importantes sommes qui auraient été déboursées en espèces pour des billets d'avion – nouvelle occasion d'insinuer le doute dans l'opinion au sujet de l'intégrité du Président. Jacques Chirac décide d'aborder le sujet lors du traditionnel rendez-vous télévisé du 14 juillet :

« Je voudrais dire que les Français aspirent à plus de vérité, à plus de transparence et à plus de justice. C'est non seulement normal mais souhaitable pour notre démocratie et cela s'impose à chacun d'entre nous. Mais que cette aspiration soit dévoyée, par le soupçon, par la rumeur, par la manipulation, par la présomption de culpabilité érigée en système, alors c'est une autre chose, car cela a pour conséquence, non seulement d'occulter la vérité, mais aussi d'occulter le débat démocratique, et ce à la veille de grandes échéances électorales, sur les problèmes qui se posent aux Français. Ce n'est pas innocent, naturellement [...] mais cela ne sert ni la démocratie, ni les Français, ni l'image et donc la capacité d'action de la France à l'étranger.

[...] Ce n'est pas [que les sommes avancées] se dégonflent, c'est qu'elles font "pschitt", si vous me permettez cette expression[94]. »

Dès lors, tous les coups sont permis. Inversion du calendrier électoral de 2002, avenir de la Corse... et même les inondations dans le département de la Somme, au printemps 2001, qui sont l'occasion pour Chirac de définir un programme électoral sur l'environnement et l'écologie :

« Il faut qu'on évoque la mise en œuvre, pour le proche futur, de moyens permettant de prévenir ce genre de situations : renforcement des moyens de secours, de prévention, d'alerte, de protection, d'entretien des cours d'eau. Il faut qu'on réfléchisse davantage au renforcement de la prévention des risques naturels au plan national[95]. »

Il n'est désormais plus un sujet qui échappe à leur rivalité publique. À Matignon, on dénonce l'existence à l'Élysée d'un « cabinet noir » chargé de préparer des mauvais coups contre le chef du gouvernement, au premier rang desquels figurerait la révélation de son passé trotskiste. Oubliée, donc, la cohabitation tranquille. La campagne présidentielle s'ouvre dans un climat tendu et sans concessions entre Chirac et Jospin.

« Un président vieilli et usé[96] » ?

Le 11 février 2002, lors d'un meeting à Avignon, Chirac déclare sa candidature pour un second mandat à l'Élysée, devançant Lionel Jospin qui n'annoncera officiellement sa candidature que le 20 février :

« […] oui, je suis candidat.

Et j'ai voulu le dire au milieu des Français, avec vous. Et je vous remercie de m'en avoir donné l'occasion. Je participerai donc au grand débat qui est déjà engagé, un débat dont je souhaite qu'il soit digne et qu'il soit serein. C'est ce qu'attendent nos compatriotes. Je m'engage donc, je crois en la France. Je connais et j'aime les Français, j'ai confiance dans leurs capacités et je suis sûr que, tous ensemble, au-delà des idéologies, au-delà des préjugés, au-delà des dogmes, par le dialogue et dans le respect de chacun, nous pouvons faire gagner la France[97]. »

Interrogé sur les propos de Lionel Jospin du 11 mars 2002, dépeignant Jacques Chirac en homme « usé, vieilli et passif », le candidat-Président réplique dès le lendemain :

« J'ai fait des propositions que je croyais utiles, sur la sécurité, la santé, l'économie, l'emploi, l'environnement et j'attends les propositions des autres candidats et notamment celles de Lionel Jospin. Et qu'est-ce que j'entends, des propos sur le physique, le mental, la santé, c'est tout de même un peu curieux, une technique qui s'apparente un peu au délit d'opinion, presque au délit de sale gueule, si j'ose dire[98]. »

Le 21 avril, c'est le choc : Jospin est éliminé dès le premier tour. Jacques Chirac, avec 19,88 % des suffrages, arrive en tête. Au second tour, il sera opposé à Jean-Marie Le Pen. Estimant que « face à la haine, il n'y a [...] pas de débat possible », Chirac refuse de participer au traditionnel débat télévisé qui oppose les candidats entre les deux tours :

« Ce soir, je veux m'exprimer devant vous avec gravité. Avec force et détermination.

Aujourd'hui ce qui est en cause, c'est notre cohésion nationale, ce sont les valeurs de la République auxquelles tous les Français sont profondément attachés.

Aujourd'hui ce qui est en cause, c'est l'idée même que nous nous faisons de l'homme, de ses droits, de sa dignité. C'est l'idée que nous nous faisons de la France, de son rôle et de sa place en Europe et dans le monde.

Si, dans le cadre d'une élection, le rejet et le mécontentement peuvent s'exprimer, ils ne sauraient fonder une véritable politique pour la France.

Notre débat démocratique doit être à la mesure des attentes des Français, conforme à nos traditions de tolérance et de respect. Il en va de notre démocratie.

J'appelle toutes les Françaises et tous les Français à se rassembler pour défendre les droits de l'homme, pour garantir la cohésion de la Nation, pour affirmer l'unité de la République et restaurer l'autorité de l'État [...].

J'en appelle aux Françaises et aux Français, à chacune et à chacun d'entre vous, parce que la démocratie, c'est le bien le plus précieux. Parce que la République est entre vos mains[99]. »

Le 5 mai, Chirac est réélu avec un score sans précédent : 82,21 % des suffrages exprimés. Dans la déclaration qu'il fait le soir même, il insiste sur l'esprit de rassemblement que ce vote a exprimé. Bien plus, ce choix « renouvelle notre pacte républicain » :

« Nous venons de vivre un temps de grave inquiétude pour la Nation.

Mais ce soir, dans un grand élan la France a réaffirmé son attachement aux valeurs de la République.

Je salue la France, fidèle à elle-même, fidèle à ses grands idéaux, fidèle à sa vocation universelle et humaniste.

Je salue la France qui, comme toujours dans les moments difficiles, sait se retrouver sur l'essentiel. Je salue les Françaises et les Français épris de solidarité et de liberté, soucieux de s'ouvrir à l'Europe et au monde, tournés vers l'avenir.

J'ai entendu et compris votre appel pour que la République vive, pour que la Nation se rassemble, pour que la politique change. Tout dans l'action qui sera conduite, devra répondre à cet appel et s'inspirer d'une exigence de service et d'écoute pour chaque Française et chaque Français.

Ce soir, je veux vous dire aussi mon émotion et le sentiment que j'ai de la responsabilité qui m'incombe.

Votre choix d'aujourd'hui est un choix fondateur. Ce choix m'oblige comme il oblige chaque responsable de notre pays. Chacun mesure bien, à l'aune de notre histoire, la force de ce moment exceptionnel.

Votre décision, vous l'avez prise en conscience, en dépassant les clivages traditionnels, et, pour certains d'entre vous, en allant au-delà même de vos préférences personnelles ou politiques [...].

Chacune et chacun d'entre vous, conscient de ses responsabilités, par un choix de liberté, a contribué, ce soir, à forger le destin de la France[100]. »

SECOND MANDAT

Un nouveau Premier ministre

Lionel Jospin démissionne dès l'annonce des résultats. Jacques Chirac nomme Jean-Pierre Raffarin à Matignon :

« Le style modeste, direct et consensuel du nouveau Premier ministre est apprécié par les Français[101]. »

En juin ont lieu les élections législatives. L'UMP, récemment créée, obtient à elle seule la majorité absolue à l'Assemblée nationale. Chirac reviendra, lors du congrès fondateur de l'UMP (17 novembre 2002), sur cette éclatante victoire :

« En juin dernier, les élections législatives ont donné lieu à un événement sans précédent. Au-delà des alliances, des coalitions qui s'étaient formées ou reformées lors des dernières décennies, un mouvement est né, rassemblant différentes familles de l'opposition républicaine. Des femmes et des hommes, candidats, militants, sympathisants, se sont battus ensemble et ont gagné ensemble, en partageant une même volonté, une même ambition, un même rêve : faire progresser la France sur la voie de l'équité, de la justice, de la solidarité, de la proximité. Faire gagner la France en conduisant avec courage et pragmatisme les réformes nécessaires. Conforter l'influence de la France dans une Europe rénovée. Faire entendre la voix de la France dans le monde au service de la paix, de la fraternité et de la compréhension entre les peuples et les cultures. Voilà le rêve qui nous habite. Voilà la feuille de route de l'Union[102]. »

Sécurité routière

Le 14 juillet 2002, Jacques Chirac surprend en présentant la lutte contre l'insécurité routière comme l'un des grands chantiers de son mandat présidentiel. Il dénonce les routes de France comme les plus dangereuses d'Europe :

« Pour prendre la mesure de l'insécurité routière, il faut passer par quelques chiffres [...]. Ils ne rendront jamais compte de la douleur des familles, des destins brisés, de l'horreur quotidienne que représentent les accidents de la route. Mais, avec toute la froideur des statistiques, ils parlent le langage de la vérité. Le verdict qu'ils rendent sur nos sociétés est terrible.

Chaque jour, 22 personnes sont tuées sur les routes de France, 120 dans les quinze pays de l'Union européenne. Tous les ans, entre 7 000 et 8 000 de nos concitoyens trouvent ainsi la mort et 26 000 voient leur existence brisée par un accident grave, qui laissera des séquelles ineffaçables.

Cette hécatombe est d'autant plus insupportable qu'elle frappe d'abord les jeunes. La route est la première cause de mortalité entre 20 et 30 ans.

Il est incroyable de voir le silence et la résignation qui entourent encore ces décès. Combien de familles frappées par le deuil ont-elles eu le sentiment de se heurter au mur d'une indifférence générale ?

Malgré la régularité effrayante des statistiques, on s'est longtemps refusé à voir dans l'insécurité routière un problème politique. Les accidents de la circulation sont restés cantonnés à la rubrique des faits divers. Ils sont encore trop souvent présentés comme des drames individuels, alors qu'ils engagent notre responsabilité collective.

Nous ne saurions accepter que la route reste, au milieu de la civilisation, un îlot de barbarie et d'inconscience. Il n'y a aucune fatalité à ce que tant de Français et d'Européens périssent sur les routes, à ce que chaque départ en vacances ou chaque samedi soir soit marqué par autant d'accidents. Pour une population identique à celle de la France, le Royaume-Uni enregistre chaque année deux fois moins de morts.

C'est parce qu'il faut refuser le fatalisme et la banalisation que j'ai souhaité une mobilisation des pouvoirs publics et de toute la collectivité nationale pour donner un véritable coup d'arrêt à la violence routière[103]. »

Lutte contre le cancer

Parce que le cancer nous concerne tous, le Plan cancer constitue un autre des chantiers prioritaires de son quinquennat. Le but est une meilleure prise en charge des malades mais aussi de donner une nouvelle impulsion à la recherche et d'améliorer la prévention et le dépistage :

« Il faut changer notre regard sur le cancer, rendre la société plus humaine, plus solidaire face à cette maladie.

Il faut aussi mobiliser toutes les énergies, ne pas s'en tenir à des discours et à des objectifs aux calendriers sans cesse décalés alors que, pour les malades et leurs familles, il y a naturellement urgence.

Nous avons besoin d'unir toutes les forces de notre pays. Je pense aux pouvoirs publics, bien sûr. Mais je pense surtout à l'action de ces médecins, de ces personnels médicaux, de ces chercheurs, de ces associations, de ces femmes et de ces hommes qui luttent contre le cancer et accompagnent les malades. Nous devons soutenir et fédérer ces engagements admirables[104]. »

« Notre maison brûle... »

Il s'engage également dans la lutte pour la protection de l'environnement. Au sommet de la Terre qui se tient à Johannesburg du 26 août au 4 septembre 2002, il frappe dès le début de son intervention :

« Notre maison brûle et nous regardons ailleurs. La nature, mutilée, surexploitée, ne parvient plus à se reconstituer, et nous refusons de l'admettre. L'humanité souffre. Elle souffre de mal développement, au Nord comme au Sud, et nous sommes indifférents. La Terre et l'humanité sont en péril, et nous en sommes tous responsables[105]. »

La voix de la France

Si la France soutient les États-Unis dans son intervention en Afghanistan suite aux attentats du 11 septembre, Jacques

Chirac refuse cependant d'intervenir en Irak. Inflexible, il laisse planer la menace de l'utilisation du droit de veto dont dispose la France au Conseil de sécurité des Nations unies. Ainsi, le 10 mars 2003, il affirme :

« Quelles que soient les circonstances, la France votera "non"[106]. »

« Le bruit d'un pétard »

Le 14 juillet 2002, un jeune militant d'extrême droite tire en direction de la voiture présidentielle. Il rate sa cible. Sur le moment, le Président ne se rend compte de rien :

« Ce n'est qu'à l'issue du défilé sur les Champs-Élysées que j'ai appris la tentative d'attentat dont j'ai été l'objet. Je ne me suis aperçu de rien. J'ai tout au plus entendu le bruit d'un pétard, mais sans y prêter attention. "Il arrive toujours ce qui doit arriver", ai-je souvent dit à mon entourage, lorsqu'il s'inquiète de me voir plongé dans la foule[107]. »

Double désaveu

Aux élections cantonales et régionales de 2004, l'UMP subit une défaite très importante : la gauche emporte 24 des 26 régions :

« Après deux années d'une action réformatrice intensive, la sanction est sévère pour le gouvernement. Elle vise aussi, naturellement, le chef de l'État. L'ampleur de ce désaveu me surprend [...][108]. »

Le 14 juillet 2004, alors que l'Union vient d'accueillir 10 nouveaux États membres, Chirac annonce son intention de faire ratifier la constitution européenne par référendum. Pour lui, il s'agit d'impliquer davantage les Français dans la construction européenne :

« J'espère que les Français comprendront qu'on leur pose une question essentielle pour leur proche avenir et surtout pour celui de leurs enfants. Nous avons connu – et nous avons oublié naturellement – l'époque où l'Europe se déchirait, où les démocraties étaient renversées en Europe. Ce que nous faisons aujourd'hui est historique : avec l'élargissement et la Constitution, après cinquante ans d'efforts, c'est une Europe qui ne pourra plus se déchirer [...][109]. »

Le 29 mai 2005, c'est le « non » qui l'emporte :

« La France s'est démocratiquement exprimée. Vous avez majoritairement rejeté la Constitution européenne. C'est votre décision souveraine. J'en prends acte.

Pour autant, nos intérêts et nos ambitions sont profondément liés à l'Europe.

La France, pays fondateur de l'Union, reste naturellement dans l'Union.

[...] Mais ne nous y trompons pas, la décision de la France crée inévitablement un contexte difficile pour la défense de nos intérêts en Europe. Nous devrons y répondre en nous rassemblant autour d'une exigence, celle de l'intérêt national[110]. »

Le 31 mai, Jean-Pierre Raffarin démissionne. Il est remplacé à la tête du gouvernement par Dominique de Villepin :

« Passant outre aux risques de sa fonction, il s'est déclaré prêt, de façon extrêmement directe comme à son habitude, à relever à mes côtés les défis les plus urgents de ma fin de mandat[111]. »

Soixante-douze ans…

Au début du mois de septembre, fatigué par son rythme de travail, et peut-être aussi par ce « coup très rude » qu'a été l'échec du référendum, Jacques Chirac est hospitalisé pour un léger accident vasculaire cérébral :

« Tout a commencé ce jour-là par une violente migraine attribuée, bien qu'elle soit inhabituelle chez moi, à un simple coup de fatigue. Puis je me suis aperçu que je n'arrivais plus à lire […]. Je souhaite que toute la vérité soit dite aux Français sur mon état de santé[112]. »

État d'urgence

En octobre, deux jeunes de Clichy-sous-Bois, poursuivis par la police, se cachent dans un transformateur E.D.F., où ils meurent électrocutés. Rapidement, des actes de violence se propagent sur tout le territoire. Des milliers de voitures sont brû-

lées, des bâtiments endommagés ou détruits. Le 8 novembre, Jacques Chirac décrète l'état d'urgence. Le 14, il s'adresse aux Français :

« Les événements que nous venons de vivre sont graves [...]. Ces événements témoignent d'un malaise profond. Certains ont provoqué des incendies dans les quartiers mêmes où ils habitent, ils ont brûlé les voitures de leurs voisins, de leurs proches, ils s'en sont pris à leurs écoles, à leurs gymnases.

[...] Ce qui est en jeu, c'est le respect de la loi mais aussi la réussite de notre politique d'intégration [...].

Mais l'adhésion à la loi et aux valeurs de la République passe nécessairement par la justice, la fraternité, la générosité [...]. Et je veux dire aux enfants des quartiers difficiles, quelles que soient leurs origines, qu'ils sont tous les filles et les fils de la République.

Nous ne construirons rien de durable sans le respect. Nous ne construirons rien de durable si nous laissons monter, d'où qu'ils viennent, le racisme, l'intolérance, l'injure, l'outrage.

Nous ne construirons rien de durable sans combattre ce poison pour la société que sont les discriminations.

Nous ne construirons rien de durable si nous ne reconnaissons pas et n'assumons pas la diversité de la société française. Elle est inscrite dans notre histoire. C'est une richesse et c'est une force[113]. »

Le CPE

Pour lutter contre le chômage des jeunes, Dominique de Villepin annonce au début de l'année 2006 la mise en place du Contrat première embauche. Syndicats et étudiants se mobilisent massivement contre ce projet. Le 31 mars, Jacques Chirac s'adresse aux Français :

« Depuis plusieurs semaines, des interrogations, des appréhensions, des critiques se sont élevées autour du contrat première embauche. De nombreux jeunes ont exprimé leur inquiétude, leur besoin de repères et de sécurité, mais aussi leur volonté de trouver toute leur place dans notre société. Des sentiments que beaucoup d'entre vous partagent.

Au-delà du contrat première embauche, la période que nous traversons renvoie à des interrogations profondes. L'avenir que nous offrons aux jeunes. Notre capacité à faire vivre notre modèle social dans le monde d'aujourd'hui. La question de la réforme, et de notre aptitude à la mener tous ensemble.

Je veux dire aux Français, je veux dire aux jeunes que je mesure l'impatience de toutes celles et tous ceux qui veulent travailler et réussir et qui n'arrivent pas à prendre pied dans l'entreprise alors qu'ils ont tant d'énergie, de projets et de talents à exprimer. Je comprends bien sûr aussi le refus de la précarité qui s'est fortement exprimé.

J'ai voulu que le gouvernement se mobilise pour l'égalité des chances en pensant d'abord à tous les jeunes qui sont, en raison d'une formation insuffisante, en réalité privés de la possibilité d'accéder à un premier emploi et qui désespèrent de pouvoir tracer leur chemin [...].

Beaucoup d'étudiants ont également exprimé de vraies inquiétudes sur la valeur de leur diplôme, sur leur accès à l'emploi, sur leur avenir. L'université doit rester un lieu d'excellence et la voie d'une vraie réussite sociale. Je demande au Premier ministre et au Gouvernement d'ouvrir un grand débat national sur les liens entre université et emploi, afin de faciliter l'insertion professionnelle des jeunes[114]. »

Soupçons

Au printemps 2006, Jacques Chirac et son Premier ministre sont soupçonnés par la presse d'avoir commandité des enquêtes secrètes sur Nicolas Sarkozy et d'autres hommes politiques français. C'est le début de ce qu'on appellera « l'affaire Clearstream » :

« À un moment où l'agitation le dispute à la raison, je veux rappeler un certain nombre de principes.

La République, ce n'est pas la dictature de la rumeur, la dictature de la calomnie.

La République, c'est la loi. La justice est saisie. Elle doit faire tout son travail : établir les faits, tous les faits, et dire le droit. Je souhaite qu'elle le fasse dans la sérénité et le plus rapidement possible.

La démocratie, ce n'est pas l'irrespect et l'exploitation jusqu'à l'outrage de procédures judiciaires en cours, au risque de faire le lit des extrémismes et de désespérer les Français de la politique.

Bien sûr, il y a la perspective des élections qui agite les esprits. Mais l'élection présidentielle, c'est dans un an. Et c'est un vrai débat, le moment venu, auquel notre pays doit pouvoir être convié.

Pour l'heure, il y a l'exigence et l'honneur de gouverner.

Grâce aux efforts des Français, grâce aux réformes entreprises par le gouvernement, nous avons à la fois un chômage en baisse depuis un an et une croissance positive qui s'accélère. Jamais je n'accepterai de laisser gâcher une telle chance pour la France.

Je l'ai dit ce matin en conseil des ministres, je fais toute confiance au gouvernement de Dominique de Villepin pour conduire la mission que je lui ai confiée et j'attends de lui qu'il accélère encore son action.

Chacun doit pouvoir être à la tâche, avec énergie, sans calcul, avec la seule obsession qui vaille, celle de l'intérêt national, de l'intérêt des Français.

Ces principes sont ceux de la République. Ils nous éclairent et s'imposent à nous[115]. »

Le droit au logement

Le 31 décembre, Jacques Chirac profite de la traditionnelle intervention télévisée du chef de l'État pour annoncer la mise en place par le gouvernement d'un « droit opposable au logement » :

« Je sais les souffrances et les difficultés auxquelles certains d'entre vous sont confrontés. Je connais vos attentes pour ce qui concerne les salaires et le pouvoir d'achat, c'est-à-dire la juste récompense de votre travail. Mais gardez-vous cependant des idéologies, des illusions, du retour aux recettes qui ne marchent pas. C'est le travail, c'est la formation, c'est la recherche qui font la force des économies modernes. En donnant toute sa place au dialogue social, des réformes importantes sont devant nous : pour aller beaucoup plus loin dans la baisse du chômage, pour faire de la participation un véritable projet de société, pour donner plus de puissance à nos entreprises, pour mettre en place un véritable droit au logement opposable, c'est-à-dire faire du droit au logement une réalité. Et je demande au Gouvernement d'avancer sur ce point dans les toutes prochaines semaines[116]. »

Le moment est venu…

Le 11 mars 2007, deux mois avant la fin de son mandat, Jacques Chirac annonce qu'il ne se représente pas :

« Au terme du mandat que vous m'avez confié, le moment sera venu pour moi de vous servir autrement. Je ne solliciterai pas vos suffrages pour un nouveau mandat. D'une manière différente, mais avec un enthousiasme intact et la même passion d'agir pour vous, je continuerai à mener les combats qui sont les nôtres, les combats de toute ma vie, pour la justice, pour le progrès, pour la paix, pour la grandeur de la France.

[…] Vous l'imaginez, c'est avec beaucoup d'émotion que je m'adresse à vous ce soir. Pas un instant, vous n'avez cessé d'habiter mon cœur et mon esprit. Pas une minute, je n'ai cessé d'agir pour servir cette France magnifique.

Cette France que j'aime autant que je vous aime. Cette France riche de sa jeunesse, forte de son histoire, de sa diversité, assoiffée de justice et d'envie d'agir. Cette France qui, croyez-moi, n'a pas fini d'étonner le monde[117]. »

Le 15 mai 2007, il adresse un dernier message aux Français :

« Demain, je transmettrai les pouvoirs que j'ai exercés en votre nom à Nicolas Sarkozy, notre nouveau président de la République. Je le ferai avec la fierté du devoir accompli et aussi avec une grande confiance dans l'avenir de notre pays.

Nous sommes les héritiers d'une très grande nation, une nation admirée, respectée et qui compte en Europe et dans le monde [...].

Une nation, c'est une famille. Ce lien qui nous unit est notre bien le plus précieux. Il nous rassemble. Il nous protège. Il nous permet d'aller de l'avant. Il nous donne les forces nécessaires pour imprimer notre marque dans le monde d'aujourd'hui.

Restez toujours unis et solidaires. Bien sûr, nous sommes profondément divers. Bien sûr, il peut y avoir des différences de conception, des divergences de vue. Mais nous devons, dans le dialogue, dans la concorde, nous retrouver sur l'essentiel. C'est comme cela que nous continuerons à avancer [...].

Ce soir, je veux vous dire le très grand honneur que j'ai eu à vous servir. Je veux vous dire la force du lien qui, du plus profond de mon cœur, m'unit à chacune et à chacun d'entre vous. Ce lien, c'est celui du respect, c'est celui de l'admiration, c'est celui de l'affection pour vous, pour le peuple de France et je veux vous dire à quel point j'ai confiance en vous, à quel point j'ai confiance en la France[118]. »

2

La France

Ces Français qui ont réveillé la France

Jeanne d'Arc

Le 8 mai 1996, lors des cérémonies commémorant la libération d'Orléans, Chirac évoque naturellement Jeanne d'Arc qui, par son courage, sa détermination, sa foi surtout, mais aussi par son incroyable naïveté, son audace irraisonnée et son inconsciente témérité, retourna le destin de la France. Elle est devenue dans la mémoire française synonyme de la renaissance de la France, de son unité, de sa capacité de résistance :

« La France de Jeanne esquisse une certaine idée de la France. Ce 8 mai 1429, l'idée de nation, de destin partagé, d'appartenance à une communauté commençait à faire son chemin [...]. Jeanne enfin nous touche parce qu'elle incarne, au plus fort de la tempête, l'esprit de résistance, cette France qui ne peut se résoudre à la fatalité et à la servitude. Par son extraordinaire épopée, elle nous offre une puissante leçon d'espérance, de courage, d'enthousiasme.

Elle nous enseigne que vouloir la victoire, c'est d'abord y croire. Elle nous exhorte au sursaut, au rassemblement, à l'unité sans lesquels rien de grand ne peut s'accomplir. Elle nous appelle, quand l'essentiel est en jeu, à dépasser nos querelles, nos divisions, nos égoïsmes[1]. »

Les poilus

Chirac a tenu également, dans son exigence de mémoire, à rendre hommage aux soldats de la Première Guerre mondiale, notamment ceux de Verdun :

« "Ils ne passeront pas". Dans sa simplicité, cette formule résume l'enjeu de leur combat : défendre cette terre qui est le cœur de la France ; justifier par la victoire les sacrifices déjà consentis et les morts de 1914 et de 1915 ; tenir… Plus qu'aucune autre bataille, Verdun est le symbole de la résistance et du patriotisme. Car le soldat de Verdun défend son pays comme il défendrait sa famille. Engagé dans une tragédie qui le dépasse, il accepte d'y jouer, là où on l'a placé, le rôle que le destin lui a assigné et il en retire la légitime fierté d'avoir fait son devoir au-delà même de ce qu'on pouvait exiger d'un être humain.

Verdun, c'est aussi le symbole de la solidarité dans une épreuve inhumaine. Solidarité entre camarades du front où montent presque tous les soldats français ; solidarité entre le front et l'arrière que relie sans arrêt la noria de camions de la Voie Sacrée ; solidarité enfin entre les combattants et le pays tout entier qui, ému par l'atrocité de la bataille, se mobilise derrière ses défenseurs.

Quatre-vingts ans après, la France ne saurait oublier les prodiges de vaillance et d'héroïsme, souvent des actes individuels, spontanés, de soldats isolés et livrés à eux-mêmes elle ne saurait oublier les sacrifices qui se sont accomplis là, souvent de façon complètement anonyme.

Aux anciens de Verdun, je veux dire aujourd'hui que la France se souvient. Au nom de la communauté nationale tout entière, je rends hommage à la mémoire de ceux qui disparurent dans ce combat ; je rends hommage à ceux qui en sont réchappés et je leur exprime notre gratitude et notre affection [...].

Non, tant de sang et de larmes, on ne peut pas les oublier. Pour toutes les raisons que j'ai dites ; mais aussi pour une autre, tout aussi capitale.

Ces combats terribles où disparurent trois cent mille hommes, qui bouleversèrent la vie de tant d'autres, celle de leur famille et l'avenir de leur pays, eurent sans doute une conséquence inattendue, qui peut sembler paradoxale : de ce martyre partagé, naquit chez les vétérans l'idée qu'il ne fallait "plus jamais ça". Un affrontement hallucinant, où la guerre des hommes se double d'une guerre de matériel et atteint des limites jusque-là inconnues, va devenir le symbole d'une obligation ardente, celle de la paix. Dans le processus qui se développe alors, Verdun constitue un tournant décisif[2]. »

Le général de Gaulle

En 1945, c'est de Gaulle qui rend à la France son rang dans le monde :

« Le général de Gaulle, c'est d'abord une certaine idée de la France. C'est l'homme qui de Londres, le 18 juin 1940, appela les Français à refuser le honteux armistice avec l'Allemagne nazie. C'est l'homme qui dit non à la Collaboration. C'est l'homme qui sauva l'honneur de la France, qui permit en 1945 à notre pays, avec les États-Unis, avec les Alliés, de figurer dans le camp des vainqueurs[3]. »

Soldats de l'ombre

À maintes reprises, Chirac a rendu hommage à la Résistance, à ces hommes et femmes qui, à Londres avec le général de Gaulle, sur le sol national ou dans ce qu'on appelait l'Empire français, ont eu le courage de se dresser contre la barbarie nazie au nom de la dignité de l'homme et de la liberté. Ces combattants

« nous obligent. Ils nous rappellent nos valeurs communes : la liberté, la tolérance, la solidarité, le refus de l'extrémisme. Célébrer la mémoire de la Résistance, c'est mettre à leur place, c'est-à-dire au plus haut, celles et ceux qui nous ont permis d'être ce que nous sommes. C'est se donner les moyens de construire l'avenir[4]. »

Lucie Aubrac

Avec son mari Raymond, Lucie Aubrac prend une part très active à l'action du mouvement Libération-sud, qui devient le plus important du sud de la France. À sa mort en 2007, il salue son immense courage :

« Face à l'injustice, face à l'arbitraire, elle a répondu par la rébellion et le courage. Face au déshonneur de l'Armistice et de Vichy, elle a répondu par un patriotisme inébranlable. Avec Lucie Aubrac, c'est une lumière rayonnante de la Résistance qui vient de s'éteindre[5]. »

Geneviève de Gaulle-Anthonioz

Dans l'allocution qu'il prononce le 9 mars 2002 lors de la cérémonie religieuse à sa mémoire, Jacques Chirac rend hommage à la nièce du chef de la France libre. Résistante au sein du réseau Défense de la France, Geneviève de Gaulle-Anthonioz fut arrêtée, emprisonnée à Fresnes, déportée et mise au secret à Ravensbrück. Elle devint, par la suite, présidente d'ATD quart-monde :

« Il est des lumières qui ne s'éteignent pas, il est des êtres d'exception qui ne nous quittent pas. Demeurent leur voix, leur exemple, leur message. Geneviève de Gaulle-Anthonioz est partie et pourtant elle est toujours près de nous, avec nous. Elle nous parle de tolérance, d'amour des autres. Elle nous parle de résistance et d'indignation. Elle nous parle de liberté et de dignité[6]. »

Henri Rol-Tanguy

Militant communiste, Rol-Tanguy s'engage dans la Résistance dès octobre 1940. Chef régional des Forces françaises de l'intérieur, il prend une part très active à la Libération de Paris. Le général de Gaulle le décore de la croix de la Libération avant de le faire compagnon de la Libération :

« [Il] est de ceux qui ne peuvent accepter la défaite, l'humiliation, l'asservissement. De combattant, il va se faire stratège pour défendre, avec courage et talent, les valeurs de la République [...]. Plus encore, cette figure mythique de l'insurrection parisienne deviendra l'un des symboles de cette Résistance rassemblant dans l'ombre des hommes et des femmes de toutes les origines, de tous les horizons qui choisirent de se réunir par-delà leurs différences, sous l'autorité de Jean Moulin et porté par le *Chant des Partisans [...].*

Henri Rol-Tanguy restera aussi l'exemple de ce que peuvent accomplir les efforts conjugués de tout un peuple qui retrouve par lui-même, grâce à ses combattants de l'ombre et à son armée, sa grandeur et sa dignité ; un peuple enfin réuni qui redonne à la France, avec sa cohésion, son rang et sa place au sein des nations[7]. »

Les Justes de France

Le 19 août 1953, en Israël, une loi crée l'Institut Yad-Vashem afin de pérenniser le souvenir des martyrs du Génocide. Reprenant une expression d'origine talmudique, lui est confiée la commémoration des « Justes parmi les Nations », « ces non-Juifs qui ont aidé les Juifs au risque de leur vie ».
Plus de 3 500 personnes ont été reconnues comme « justes de France ». Chirac a voulu leur dire le respect de notre pays pour leur action :

« Vous, Justes de France, vous avez transmis à la nation un message essentiel, pour aujourd'hui et pour demain :

le refus de l'indifférence, de l'aveuglement. L'affirmation dans les faits que les valeurs ne sont pas des principes désincarnés, mais qu'elles s'imposent quand une situation concrète se présente et que l'on sait ouvrir les yeux.

Plus que jamais, nous devons écouter votre message : le combat pour la tolérance et la fraternité, contre l'antisémitisme, les discriminations, le racisme, tous les racismes, est un combat toujours recommencé. Si l'antisémitisme s'est déchaîné dans les années 1930-1940, c'est faute d'avoir été condamné avec la fermeté nécessaire à cette époque.

C'est parce qu'il a été en quelque sorte toléré comme une opinion parmi d'autres. Telle est la leçon de ces années noires : si l'on transige avec l'extrémisme, il faut bien le mesurer, on lui offre un terreau pour prospérer, et tôt ou tard on en paye le prix. Face à l'extrémisme, il n'y a qu'une attitude : le refus, l'intransigeance. Et c'est aussi sans merci qu'il faut lutter contre le négationnisme, crime contre la vérité, perversion absolue de l'âme et de l'esprit, forme la plus ignoble, la plus abjecte de l'antisémitisme[8]... »

Les harkis

Le 25 septembre 2001, à l'occasion de la journée d'hommage national aux harkis, Chirac dit la reconnaissance de la République envers les Français musulmans qui l'ont défendue et la « dette d'honneur » qu'elle a contractée à leur égard :

« C'est un rendez-vous avec notre histoire. Une histoire mal connue, une histoire douloureuse et souvent déformée. Une histoire qu'il importe aujourd'hui de rappeler aux Français, parce qu'elle exprime la souffrance d'hommes qui ont aimé notre patrie. C'est enfin et surtout un rendez-vous avec la République. Avec son unité, qui ne saurait s'accommoder d'aucune forme d'exclusion. Avec la continuité de son histoire, qui ne peut accepter aucune forme d'oubli [...]. Nous devons hommage et fidélité aux combattants qui ont lutté, et parfois donné leur vie pour la France. Harkis, Moghaznis, tirailleurs, spahis, membres des forces régulières ou des forces supplétives, des groupes mobiles de sécurité, des groupes d'autodéfense et des sections administratives spécialisées : ils sont plus de 200 000 à avoir pris les armes pour la République et pour la France, pour défendre leurs terres et pour protéger leurs familles. ...Notre hommage s'adresse aussi aux personnels civils, aux responsables administratifs et politiques, aux nombreux musulmans qui ont tant sacrifié à leur engagement au service de la République, au point d'y avoir parfois trouvé la mort [...].

Notre souvenir va enfin à l'ensemble des hommes, des femmes, et hélas aussi des enfants qui ont péri en Algérie, victimes de la guerre et de la haine. De ces années tragiques, rien ne peut s'effacer. Pour les populations civiles, le 19 mars 1962 a marqué la fin des hostilités militaires, mais pas la fin des souffrances. D'autres épreuves, d'autres massacres sont venus s'ajouter aux peines endurées pendant plus de sept ans. Qu'elles soient tombées avant ou après le cessez-le-feu, nous devons à toutes les victimes l'hommage du souvenir. Oublier une partie d'entre elles, ce serait les trahir toutes [...].

C'est pour la France une question de dignité et de fidélité. La République ne laissera pas l'injure raviver les douleurs du passé. Elle ne laissera pas l'abandon s'ajouter au sacrifice. Elle ne laissera pas l'oubli recouvrir la mort et la souffrance[9]. »

Écrivains

Jacques Chirac a aussi rendu hommage aux écrivains qui ont contribué à forger l'âme de notre pays et contribué à participer à son rayonnement. Ainsi reconnaît-il en ***Julien Green*** *un*

« écrivain majeur, dont l'histoire est celle d'une quête de l'expatrié. Quête d'une langue parfaite, qui exprime toutes les nuances et tous les replis de la pensée. Quête de l'être, entre le bien et le mal[10]. »

Engagée à gauche, volontiers provocante, l'œuvre de ***Françoise Sagan*** *rencontre et reflète une jeunesse bourgeoise en mal de vivre. Chirac, lors de son décès rappelle qu'*

« avec finesse, esprit et subtilité, [elle] aura exploré les ressorts et les passions de l'âme humaine. D'un style original, elle aura témoigné de son temps, dressant un tableau plein d'acuité de la société française et de ses évolutions. Acteur de son époque, Françoise Sagan aura contribué à l'évolution de la place de la femme dans notre pays[11]. »

Jacques Chirac évoque ***George Sand*** *qui, au crépuscule de sa vie, s'était écriée : « Apprenons à être révolutionnaires obstinés, jamais terroristes » :*

« Il y a deux cents ans, naissait un être exceptionnel, être d'enthousiasme et de passion, être de lumière et de combats, dont l'œuvre et la vie ont éclairé son temps et continuent d'inspirer le nôtre. Les grandes batailles de George Sand, pour l'égalité, pour la fraternité, pour la place des femmes ont aujourd'hui encore et plus que jamais peut-être, une formidable résonance[12]. »

*Peu après son accession à l'Élysée, Jacques Chirac prend la décision de transférer au Panthéon la sépulture d'**André Malraux**, l'homme du refus de l'esprit de système :*

« André Malraux, vous nous avez appris à nous défier des réponses toutes faites, de l'esprit de système qui dénie aux individus leur part d'influence sur leur propre histoire. Vous êtes l'homme de l'inquiétude, de la recherche, de la quête, celui qui trace son propre chemin [...].

Vous êtes bien, André Malraux, du côté de l'inquiétude, de la quête. Nietzsche et Dostoïevski sont, pour l'éternité, vos maîtres et vos interlocuteurs. Vous incarnez des choix, des préceptes, un exemple, et pourtant, il y a toujours chez vous le "Et si nous nous étions trompés" [...]. Vous êtes celui qui nous apprend la richesse de la question et de la remise en question.

Cette richesse, cette quête font de vous l'homme de l'aventure, de l'ouverture au monde, et donc de la tolérance et du respect de l'autre. Votre intimité avec toutes les cultures, votre façon si neuve de faire dialoguer entre eux les arts du monde, par-delà les frontières et les époques, vous consacre citoyen de l'Intemporel, un Intemporel qui est nécessairement fraternel[13]. »

*Le 26 mars 2002, à l'occasion du transfert des cendres d'**Alexandre Dumas** au Panthéon, Jacques Chirac fait le parallèle avec **Victor Hugo** :*

« L'année 2002 rapproche, une fois encore deux géants de notre histoire littéraire, deux figures de l'histoire de France : Victor Hugo et Alexandre Dumas. Nul rapprochement ne pouvait être plus heureux tant l'un et l'autre étaient liés par une forte et belle amitié, parfois houleuse [...], forgée dans les batailles du romantisme. Tant l'un et l'autre se vouaient une admiration indéfectible pour leurs écrits. Tant l'un et l'autre se sont engagés avec courage, avec détermination et panache dans les combats pour l'idéal républicain [...] L'un et l'autre ont enflammé l'âme et l'imagination par la puissance de l'inspiration et par la magie du verbe. L'un et l'autre ont marqué de l'empreinte puissante de leur œuvre et de leurs personnages toute notre littérature. L'un et l'autre ont porté au plus loin et au plus haut notre langue, cette langue française dont ils furent deux des plus illustres serviteurs. Tous deux ont fait de la République un engagement et de leur œuvre un projet politique : éducation pour tous et liberté pour chacun[14]. »

*Le 6 octobre 2002, pour le centenaire de la mort d'**Émile Zola**, Chirac salue « le héraut farouche du droit, de la justice et de la liberté » :*

« Au moment où la France vient de rappeler avec force son attachement aux valeurs de la République et son rejet de tous les extrémismes et de toutes les exclusions, j'ai voulu [...] saluer la mémoire de celui qui fut, au tournant du siècle dernier, l'un des symboles les plus admirables du combat pour les principes et pour les idéaux qui fondent notre nation [...].

Car parler d'Émile Zola, c'est en réalité parler tout simplement de la France. De cette France terre d'accueil qui a toujours su s'enrichir du talent de celles et de ceux qui l'ont rejointe et qui ont fait le choix de ses valeurs. De cette France dans laquelle chacun doit pouvoir trouver sa chance et s'imposer par son mérite. De cette France qui, avant d'être un territoire, est une langue, une idée, un idéal de justice et de liberté. C'est de cette France dont Zola est le fils. C'est à travers la défense de ces valeurs qu'il est aujourd'hui notre contemporain[15]. »

***Saint-John Perse**, qui « célèbre la montée de l'humanité vers une destinée plus haute », rencontre la sensibilité de Chirac :*

« Déroulant avec lenteur une prosodie solennelle, il prend le contre-pied de la poésie moderne qu'un mouvement de révolte et de désir porte, trop volontiers peut-être, vers un avenir libéré. Saint-John Perse au contraire, célèbre la montée de l'humanité vers une destinée plus haute. Il donne à ses versets une dimension cosmique qui "renoue", disait-il, le passé au présent, l'Occident à l'Orient, le visible à l'invisible en un rythme intérieur qui est celui des choses de l'univers. On chercherait en vain dans cette œuvre le signe d'une transcendance ; aucune pourtant ne donne à ce point le sens du sacré[16]. »

La France des partis et des doctrines

Héritier du gaullisme

Trop jeune pour avoir rejoint Londres ou avoir pu participer à la Résistance, Chirac ne fait pas partie des gaullistes historiques, les compagnons du général de Gaulle :

« Le 18 juin 1940, j'avais sept ans et demi. Autant dire que je n'ai pas entendu l'Appel. Mon premier souvenir de l'Occupation, c'est le sabordage de la flotte, à Toulon[17]. »

En prenant sans ménagement, en décembre 1974, la direction du parti gaulliste en proie à un désarroi profond, Chirac empêche sa décomposition. Rapidement, il incarne l'espoir d'une nouvelle génération politique :

« D'autres, je ne l'ai jamais caché, auraient été plus désignés que moi pour assurer cette mission, en conséquence naturelle de grands services antérieurement rendus aux côtés du général de Gaulle. Ils ne l'ont pas voulu ou ne l'ont pas pu. Je n'ai pas à m'interroger pour savoir si j'étais digne ou non de relever cet immense héritage. Il fallait alors que quelqu'un le fît et maintenant je n'ai pour avenir et pour charge que de m'en rendre digne en effet, dussé-je y contraindre ma nature et mes penchants. Je n'imagine pas que n'importe quel Français, placé dans ma situation, pût, à moins d'une médiocrité singulière, ressentir différemment le devoir de se hausser au niveau du rôle imparti[18]. »

Chirac ne se reconnaît pas dans l'archaïsme de la droite française, dont il récuse jusqu'à l'appellation et démasque les tentations :

« La droite défend le capitalisme, avec ses abus, et secrètement en chérit surtout les abus[19]. »

C'est pourquoi la fondation du RPR, en décembre 1976, s'inscrit très clairement dans l'héritage du gaullisme :

« Citoyens et citoyennes de mon pays, vous êtes les fils et les filles de ces hommes qui ont lutté dans notre longue histoire pour nous donner le droit d'être libres. L'appel que je lance à mon tour n'est que l'écho de l'éternel appel des nations qui ne veulent pas mourir[20]. »

Le gaullisme appartient à tous, car le gaullisme, c'est la France :

« Nous ne l'entendons pas [le gaullisme] comme un vocable sacré, ni comme un culte posthume pour la personne du général de Gaulle, si grande qu'ait été celle-ci, et à tant d'égards exemplaire [...]. La référence à

Charles de Gaulle incorpore à la fois le vieil orgueil de la patrie, l'irréductible combat de la liberté, les transformations requises pour la continuité d'un grand passé dans un avenir maîtrisé et voulu. Elle évoque parfaitement la politique telle que nous la concevons, qui se moque de la politique telle que d'autres la conçoivent, et qui transcende toutes les divisions artificiellement entretenues entre les Français [...]. Il s'est fait du gaullisme sans de Gaulle, et même sans le savoir probablement depuis Vercingétorix. À l'heure actuelle, aucun nom ne représenterait une synthèse plus complète de nos devoirs, avec leur subordination à l'essentiel, et aucun ne rappellerait mieux les combats que doit livrer l'espérance[21]. »

C'est de cette tradition que se réclamera Chirac, qui ne revendiquera jamais son appartenance à la droite. C'est particulièrement évident lors de la campagne présidentielle de 1995 :

« C'est cela, le gaullisme : non des tables de la Loi figées pour l'éternité mais des principes vivants, un comportement qui allie fidélité à son histoire et adaptation à son époque, aux aspirations des femmes et des hommes qui la vivent[22]. »

À partir de 2002, il acceptera plus facilement d'être classé « à droite » – mais sa droite est humaniste, elle écarte sans ambiguïté toute tentation xénophobe, raciste ou antisémite, admet la diversité, ne se réfugie pas dans le nationalisme,

est tournée vers l'Europe, affirme que le libéralisme a des limites.
Le régime des partis a été la cible des critiques du général de Gaulle et explique bien des dispositions qui furent initialement introduites dans la constitution de la Ve République. À son tour, Chirac dénonce le risque qu'il fait courir à la démocratie et au régime parlementaire :

« À l'heure actuelle, de nouveau, l'incertitude, la confusion, les divisions de la vie politique française proviennent des milieux dirigeants. Elles n'ont pas leur origine dans les sentiments véritables et spontanés qu'éprouve la très grande majorité de la population. Elles proviennent des écrans dressés devant celle-ci, des pièges tendus à son expression, de la déformation systématique subie par les aspirations populaires sous le couvert des votes captés[23]. »

La gauche socialo-communiste

Avec le décès de Georges Pompidou, le 2 avril 1974, des élections anticipées doivent être organisées. En face d'une droite éclatée, traversée par des querelles de personnes, la gauche, forte du Programme commun de gouvernement signé le 27 juin 1972 entre le Parti communiste et le Parti socialiste, rejoints peu après par les Radicaux de gauche, cherche à gommer ses différences :

« devenue une oligarchie de comités et d'états-majors [, elle] fait résonner très haut sa dénomination afin de donner l'impression contraire[24]. »

Pourtant,

« croire que le Parti communiste change est une erreur fondamentale[25]. »

Maurice Thorez, secrétaire général du Parti communiste français, illustre bien cette immuabilité :

« Maurice Thorez disait en 1945 qu'il y a des voies pour permettre d'accéder au socialisme et au communiste qui peuvent être très différentes de celles de l'Union soviétique. Du vingt-deuxième congrès il avait engagé le processus. Cela ne l'empêchait pas, deux ans après, de se déclarer être “le premier stalinien de France”. Donc il n'y a pas, en réalité, de changement autre que tactiques[26]. »

Cette apparence du changement n'est qu'une ruse, dont Lénine s'est fait le théoricien :

« Lénine disait : “Il faut savoir consentir à tous les sacrifices… user même en cas de nécessité de tous les stratagèmes, user de ruses… adopter les processus illégaux, se taire parfois, celer parfois la vérité[27]…” »

Aux élections cantonales de 1976, la dynamique de l'union de gauche se confirme. Aux élections municipales de 1977, le total des voix de gauche dépasse les 50 % alors que la droite n'en totalise qu'à peine 42 %. C'est dans ce contexte politique et électoral qu'il convient de situer les déclarations de Jacques Chirac concernant la « gauche socialo-communiste » :

« Les socialistes se sont engagés sous sa houlette [celle de François Mitterrand] dans une alliance de gouvernement avec les communistes. [...] Cette alliance n'est pas une tentative pour gouverner la France, mais simplement une tentative électorale pour prendre le pouvoir [...] car il est évident, et on le voit tous les jours, qu'il y a une divergence de vues fondamentale entre les communistes et les socialistes sur tous les points principaux qui sont ceux de l'action gouvernementale dans un pays. Le parti socialiste français est le seul parti socialiste dans un grand pays à avoir fait ce pari qui consiste à accéder au pouvoir avec les communistes. Cela est très dangereux[28]. »

Socialistes et communistes tentent de véhiculer une image politique rassurante afin de rallier un nouvel électorat :

« Déjà Engels et Lénine préconisaient d'utiliser toutes les ressources de la démocratie politique dite bourgeoise pour atteindre le but. Aujourd'hui, il faut rassurer aux prix de n'importe quelle concession de forme. Observez le déroulement de l'offensive de charme lancée vers les chrétiens : nous sommes ici devant un exemple manifeste de confusion intellectuelle et morale. Entre le matérialisme et l'athéisme militants, d'une part, le christianisme d'autre part, quelle fin commune pourrait bien justifier les moyens que l'on tente de prendre ensemble ? Aucune[29]. »

Pourtant, le Parti socialiste français est toujours d'inspiration révolutionnaire et marxiste :

« Tout se passe comme si M. Mitterrand voulait faire croire aux Français qu'au bout du compte la venue de la coalition socialo-communiste au pouvoir se passerait en douceur, sans bouleverser vraiment les choses. Il faut être clair. Ou bien les socialistes n'ont pas d'autres ambitions que de reprendre à leur compte l'action de réforme du président de la République et du gouvernement, et alors nous sommes en droit de leur demander ce qu'ils feraient d'un allié électoral aussi encombrant que les communistes ? Ou bien l'objectif est effectivement d'appliquer le programme commun et alors les discours lénifiants sont un leurre… L'effort même des idéologues de l'opposition pour inventer un "socialisme à visage humain" a quelque chose d'inquiétant, car l'expression en dit long sur l'inhumanité de toutes les expériences déjà tentées. Il y a, en réalité, une contradiction intrinsèque entre la liberté de la personne et le projet de prise en charge complète de l'individu par la collectivité. Lorsque le socialisme aura renoncé au collectivisme, il pourra revendiquer la liberté. Mais que lui restera-t-il alors de socialiste ? Je suis pour ma part convaincu que le parti socialiste français est aujourd'hui un parti d'inspiration révolutionnaire et marxiste. Il faut le savoir pour ne pas se laisser prendre au chant des sirènes[30]. »

L'alliance du rêve et de l'idéologie :

« Que pèsent les partis en présence ? Que pèseraient-ils au pouvoir quand il s'agirait non plus de promettre mais de décider ?

Les communistes pèsent le poids d'une structure cinquantenaire et omniprésente : celle du parti et de ses cellules ; celle de la CGT, dont les travailleurs connaissent les méthodes à l'intérieur des entreprises ; celle des innombrables organisations qui regroupent les jeunes, les femmes, les agriculteurs ; celle des sociétés commerciales que le parti a créées jusque dans le monde des affaires. Les communistes pèsent le poids d'une idéologie, le marxisme, qu'ils n'hésitent pas à qualifier de scientifique et qui imprègne largement l'intelligentsia occidentale… Le Parti communiste pèse le poids du fanatisme qui a conduit ses principaux chefs en France à cautionner les crimes commis dans les pays socialistes et qui aujourd'hui, pousse ces mêmes responsables à se présenter, sans pudeur, comme les champions de la liberté parce que c'est utile à la cause. À quoi de tels hommes ne seraient-ils pas prêts ?

En face de la machine communiste, le Parti socialiste pèse le poids du rêve… Parti ramasse-tout, parti des mécontents et des hésitants, il n'est aujourd'hui qu'un conglomérat hétérogène et ambigu. Hétérogène parce que les chapelles et les groupes s'y opposent sur le fond et la forme au point que la direction du parti risque sans cesse d'être dépassée par sa gauche ou abandonnée par sa droite. Ambigu, parce que le Parti socialiste ne sait plus quel langage tenir : tantôt il annonce pour demain le temps heureux de la révolution autogestionnaire, tantôt… il invoque le pari capitaliste du programme commun, qui ne serait pas un pari sur la société socialiste[31]. »

L'extrême droite

Alors même que certains dans sa majorité souhaitaient conclure des alliances électorales avec les candidats du Front national, Chirac a toujours refusé tout compromis avec l'extrême droite. Commentant les résultats du premier tour des présidentielles de 2002, il écrit :

« C'est le fait d'être resté irréductiblement fidèle à mon rejet du Front national et en prenant le risque, à plusieurs reprises, d'en payer le prix électoral, qui me vaut sans doute, aux yeux des Français de tous bords qui se déclarent déjà prêts à se rassembler autour de moi, d'avoir acquis la légitimité nécessaire pour les représenter. Tous savent bien qu'il n'y a jamais eu chez moi ni ambiguïté ni complaisance dans mon attitude vis-à-vis des thèses propagées par ce parti et que je me suis constamment efforcé de faire en sorte que leur poison ne se distille pas[32]. »

Le centrisme

« On ne lui voit plus guère d'existence, sinon sous forme de vocations individuelles aux combinaisons multiples[33]. »

Le libéralisme

Dès 1978, dans La Lueur de l'espérance, *Chirac met en garde également contre les excès du libéralisme, très en vogue aux États-Unis :*

« Le Libéralisme est une excellente étiquette. Le mot crée d'abord une confusion heureuse avec la défense des libertés politiques [...]. Il bénéficie de l'effet de repoussoir qu'exerce le collectivisme [...]. Il est donc clair que ce libéralisme économique correspond merveilleusement aux dispositions d'esprit des dirigeants conservateurs, puisqu'ils resteront dirigeants sans avoir trop à diriger : mieux, avec mission expresse de très peu diriger, afin de laisser faire les mécanismes naturels. Si les résultats sont bons, ils se regorgeront de la lucidité et du courage qui leur ont fait prendre cette voie ; si les indices sont mauvais, ils l'expliqueront par les indiscutables aléas de la conjoncture[34]... »

Trente ans plus tard, ou presque, Chirac fait inscrire dans la loi l'impossibilité de modifier les dispositions du code du travail sans consultation des partenaires sociaux :

« Nous franchissons aujourd'hui une nouvelle étape. Nous fixons une règle nouvelle : il ne sera plus possible de modifier le code du travail sans que les partenaires sociaux aient été mis en mesure de négocier sur le contenu de la réforme engagée. Et aucun projet de loi ne sera présenté au Parlement sans que les partenaires sociaux soient consultés sur son contenu. Cette nouvelle règle du jeu va radicalement transformer nos façons de penser et d'agir. Bien sûr, le dernier mot restera à la représentation nationale. Mais les pouvoirs publics vont devoir apprendre à légiférer, ou à prendre des ordonnances, sur la base du travail des partenaires sociaux, qui, chacun le sait, ont une connaissance et une expertise incomparables des réalités sociales. Cette démarche, l'État la prolongera aussi dans le domaine de la fonction publique. Il faut y renforcer et y moderniser les relations sociales, notamment en instituant de nouvelles instances de dialogue. Les partenaires sociaux vont devoir travailler différemment. Leur saisine ne saurait servir de prétexte à l'inaction, voire au blocage. Les négociations devront se dérouler dans un délai clairement délimité, conciliable avec le temps et les exigences de l'action politique. Sous le regard de la Nation, les partenaires sociaux prendront leurs responsabilités : ils savent déjà le faire en tant que gestionnaires des régimes de sécurité sociale ou de l'assurance-chômage[35]. »

Chirac profite d'une de ses dernières interventions en tant que président de la République pour revenir sur ces principes de solidarité, absents du « libéralisme sans frein » :

« La France n'est pas un pays comme un autre. Elle a des responsabilités particulières héritées de son histoire et des valeurs universelles qu'elle a contribué à forger [...]. De même, ce serait immoral et dangereux de laisser, sous l'effet d'un libéralisme sans frein, se creuser le fossé entre une partie du monde de plus en plus riche et des milliards d'hommes, de femmes et d'enfants abandonnés à la misère et au désespoir[36]. »

Le dirigisme

En parallèle, les méfaits du dirigisme sont aussi très souvent soulignés :

« Depuis des décennies – certains diront même des siècles –, la tentation française par excellence a été celle du dirigisme d'État. Qu'il s'agisse de l'économie ou de l'éducation, de la culture ou de la recherche, des technologies nouvelles ou de la défense de l'environnement, c'est toujours vers l'État que s'est tourné le citoyen pour demander idées et subsides. Peu à peu s'est ainsi construite une société administrée, et même collectivisée, ou le pouvoir s'est concentré dans les mains d'experts formés à la gestion des grandes organisations. Ce système de gouvernement qui est, en même temps, un modèle social, n'est pas dénué de qualités : il flatte notre goût national pour l'égalité ; il assure pérennité et stabilité au corps social ; il se concilie parfaitement avec le besoin de sécurité qui s'incarne dans l'État-providence.

Mais il présente deux défauts rédhibitoires : il se détruit lui-même, pas obésité ; et surtout, il menace d'amoindrir ses libertés individuelles.

Les Français ont compris les dangers du dirigisme étatique et n'en veulent plus. Par un de ces paradoxes dont l'histoire a le secret, c'est précisément au moment où la socialisation semblait triompher que le besoin d'autonomie personnelle, nourri par l'élévation du niveau de culture et d'éducation, s'exprime avec le plus de force. Voilà d'où naissent sans aucun doute les tensions qui travaillent notre société depuis des années : collectivisation accrue de la vie quotidienne mais, inversement, recherche d'un nouvel équilibre entre les exigences de la justice pour tous et l'aspiration à plus de liberté pour chacun.

Nous vivons une de ces époques privilégiées où le système de valeurs reverdit en plongeant ses racines dans la tradition culturelle de la Nation. Ainsi commencent toujours les renaissances.

Il est grand temps de tourner le dos aux idéologies fermées, aux systèmes construits pour substituer à l'autonomie défaillante de l'individu tel ou tel mode de prise en charge par la collectivité.

Il faut aller vers les valeurs qui nous ouvrent l'avenir, tout en nous rattachant, à la longue lignée de l'humanisme occidental. Ces valeurs s'appellent : liberté, création, responsabilité, dignité de la personne humaine. Et qu'on ne vienne pas affirmer que sur ces bases s'édifierait un monde plus dur ou plus inégal[37]. »

« Nous sommes les héritiers d'une très grande nation[38] »

Un destin singulier

Chirac s'est toujours fait une idée exigeante de la France. Il croit à son destin singulier. En octobre 1976, il prononce à Égletons un discours au cours duquel il évoque les grandes lignes qui guideront son engagement. La défense de l'indépendance nationale et la préservation des institutions de la Ve République sont au centre de son propos :

« L'indépendance n'est pas un mot ; elle n'est pas une profession de foi où le thème de discours ou de programmes électoraux. Elle s'affirme. Elle suppose qu'un effort permanent soit effectué pour que notre pays soit doté d'une défense nationale moderne, forte et efficace. Elle exige que notre action extérieure sache préserver dans le refus des allégeances et nous maintenir hors des blocs antagonistes. Il faut donc dénoncer les procès de tendance qui évoquent absurdement notre retour à l'OTAN [...]. Mais le ressort de l'indépendance extérieure, il faut aussi le trouver en nous-mêmes, dans la stabilité intérieure et la liberté des citoyens [...]. Le respect scrupuleux du texte de nos institutions constitue pour nous un dogme sur lequel il ne nous est pas possible de transiger [...]. La liberté peut être détruite aussi bien par la mainmise de l'État que par la démission de l'autorité. Elle s'évanouit et meurt là où l'État n'est plus capable d'assurer à tous les citoyens la sécurité dans leur vie quotidienne face aux violences, aux agressions du monde moderne, aux excès des minorités destructrices [...]. La France de demain ne saurait être une société d'assistés où chacun recevrait d'une bureaucratie tentaculaire la même portion congrue de la pénurie collective[39]. »

Une nation, c'est bien sûr une volonté de vivre ensemble, la conscience d'un avenir partagé ; pour un peuple, c'est un espoir, une ambition commune de prolonger une histoire singulière :

« La nation française, forte de son passé, de ses traditions et de sa culture, existe en dehors de l'État qui n'est que l'une de ses multiples facettes. Elle a une réalité, une densité, une vie propre. Au-delà de l'État, la nation française c'est avant tout une communauté de citoyens, une communauté de destins[40]. »

Une nation, c'est une réalité au service d'un avenir, une histoire totalement assumée pour mieux bâtir les fondements d'un « rêve d'avenir partagé » :

« La force d'une nation réside dans sa cohésion. Elle s'enracine dans l'histoire. Elle repose sur un contrat social qui implique la garantie des libertés essentielles : la sécurité, l'égalité devant la loi, la liberté de conscience et d'expression, la liberté d'entreprendre. Elle est aussi le résultat de l'adhésion de chacun à des valeurs communes, à un projet commun. Son moteur, c'est l'égalité des chances[41]. »

La fonction de l'histoire

Chirac n'est pas de ceux qui se tournent vers le passé pour ne pas avoir à évoquer le présent ou qui, las de scruter l'avenir, se plongent dans l'histoire ancienne :

« L'Histoire, notre histoire, est un long apprentissage de l'art difficile de vivre ensemble. C'est une longue suite de moments heureux ou malheureux, de succès et d'échecs, de déchirements et de retrouvailles qui furent en vérité autant d'étapes vers la France d'aujourd'hui. Au long de ces épreuves, de ces tentatives, une nation s'est forgée et un peuple s'est rassemblé[42]. »

Mais l'histoire, lorsqu'elle est utilisée à des fins nationalistes et populistes, peut aussi contribuer à dresser les Français les uns contre les autres :

« Il convient donc d'avoir le courage de porter sur notre histoire un regard de vérité. La France est une grande nation, son passé est glorieux, elle porte des valeurs universelles qui rayonnent à travers le monde, des valeurs de liberté, de justice, de droit. Elle est marquée par la diversité des hommes et des horizons qui font sa force et aussi sa richesse.

Cette histoire, c'est notre patrimoine, c'est notre identité, c'est notre avenir. Et nous devons en être fiers.

Comme toutes les nations, la France a connu la grandeur, elle a connu les épreuves. Elle a connu des moments de lumière et des moments plus sombres. C'est un héritage que nous devons assumer tout entier, c'est un héritage que nous devons assumer dans le respect des mémoires de chacun, des mémoires parfois blessées et qui constituent chez beaucoup de nos compatriotes une part de leur identité.

L'Histoire, c'est la clé de la cohésion d'une nation, mais il suffit de peu de chose pour que l'histoire devienne un ferment de division, que les passions s'exacerbent, que les blessures du passé se rouvrent.

Dans la République, il n'y a pas d'histoire officielle. Ce n'est pas à la loi d'écrire l'histoire. L'écriture de l'histoire, c'est l'affaire des historiens[43]. »

Si Jacques Chirac a refusé qu'une allusion aux racines chrétiennes de l'Europe soit inscrite dans le préambule de la Constitution européenne, c'est essentiellement parce que, pour lui, un texte juridique ne doit pas comporter de références qui relèvent de l'histoire et de son interprétation :

« La France est un État laïque [...]. Cela veut dire qu'en France, on doit respecter la laïcité. Cela signifie que chacun est libre de croire – et donc de pratiquer la religion à laquelle il adhère – ou de ne pas croire. C'est tout à fait capital pour [...] la sérénité de notre espace culturel. Nous ne souhaitons donc pas que, d'une façon détournée, une religion soit privilégiée par rapport à une autre[44]. »

« Nous ne sommes pas du tout anti-chrétien, et cela va de soi, nous sommes un pays de vieille civilisation chrétienne. Mais nous sommes également un pays qui a mis un terme à ces querelles de cette nature il y a cent ans et qui n'a pas du tout l'intention de rouvrir un débat sur la laïcité. Nous ne souhaitons donc pas qu'une religion plutôt qu'une autre soit privilégiée dans les textes officiels[45]. »

« La laïcité est une tradition et un principe français. [...] Nous avons actuellement en chantier une réforme des institutions de l'Union européenne qui crée bien des débats entre les Quinze aujourd'hui et demain les Vingt-cinq membres de l'Union européenne. Parmi ces débats, il y en a un qui est de savoir si dans la Constitution, on peut faire état des origines judéo-chrétiennes de la civilisation européenne. Nous ne contestons pas qu'il y ait des origines judéo-chrétiennes naturellement, mais la France n'accepte pas, au nom de la laïcité, que l'on privilégie une origine plutôt qu'une autre et notamment une origine religieuse. La plupart des pays qui sont nos partenaires mènent une forte campagne contre nous pour que l'on insère cette référence judéo-chrétienne dans la Constitution[46]. »

Se souvenir

Chirac n'a pas hésité à reconnaître les zones d'ombre de l'histoire de notre pays :

« La grandeur d'un pays, c'est d'assumer toute son Histoire[47]. »

En 1995, le discours tenu au Vélodrome d'hiver rompt d'ailleurs avec la politique de ses prédécesseurs. Jacques Chirac y reconnaît officiellement la responsabilité de la France dans la déportation des Juifs de France en Allemagne nazie :

« Il est, dans la vie d'une nation, des moments qui blessent la mémoire, et l'idée que l'on se fait de son pays [...]. Oui, la folie criminelle de l'occupant a été secondée par des Français, par l'État français [...]. La France, patrie des Lumières et des Droits de l'homme, terre d'accueil et d'asile, la France, ce jour-là, accomplissait l'irréparable. Manquant à sa parole, elle livrait ses protégés à leurs bourreaux [...].

Transmettre la mémoire du peuple juif, des souffrances et des camps. Témoigner encore et encore. Reconnaître les fautes du passé, et les fautes commises par l'État. Ne rien occulter des heures sombres de notre Histoire, c'est tout simplement défendre une idée de l'Homme, de sa liberté et de sa dignité. C'est lutter contre les forces obscures, sans cesse à l'œuvre[48]. »

En évoquant la responsabilité du Régime de Vichy ou l'Affaire Dreyfus, Chirac n'accomplit pas un acte de repentance :

« Cette notion, je la récuse absolument, car nul ne peut être rendu coupable des actes commis par ses aïeux. Mais nous devons comprendre et reconnaître les erreurs du passé, pour ne plus les répéter[49]. »

En 2006, lors de la commémoration du 90e anniversaire de la bataille de Verdun, Chirac, après avoir rendu hommage au rôle joué par Pétain à l'occasion de cette victoire, mentionne sa responsabilité dans la collaboration avec le régime nazi :

« Un homme a su prendre les décisions qui conduiront à la victoire, c'est Philippe Pétain. Hélas ! En juin 1940, le même homme, parvenu à l'hiver de sa vie, couvrira de sa gloire le choix funeste de l'armistice et le déshonneur de la collaboration[50]. »

En présidant le centième anniversaire de la réhabilitation de Dreyfus, Jacques Chirac a voulu rappeler que la République, parce qu'elle est la liberté, doit aussi être la vigilance. Il a entendu aussi réaffirmer, comme l'avaient compris avant lui des hommes aussi différents que Clemenceau ou Péguy, que l'affaire Dreyfus est immortelle :

« Il n'y aurait jamais dû y avoir d'Affaire Dreyfus : cette médiocre machination aurait pu être dévoilée dès le départ. Mais, parce que la haute hiérarchie ne pouvait s'être trompée, le capitaine devait à tout prix rester coupable. On invoquait l'intérêt supérieur de la nation. Il ne s'agissait que de dissimuler les médiocres défaillances de quelques responsables.

Mais d'autres ont refusé la conspiration de l'injustice. Face à l'adversité, ils ont livré le combat de l'honneur, le combat de la vérité.

Et d'abord, bien sûr, Dreyfus lui-même. Issu d'une famille juive profondément ancrée dans la République, polytechnicien, brillamment sorti de l'école de guerre, admis au sein de l'état-major, il a accompli, par son travail et sa compétence, une carrière exemplaire d'officier d'élite de l'armée nouvelle. Soudain, cet homme est pris dans l'engrenage d'une effroyable erreur judiciaire. Mais il ne se résigne pas : il veut sauver son honneur et l'honneur des siens. Plus que tout, il croit en la France et en la République[51]. »

En 2001, la France est le premier pays au monde à inscrire l'esclavage au rang des crimes contre l'humanité. En janvier 2006, Jacques Chirac décide que sera dorénavant commémorée en métropole, chaque 10 mai, l'abolition de l'esclavage :

« L'esclavage a nourri le racisme […]. Le racisme, d'où qu'il vienne, est un crime du cœur et de l'esprit. Il abaisse, il salit, il détruit. Le racisme, c'est l'une des raisons pour lesquelles la mémoire de l'esclavage est une plaie encore vive pour nombre de nos concitoyens.

Dans la République, nous pouvons tout nous dire sur notre histoire. C'est d'autant plus vrai que la République s'est construite avec le mouvement abolitionniste.

Les premiers à combattre l'esclavage furent les esclaves eux-mêmes. Les révoltes étaient fréquentes, elles étaient sévèrement réprimées. Plus tard, il y eut le commandant Delgrès, soldat de l'armée républicaine, qui proclama le 10 mai 1802 qu'il voulait "vivre libre ou mourir" […].

Il faut le dire, avec fierté : depuis l'origine, la République est incompatible avec l'esclavage. C'est dans cette tradition historique que s'est inscrite la représentation nationale, lorsqu'en 2001, elle a fait de la France le premier pays au monde à inscrire, dans la loi, la reconnaissance de l'esclavage comme crime contre l'humanité.

L'abolition de 1848 est un moment décisif de notre histoire : l'un de ceux qui ont forgé l'idée que nous nous faisons de notre pays, en tant que terre des droits de l'Homme.

Mais, au-delà de l'abolition, c'est aujourd'hui l'ensemble de la mémoire de l'esclavage, longtemps refoulée, qui doit entrer dans notre histoire : une mémoire qui doit être véritablement partagée.

Ce travail, nous devons l'accomplir pour honorer la mémoire de toutes les victimes de ce trafic honteux. Pour aussi leur rendre la dignité. Nous devons l'accomplir pour reconnaître pleinement l'apport des esclaves et de leurs descendants à notre pays, un apport considérable. Car de l'histoire effroyable de l'esclavage, de ce long cortège de souffrances et de destins brisés, est née aussi une grande culture. Et une littérature qui constitue sans doute l'une des meilleures parts de la littérature française d'aujourd'hui : vous en êtes, chère Maryse Condé, cher Édouard Glissant, parmi les plus éminents représentants. Et je pense aussi, bien sûr, à Aimé Césaire et à tant d'autres [...].

C'est pourquoi je souhaite que, dès cette année, la France métropolitaine honore le souvenir des esclaves et commémore l'abolition de l'esclavage. Ce sera [...] le 10 mai, date anniversaire de l'adoption à l'unanimité par le Sénat, en deuxième et dernière lecture, de la loi reconnaissant la traite et l'esclavage comme un crime contre l'humanité [...].

L'esclavage et la traite sont pour l'humanité une tache indélébile. La République peut être fière des combats qu'elle a gagnés contre cette ignominie. En commémorant cette histoire, la France montre la voie. C'est son honneur, sa grandeur et sa force[52]. »

La loi du 23 février 2005, qui visait à exprimer la reconnaissance de la France envers les Français rapatriés d'Afrique du Nord et d'Indochine, établissait que « les programmes scolaires reconnaissent en particulier le rôle "positif" de la présence Outre-mer, notamment en Afrique du Nord ». Après un avis du Conseil constitutionnel, Chirac fait supprimer cette mention car affirmer le caractère « positif » de la colonisation

« suscite des interrogations et des incompréhensions chez beaucoup de nos compatriotes. Il convient de les lever pour retrouver les voies de la concorde. La Nation doit se rassembler sur son "histoire"[53]. »

« Aucune nation ne doit plus à son État que la France[54] »

La Constitution

Cinq constitutions, cinq Républiques, une particularité française : l'instabilité institutionnelle. Les politiques, en France, aiment changer les règles du jeu plutôt que de s'y adapter :

« La Constitution, c'est un costume sur mesure, ce n'est pas quelque chose que l'on emprunte[55]. »

La Constitution de la Ve République était tout juste approuvée par référendum en 1958 que déjà des voix s'élevaient pour qu'on en change.
Il est bien clair que les prédictions les plus sombres sur le caractère inadapté des institutions de la Ve République

et sur leur incapacité à régir durablement notre vie politique se sont avérées non fondées. Jacques Chirac l'a bien rappelé lors de son discours à l'occasion des 25 ans de la Constitution :

« Si notre Constitution a duré, c'est en raison de l'efficacité des instruments qu'elle met entre les mains de l'autorité républicaine. Elle a résisté aux troubles et aux dangers dus aux événements d'Algérie, puis aux événements de Mai 1968, au départ du général de Gaulle, au décès du président Georges Pompidou [...]. Si notre pays a pu surmonter ces épreuves, c'est que notre constitution était solide [...]. Mais nos institutions ne se bornent pas à donner au pouvoir les moyens de l'efficacité, elles assument les libertés des citoyens et leur permettent de décider eux-mêmes directement, par la voie du référendum, lorsque l'essentiel est en cause. Aucune dans notre histoire, ne fut aussi démocratique [...]. Trop souvent depuis deux siècles, les Français ont eu le sentiment que les institutions du pays étaient œuvres de circonstances, bâties pour les commodités du moment, faisant une part tantôt trop large, tantôt trop étroite soit aux libertés des citoyens, soit à l'autorité des pouvoirs. Pour la première fois, la France a des institutions solides, souples, efficaces et respectueuses des libertés individuelles. C'est à tous les Français de veiller sur elles[56]. »

Alternances et cohabitations, crises politiques, contestation sociale, turbulences économiques... n'ont pas entraîné de paralysie de l'État :

« La France a longtemps tâtonné à la recherche des institutions fortes et stables indispensables à un pays moderne, et singulièrement au nôtre. Notre Constitution, celle de la Ve République, nous a donné ce qui, pendant des décennies, nous avait manqué : tout à la fois la légitimité, la solidité, l'efficacité au service de l'action et la capacité d'adaptation aux vicissitudes de l'Histoire… Aujourd'hui, la tentation existe chez certains, au-delà d'ailleurs des clivages politiques, de jeter à bas cet édifice. Gardons-nous pourtant de lâcher la proie pour l'ombre. En aucun cas notre Constitution n'est un frein à la modernisation de la France. Tout au contraire, c'est elle qui la rend possible : elle garantit la solidité et la cohésion de la nation et préserve notre pays de ces emportements, de ces divisions, de cet émiettement des volontés, qui ont trop souvent marqué notre histoire[57]. »

Les réformes de la Constitution

S'il n'entend donc pas changer de République, en octobre 1991, sous le titre « Changer la République », Chirac publie une tribune dans le journal Le Monde. *Il y propose de réformer les institutions :*

« La République est aujourd'hui atteinte de langueur. Chacun constate qu'il existe chez nombre de Français une défiance envers le pouvoir, envers ceux qui l'exercent ou ceux qui y aspirent. Les symptômes de l'anémie démocratique sont connus et perceptibles depuis suffisamment longtemps pour qu'il soit illusoire de penser qu'ils disparaîtront d'eux-mêmes.

Quand consultation après consultation, la moitié du corps électoral se tient éloigné des urnes, quand une fraction non négligeable de l'opinion cède aux mirages de l'extrémisme, la crise du politique prend la dimension d'une crise de la démocratie et, au-delà, d'une crise de la République[58]. »

Pour Chirac, les trente années qui se sont écoulées depuis la mise en place de la nouvelle constitution ont

« progressivement façonné une pratique institutionnelle qui a conduit à une dérive monarchique du pouvoir. L'affirmation progressive de la prééminence présidentielle au sein de l'exécutif d'abord, a atteint aujourd'hui son paroxysme, M. Mitterrand exerçant avec délice un pouvoir quasi solitaire ; simultanément, la justice souffre des atteintes à son indépendance, en raison de l'usage dévoyé, par l'exécutif des prérogatives qu'il tient de la Constitution pour la nomination et le déroulement de carrière des magistrats... Aussi longtemps que persistera chez les Français le sentiment que la justice est sous influence, que le Parlement est un théâtre d'ombres, que l'exercice de la souveraineté se résume, une fois tous les sept ans, à la désignation d'un homme providentiel qui échappe aussitôt à tout contrôle démocratique, la distance, aujourd'hui manifeste entre le citoyen et le pouvoir ne pourra qu'augmenter[59]. »

Et Chirac de proposer l'élargissement du champ du référendum, peut-être même d'instaurer

« un droit d'initiative populaire en matière référendaire [...] de conclure le débat ouvert sur la modification de la durée du mandat présidentiel[60]. »

Le « parlementarisme rationalisé » avait été conçu par les rédacteurs de la Constitution de la Ve République, notamment par Michel Debré, par réaction aux pratiques de la IIIe et surtout de la IVe République, qui avaient entraîné une confusion des pouvoirs et aboutit à une paralysie de l'État.
Dès 1991, Chirac laisse entendre qu'il est nécessaire de corriger certains effets de ces règles d'encadrement de la vie parlementaire adoptées en 1958 :

« [Il faut] rendre au Parlement une autonomie et une capacité d'initiatives qui sont aujourd'hui beaucoup trop faibles. Il faut d'abord un meilleur partage, en sa faveur, du travail législatif. Les textes proposés par les parlementaires doivent avoir une place dans les travaux des assemblées ; un nombre minimal de jours par session pourraient être réservées à leur examen et, dans le même esprit, un nombre minimal de propositions de lois loi émanant de chaque groupe parlementaire devraient être examinées. En prolongement de son rôle de législateur, un suivi du Parlement sur l'application des lois qu'il a votées est sans doute nécessaire.

Le parlement doit aussi retrouver ses capacités de contrôle qui sont la contrepartie indispensable de la liberté d'action de l'exécutif. Leur renforcement passe par l'extension des pouvoirs des commissions d'enquête et de contrôle, dont les conclusions devraient donner lieu à une large information de l'opinion publique[61]. »

Dès le mois d'août 1995, sous l'influence de Philippe Séguin, président de l'Assemblée nationale, la Constitution est réformée, notamment pour décider que le Parlement se réunira désormais en une unique session ordinaire, d'octobre à juin, et pour étendre le champ du recours au référendum.
Et, le 24 septembre 2000, c'est justement par référendum que les Français sont appelés à se prononcer sur la réduction de la durée du mandat présidentiel à cinq ans. Interrogé sur cette question, Jacques Chirac s'y était d'abord montré hostile :

« Le quinquennat serait une erreur, et donc je ne l'approuverai pas[62]. »

En fait, Chirac craignait surtout une coïncidence temporelle avec le mandat parlementaire :

« J'ai été longtemps défavorable à l'idée de réduire [la durée du mandat présidentiel] à une période de cinq ans, au lieu des sept […]. Je considérais le septennat comme le système le mieux adapté à l'accomplissement du temps présidentiel et le plus conforme à l'esprit comme à la stabilité de nos institutions. Je redoutais à l'inverse que le quinquennat, en faisant coïncider la durée du mandat du chef de l'État avec celui de l'Assemblée, ne débouche sur une sorte de cohabitation permanente qui conduirait la direction du pays à l'impuissance et à la paralysie[63]. »

Sans doute ce changement d'opinion n'est-il pas exempt d'une certaine stratégie politique : estimant que l'instauration d'un quinquennat pourrait écourter la présidence de Chirac, l'ancien président Valéry Giscard d'Estaing propose, en mai 2000, une telle réforme. Il sait qu'il trouvera l'appui implicite du Premier ministre Lionel Jospin. En persistant dans son refus du quinquennat, Chirac prenait le risque d'un isolement politique. Cependant, ce qui emporte l'adhésion de Chirac, c'est le constat que

« Le quinquennat, déjà institué dans la plupart des pays européens, est majoritairement perçu par les Français comme le gage d'une plus grande vitalité démocratique[64]. »

Une spécificité de la politique française consiste à modifier le mode de scrutin en vigueur pour l'élection des députés :

« parce que l'on a peur de l'issue du scrutin, c'est indigne et c'est porter un coup grave à la démocratie[65]. »

Ainsi, pour les législatives de 1986, après l'échec des socialistes aux cantonales, François Mitterrand fait modifier la loi électorale et adopter la représentation proportionnelle départementale. Pour éviter que les partis politiques ne « jouent » ainsi avec la loi électorale, Chirac propose de

« constitutionnaliser la loi électorale afin de la mettre à l'abri des manipulations partisanes[66]. »

S'il ne concrétise pas sa proposition de constitutionnaliser le mode de scrutin, Chirac demande qu'on réfléchisse à la loi électorale qui permet d'assurer

« les conditions de représentation des différentes composantes de l'opinion publique sans pour autant mettre en cause le principe majoritaire[67]. »

La Réforme de l'État

La réconciliation nécessaire des Français avec leur administration passe par une profonde réforme du ministère des Finances :

« En France, l'administration financière est au centre de tous les circuits est le point de passage obligé de toute décision [...]. Son poids [celui du ministre des Finances] est au moins égal à celui du Premier ministre dont il peut vider les arbitrages de leur contenu ou de leur portée [...]. Les services du ministère de l'Économie et des Finances disposent [...] d'un pouvoir d'intervention, de surveillance et de contrôle qui, du fait de la prédominance de l'optique financière, se traduit le plus souvent en un pouvoir de blocage [...]. Les objectifs d'une réforme apparaissent, dès lors à l'évidence ; faire de notre administration économique et financière un instrument opérationnel et humain [...]. Pour ce faire, il faut aller au-delà d'une simple redistribution des tâches ministérielles[68]. »

En France, le coût de fonctionnement des institutions est trop important :

« Je rappelle quand même que les impôts ne sont pas prélevés pour punir les gens, mais pour financer le fonctionnement de la société. Or, en France, ce fonctionnement coûte trop cher [...]. Il faut prélever moins et dépenser mieux. Commençons par réduire le train de vie de l'État en le recentrant sur ses missions essentielles : éducation, solidarité, environnement, sécurité, justice [...]. Cela nous amènera à poser le problème du statut de la fonction publique. Les fonctionnaires de l'État et des collectivités territoriales sont aujourd'hui frappés de paupérisation. Plutôt que d'en augmenter le nombre inconsidérément, comme l'ont fait les socialistes (plus de 500 000 en dix ans), on aurait été mieux inspirés de moderniser la fonction publique, de revaloriser les conditions de vie de ses agents et de redéployer ses effectifs[69]. »

La baisse des impôts, qu'ils soient supportés par le contribuable ou les entreprises, est une préoccupation constante de Jacques Chirac :

« Le taux maximal de l'impôt sur le revenu doit être ramené, sans délai à 50 %, contre 56,8 % actuellement. Il est également nécessaire de revoir la fiscalité du patrimoine et notamment celle des successions, pour la réduire afin de l'harmoniser avec celle de nos principaux partenaires européens. C'est également la double préoccupation de l'emploi et de la réduction de l'impôt qui doit nous conduire à faire bénéficier les familles de déductions fiscales très importantes pour les emplois de proximité[70]. »

Car alléger les impôts, c'est encourager l'esprit d'entreprise :

« Un impôt sur le revenu excessif pénalise l'initiative et dissuade la prise de risque. Il faut absolument réduire les impôts[71]. »

Jacques Chirac souhaite aussi réformer en profondeur la Défense nationale :

« Notre outil de défense, aujourd'hui, est tout à fait inadapté et ne peut pas assumer réellement et efficacement les missions qui doivent être les siennes [...]. Aujourd'hui, un pays comme la France, qui veut être protégé dans un monde difficile, constate d'abord que nous ne sommes plus menacés par un envahisseur, par des hordes d'envahisseurs qui viendraient d'ailleurs. En revanche, nos intérêts vitaux peuvent être mis en cause un peu partout, en Europe ou ailleurs. Une armée moderne, par conséquent une défense moderne pour la France, doit d'abord nous permettre de réagir si nos intérêts nationaux ou territoriaux sont mis en cause. Cela, c'est le rôle de notre dissuasion nucléaire.

Nous sommes dans un temps où il est capital de prévenir les crises et, pour les prévenir, il faut avoir une bonne connaissance permanente de ce qui se passe dans le monde. Cela suppose d'améliorer considérablement notre capacité en matière de renseignement, en matière d'observation spatiale et en matière de prépositionnement de nos troupes ici ou là.

Enfin, souvenez-vous de la guerre du Golfe, des difficultés que nous avons eues à assumer nos responsabilités, de la qualité de nos hommes et de leurs chefs. Il faut que la France soit capable de projeter à l'extérieur un nombre significatif d'hommes, 50 000 à 60 000, et non pas 10 000 comme c'est le cas aujourd'hui, dans des conditions rapides et organisées.

[…] Si nous voulons rassembler tout cela en une défense moderne, nous constatons, à l'évidence, que cela ne peut se faire que dans le cadre d'une armée professionnelle[72]. »

De manière plus générale il est temps, estime Chirac, d'assurer une meilleure répartition des responsabilités afin de rétablir la confiance des citoyens dans les institutions :

« Entre l'étatisme jacobin, même tempéré par la décentralisation, et un fédéralisme importé, plaqué sur nos réalités, contraire à notre histoire comme à notre exigence d'égalité, une voie nouvelle doit être inventée, un nouveau modèle français doit être imaginé [...]. Les élus locaux constituent un contrepoids salutaire dans un pays marqué par une tradition de centralisation qui confine parfois à une forme d'absolutisme républicain [...]. On ne peut vouloir à la fois plus de démocratie, plus de proximité et prôner la suppression de collectivités comme la commune et le département, au nom d'une illusoire rationalité [...]. La France va devoir se réformer en profondeur car l'omniprésence de l'État associée à une certaine forme d'impuissance publique nous pénalise[73]. »

Chirac le jacobin est-il devenu girondin ? Ce n'est pas aussi simple. Certes Chirac voit dans la décentralisation

« la réorganisation de l'État autour de ses grandes fonctions. Le service public doit retrouver son esprit de mission[74]. »

Pour autant, il ne s'est jamais affirmé favorable à

« l'élection au suffrage universel d'assemblées régionales [car cela] remettrait en cause, sans aucun doute, une certaine forme d'unité nationale qui est de plus en plus indispensable[75]. »

Lors des journées parlementaires de septembre 1975, il avait d'ailleurs fustigé le régionalisme :

« cette espèce de romantisme qui peut conduire aux pires excès dans ces pays où les particularismes restent grands [...]. La France doit garder et gardera une structure politique unitaire. Il n'est pas question d'admettre l'élection de je ne sais quels parlements ou exécutifs régionaux qui seraient un élément dramatique d'affrontements et de remise en cause de l'unité nationale. Seuls des rêveurs ou des irresponsables peuvent préconiser de telles solutions[76]. »

Si, Chirac l'a souvent rappelé :

« Aucune féodalité n'est tolérable dans l'État républicain[77] »,

en revanche :

« une décentralisation vivante, qui est restée un thème académique depuis la Restauration, peut enfin s'épanouir à l'heure actuelle [...]. Les Français souhaitent maintenant prendre réellement en main la gestion des intérêts locaux et la capacité d'initiative, de création, d'adaptation de la France gagnera sans aucun doute aux libertés collectives mises en œuvre à ce niveau[78]. »

Il est temps de « déconcentrer » les responsabilités :

« La déconcentration est une nécessité pour créer l'administration de proximité que souhaitent nos concitoyens, pour permettre aux services locaux de l'État de s'engager dans des partenariats efficaces avec les collectivités territoriales[79]. »

Finalement, il s'agit rien de moins que d'instaurer une véritable « démocratie locale » :

« Si la France veut rester une grande démocratie, elle doit lancer la révolution de la démocratie locale et construire la République des proximités. C'est une exigence démocratique. C'est un impératif européen. Et c'est une nécessité économique et sociale[80]. »

À Rennes, en avril 2002, Chirac dresse le tableau de cette décentralisation qu'il appelle de ses vœux :

« Je veux aussi libérer les énergies locales. Il est temps de rompre définitivement avec le centralisme jacobin qui veut que chaque problème ne puisse trouver sa solution qu'à Paris. Que de lourdeurs, que de temps perdu, que de découragement pour les citoyens, que de déresponsabilisation pour les services locaux !

Ce que je souhaite, c'est une démocratie de proximité où les décisions seront enfin prises avec la participation des citoyens eux-mêmes, là où elles doivent s'appliquer. Je le constate partout où je vais, il y a, sur le terrain, une envie de faire, d'expérimenter de nouvelles méthodes, d'imaginer de nouvelles réponses qui font de la vie locale un vrai laboratoire de la citoyenneté. C'est une chance pour la France. Cette chance a été étouffée par un mouvement de recentralisation qui, peu à peu, a coupé les ailes des collectivités locales.

Je veux mettre en place une nouvelle architecture des pouvoirs pour libérer la démocratie locale d'une emprise excessive de l'État. Cette réforme appellera une importante révision de la Constitution pour interdire la recentralisation, consacrer l'existence des régions, aux côtés des communes et des départements, enfin créer ce droit à l'expérimentation que les élus de Bretagne ont depuis longtemps imaginé.

Je veux une société de dialogue et de confiance. Dialogue entre les citoyens, dialogue entre l'État et les collectivités locales. Dialogue entre l'État et les partenaires sociaux [...]. La richesse démocratique, c'est aussi la démocratie sociale !

Voilà la France des libertés à laquelle je veux donner toutes ses chances[81]. »

LE PACTE RÉPUBLICAIN

La cohésion nationale

En octobre 1976, à Égletons, Chirac s'écriait :

« N'attendez pas pour défendre les droits civiques durement conquis et affermis par la République ; ils ne sont ni un don de la ni un privilège du destin[82]... »

La « fracture sociale », au centre de la campagne de Chirac de 1995, est au cœur de ses préoccupations :

« La France est aujourd'hui dans une situation paradoxale. Quatrième puissance économique du monde [...]. Et pourtant, les Français sont déroutés, inquiets, angoissés. C'est que la France est un pays où se développent les inégalités [...]. Une fracture sociale se creuse, dont l'ensemble de la nation supporte la charge.

La "machine France" ne fonctionne plus.

Du plus lointain de notre histoire, quelques valeurs essentielles se sont imposées.

Ces valeurs se sont incarnées dans la République : la solidarité nationale, l'intégration, la laïcité, la tolérance, la juste récompense du mérite, l'égalité des droits et des chances, la primauté de l'intérêt général. Là se trouve le socle de la citoyenneté, avec ses droits et ses devoirs. La citoyenneté qui s'impose au-delà des particularismes et au-dessus des privilèges.

Ces valeurs fondent la cohésion sociale de notre pays et garantissent l'unité de la Nation [...]. Ces valeurs ne sont ni de droite, ni de gauche. Elles sont le fondement de la République. Au-delà de la forme institutionnelle, la République, c'est un modèle social, c'est une référence morale.

Ce modèle, cette référence sont aujourd'hui compromis. Nous avons perdu nos repères. Et la France va mal... Et la République est affaiblie, oubliée quand triomphe le chacun pour soi, quand on bascule de la saine émulation à la loi du plus fort, quand l'intérêt général s'efface devant les intérêts particuliers… Il est temps de renoncer au renoncement […]. La politique n'est pas seulement l'art du possible. Et qu'il est des moments où elle devient l'art de rendre possible ce qui est nécessaire[83]. »

En 2003, la mise en place de la Commission sur la laïcité est aussi une façon de dire la cohésion nationale :

« La volonté de vivre ensemble doit demeurer le ciment de notre cohésion nationale. La République est un pacte, un art de vivre ensemble, un accord de toute la nation rassemblée solennellement et fraternellement autour de principes fondamentaux en dehors desquels il n'y aurait plus d'État de droit[84]. »

Vivre ensemble, c'est aussi refuser le communautarisme :

« La France n'est pas une mosaïque de communautés. Elle est une et indivisible. Nation ancienne, elle a forgé sa personnalité à travers des siècles d'histoire. Elle doit se sentir suffisamment assurée d'elle-même et de son destin pour continuer à s'enrichir de ses différences. Mais elle a aussi le droit et même le devoir d'affirmer et de faire respecter sans complexe ses règles et ses valeurs, qui sont celles de la laïcité, de l'égalité des Droits de l'homme, de la démocratie. Chacun doit être reconnu dans sa dignité, sans distinction d'origine, de religion ou de nationalité[85]. »

Le communautarisme va à l'encontre de toutes les valeurs de notre pays :

« Le communautarisme ne saurait être le choix de la France. Il serait contraire à notre histoire, à nos traditions, à notre culture. Il serait contraire à nos principes humanistes, à notre foi dans la promotion sociale par la seule force du talent et du mérite, à notre attachement aux valeurs d'égalité et de fraternité entre tous les Français[86]. »

Devenir français

Des droits, un engagement :

« Devenir Français, adhérer à notre communauté nationale, c'est bénéficier des droits qui sont ceux de tous nos concitoyens. Ces droits sont rassemblés dans la devise de la République : Liberté, Égalité, Fraternité… Adhérer à notre communauté, c'est un engagement ; c'est savoir que nous avons des droits, mais aussi des devoirs. Le premier ; c'est le respect de la loi. Dans notre République, chacun peut vivre en paix et réussir, parce que chacun respecte la loi commune. Ce n'est pas seulement l'affaire de l'État, c'est l'affaire de tous les citoyens […]. Devenir Français, c'est aussi s'intégrer pleinement à la communauté nationale. Cela passe bien sûr par la maîtrise de notre langue […], c'est donner autant à la France que ce que la France vous apporte[87]. »

Liberté

La liberté d'entreprendre, de se cultiver et de penser, voilà ce qui nous rassemble :

« Si vous me demandez de définir ce qu'est l'identité de la France, je vous dirai que notre pays n'a probablement jamais été lui-même que lors de la Première Guerre mondiale. En ces temps tragiques, le paysan, l'ouvrier, l'instituteur, le notable et l'intellectuel se sont rassemblés en une nation pour défendre leurs terres, leurs biens, leurs familles mais aussi les valeurs de la République : le droit de vivre libre et de pouvoir s'élever et réussir par l'étude, le mérite et le travail. Ma conviction est que le pays, dans ses profondeurs, n'a pas tant changé que cela[88]. »

... Voilà ce que nous devons défendre :

« La liberté se conquiert... mais la liberté se défend aussi, et nul ne doit l'oublier[89]. »

La liberté est aussi assurée et construite par le principe de la laïcité républicaine :

« Comme toutes les libertés, la liberté d'expression des croyances ne peut trouver de limites que dans la liberté d'autrui et dans l'observation des règles de la vie en société. La liberté religieuse, que notre pays respecte et protège, ne saurait être détournée. Elle ne saurait remettre en cause la règle commune. Elle ne saurait porter atteinte à la liberté de convictions des autres. C'est cet équilibre subtil, précieux et fragile, construit patiemment depuis des décennies, qu'assure le respect du principe de laïcité. Et ce principe est une chance pour la France. C'est pourquoi il est inscrit à l'article premier de notre Constitution. C'est pourquoi il n'est pas négociable[90]. »

L'insécurité constitue une atteinte à la liberté :

« Tags, racket, agressions, combats entre bandes rivales… le visage détestable d'une insécurité devenue hélas ordinaire. Celle-ci ne pourra être combattue que par la mobilisation de tous […] celle de l'État bien sûr, à qui revient de réaffirmer le principe de responsabilité et de mobiliser des moyens qui soit à la hauteur de ce qui constitue la première préoccupation des Français[91]. »

Et le terrorisme est un nouveau fléau « ignoble », « injustifiable » :

« Quand on évoque les problèmes de sécurité, on ne peut hélas plus, aujourd'hui, passer sous silence les problèmes du terrorisme. Je me dois donc d'évoquer cette nouvelle forme de guerre sans frontière qui frappe sans pitié et sans discernement nos citoyens, victimes innocentes d'un ennemi sans visage et qui défie les droits de l'homme et menace l'existence même de nos démocraties[92]. »

La sûreté est un droit, elle doit être garantie à tous :

« Ne l'oublions jamais, la sûreté est au premier rang des droits de l'homme. Si elle doit se concilier avec le respect des autres libertés fondamentales, il importe que chaque citoyen se la voie garantir le mieux possible[93]. »

Réduire l'insécurité, c'est augmenter les libertés. C'est aussi garantir davantage d'égalité :

« lutter contre l'insécurité, c'est aussi créer les conditions nécessaires pour reconstituer le lien social, réduire les préjugés et lutter contre les discriminations[94]. »

Égalité

De son grand-père paternel, dont la figure l'a tant marqué, Chirac a plaisir à évoquer cette photographie qui le montre au congrès de l'Union française pour le suffrage des femmes, entouré de féministes, sous une banderole : « Les Françaises veulent voter ! » Pour Jacques Chirac en effet, ce combat pour l'égalité hommes-femmes est un devoir :

« L'une des grandes exigences politiques de notre société, c'est de donner aux femmes la place qui leur revient. Cette place aucune loi, aucun quota ne la leur garantira. Ce sont les mentalités qui doivent changer. Cinquante ans après l'octroi du droit de vote aux femmes par le général de Gaulle, cette juste place est toujours à conquérir. La différence, c'est que les hommes, je l'espère, seront aujourd'hui aux côtés des femmes dans ce combat[95]. »

Un devoir dont aucun argument ne saurait le détourner :

« À ceux qui redoutent que demain des femmes soient promues en fonction de leur état et non de leur valeur, je réponds que beaucoup d'autres femmes sont aujourd'hui écartées des responsabilités en raison de ce même état et malgré leur valeur[96]. »

Un devoir à l'encontre duquel aucune religion, sur le sol républicain, ne peut aller :

« Nous ne pouvons pas accepter que certains, s'abritant derrière une conception tendancieuse du principe de laïcité, cherchent à saper ces acquis de notre République que sont l'égalité des sexes et la dignité des femmes[97]. »

La parité n'est en aucune façon la négation de la différence hommes-femmes, mais la garantie que soit enfin respecté le principe de l'égalité des droits des hommes et des femmes :

« La vitalité de toute démocratie se mesure à la place réservée aux femmes.

C'est d'abord une question d'égalité. Le principe d'égalité, qui est au cœur de la démocratie, implique que l'égal accès des femmes et des hommes aux fonctions électives soit juridiquement garanti. Il commande également de s'assurer concrètement, au-delà des seuls principes, de la représentation équilibrée entre les femmes et les hommes, pour que les responsabilités dans la prise de décision publique soient effectivement partagées [...]. Le combat doit également être mené sans relâche pour garantir dans les faits l'égalité de traitement à l'embauche, l'égalité de rémunération, mais aussi l'égalité des chances dans les déroulements de carrière[98]. »

Bien plus :

« La démocratie, c'est l'égalité des droits mais la République, c'est l'égalité des chances[99]. »

Le 23 juin 2005, l'installation de la Haute Autorité de lutte contre les discriminations et pour l'égalité est l'occasion d'un discours fondamental :

« L'égalité des chances est le fondement même de notre République. De l'abolition des privilèges le 4 août 1789 à celle de l'esclavage le 27 avril 1848, la République est née dans le combat pour l'égalité. Elle s'est construite sur de grandes conquêtes : l'éducation gratuite et obligatoire, la laïcité, le droit syndical et le droit de grève, la sécurité sociale. Sa force, c'est d'avoir su faire vivre l'égalité des chances par la reconnaissance du mérite et en rendant possible l'accès aux plus hautes responsabilités de femmes et d'hommes issus de tous les milieux, y compris les milieux les plus modestes. Sa force, c'est d'avoir su s'enrichir de la diversité de toutes ces femmes et de tous ces hommes qui, au fil des générations, sont venus la rejoindre parce que la France symbolisait à leurs yeux, comme aux yeux du monde, un idéal de justice et de progrès.

[…] Plus que jamais, le combat pour l'égalité des chances est la clé de notre unité et de notre avenir. Car, pour que la France reste elle-même, nous devons désamorcer les tensions qui traversent aujourd'hui notre société, et qui risquent de déchirer notre pacte républicain.

Ce combat est au cœur de mon engagement, de notre engagement. Il faut garantir à chacun le respect de sa dignité et de ses droits – c'est tout le sens de la lutte contre les discriminations ; il faut conquérir de nouveaux espaces pour l'égalité des chances.

Les discriminations ne concernent pas seulement certaines catégories de la population. Elles concernent, en réalité, des millions de personnes.

Elles touchent un nombre grandissant de nos concitoyens en raison de leurs origines : descendants d'immigrants, de réfugiés, de harkis. Elles frappent nos compatriotes d'outre-mer qui apportent tant à notre pays et à notre culture depuis des siècles. La couleur de la peau, la consonance d'un nom ou d'un prénom, l'accent, voire une simple adresse, tous ces signes ne veulent rien dire en République. Pourtant, ils nourrissent trop souvent les discriminations et les comportements de rejet, comportements aussi irrationnels que destructeurs.

Les discriminations touchent les personnes handicapées, à l'embauche, bien sûr, mais aussi dans tous les domaines de la vie. Elles touchent les femmes, en particulier en matière d'emploi et de déroulement de carrière. Elles stigmatisent les convictions politiques ou religieuses, l'appartenance syndicale, l'orientation sexuelle, l'état de santé, l'âge. Elles sont aussi géographiques, car une frontière invisible à tendance à s'instaurer de plus en plus entre le centre de nos grandes villes et certaines zones urbaines, périurbaines ou rurales de notre territoire.

Les discriminations sont un vrai poison pour notre démocratie et notre cohésion nationale. Elles ferment l'accès à l'emploi, au logement ou tout simplement aux loisirs. Elles nourrissent l'incompréhension, le ressentiment, la révolte. Elles marquent l'individu au plus profond de sa dignité en portant atteinte au respect auquel chacun a droit. Elles laminent, notamment chez tant de jeunes, la foi dans les valeurs de la République et la fierté d'appartenir à notre communauté nationale. Car rien n'est pire, que l'affirmation de valeurs qui ne se traduisent pas dans la réalité.

La lutte contre les discriminations est un combat pour la justice et pour le respect. C'est un combat pour la République. C'est un combat qui se gagnera par l'affirmation et la défense des principes républicains[100]. »

Fraternité

Quand il parle de fraternité, Chirac pense d'abord peut-être à la tolérance, à la diversité et au respect, qui ont fait de la France une terre d'ouverture :

« Diversité des croyances, dans cette vieille terre de chrétienté où s'est aussi enracinée une tradition juive qui remonte à près de deux mille ans. Terre de catholicisme qui a su dépasser les déchirements des guerres de religion et reconnaître finalement toute leur place aux protestants à la veille de la Révolution. Terre d'ouverture enfin pour les Français de tradition musulmane qui sont partie intégrante de notre nation… Notre drapeau, notre langue, notre histoire ; tout nous parle de ces valeurs de tolérance et de respect de l'autre, de ces combats, de cette diversité qui font la grandeur de la France. Cette France, celle qui se bat pour la paix, pour la justice, pour les Droits de l'homme, nous en sommes fiers. Nous devons la défendre. Plutôt que de la remettre en question, chacun doit prendre la mesure de ce qu'elle lui apporte et se demander ce qu'il peut faire pour elle[101]. »

Chirac est un humaniste, qui a constamment dénoncé le racisme :

« Lorsque des attitudes ou des pratiques discriminatoires, des paroles racistes ou xénophobes s'expriment dans notre pays, alors elles doivent être relevées, poursuivies et sanctionnées[102]. »

Le racisme est un crime :

« Le racisme, d'où qu'il vienne, est un crime du cœur et de l'esprit. Il abaisse, il salit, il détruit[103]. »

Une perversion :

« L'extrémisme, le racisme, les discriminations de toute nature sont des perversions de l'âme, des crimes contre la raison. Ils salissent la France que nous aimons[104]. »

Lors de l'une de ses dernières interventions télévisées avant de quitter l'Élysée, Jacques Chirac, en guise de testament politique, exhorte les Françaises et les Français à ne jamais se laisser entraîner sur les chemins du rejet de l'autre :

« Dans notre histoire, l'extrémisme a déjà failli nous conduire à l'abîme. C'est un poison. Il divise. Il détruit. Tout dans l'âme de la France dit non à l'extrémisme[105]. »

Concrètement, la fraternité se vit aussi dans la lutte contre l'exclusion :

« Pour lutter contre l'exclusion, il faut une patience immense, une infinie délicatesse, une grande modestie et beaucoup de respect pour remporter ces victoires essentielles qui sont d'offrir un moment d'apaisement à ces naufragés de l'existence dont les amarres avec l'humanité, usées par les tempêtes de la vie, ont fini par se rompre[106]. »

Exclusion, rappelle Jacques Chirac, aux multiples visages :

« L'exclusion ne se réduira pas mécaniquement sous l'effet de l'expansion car elle n'est pas seulement économique, elle est aussi sociale, culturelle et également psychologique. L'accélération des changements du monde, l'essor de la société de l'information sont porteurs d'intégration. Ils font progresser le niveau de vie et renforcent les échanges entre les hommes. Cependant, ils peuvent aussi aggraver les problèmes des personnes les plus fragiles et les moins qualifiés. Nouvelle révolution de l'écrit, l'Internet alourdit les handicaps liés à l'illettrisme, mais aussi la méconnaissance des langues étrangères[107]. »

Et qui est parfois celle de quartiers entiers :

« Les difficultés que connaissent les cités sont la sédimentation de tous les chocs que la société française a absorbés, notamment depuis cinquante ans, les chocs qu'elle n'a pas su empêcher, ceux aussi qu'elle n'a pas voulu voir. C'est d'abord le chômage, c'est une urbanisation mal maîtrisée. C'est une immigration qui ne s'est pas accompagnée d'un effort d'intégration à la mesure de l'enjeu. C'est aussi la montée des individualismes au détriment des solidarités. Toutes ces difficultés se concentrent sur les cités, mais elles ne leur appartiennent pas. Elles sont le reflet des impuissances et des échecs de notre société tout entière et depuis longtemps[108]. »

La fraternité, bien sûr, se vit aussi au sein de la famille :

« C'est dans la famille que l'immense majorité des Français cherche la réponse principale à l'angoisse de l'isolement[109]. »

Mais la fraternité, c'est aussi ce système de Sécurité sociale que nous avons hérité de la Libération, et qui est fondé sur le paritarisme, l'universalité et la responsabilité :

« "La Sécurité sociale est la garantie donnée à chacun qu'en toute circonstance, il disposera des moyens nécessaires pour assurer sa subsistance et celle de sa famille dans des conditions décentes." Voilà cinquante ans qu'était ainsi définie la vocation de la Sécurité sociale. Au sortir, en effet, de la plus terrifiante des guerres, on osait parler d'une garantie donnée "en toute circonstance". Dès l'origine, la Sécurité sociale fixait très haut ses exigences. Elle se plaçait sur le terrain des valeurs. Alors que le totalitarisme avait prétendu tuer l'espérance, elle faisait de l'espérance un droit.

Nous bénéficions aujourd'hui d'une protection sociale inégalée dans notre histoire et à laquelle seule une minorité de peuples a eu le privilège d'accéder. En sommes-nous toujours conscients ? [...] Fondement de notre solidarité nationale, trame de notre cohésion, la Sécurité sociale est inséparable de nos principes républicains. Elle est inscrite dans notre Constitution[110]. »

Toutes les grandes lois visant une meilleure intégration des personnes handicapés dans notre société – celle de 1975, celle de 1987 et celle de 2005 – ont été votées à l'initiative de Jacques Chirac :

« Le regard que nous portons sur les personnes handicapées engage notre vision de l'homme tout entier. Une société se juge à l'attention qu'elle porte aux plus fragiles des siens. Que la société se replie sur elle-même, quelle fasse de la personne handicapée un exclu, un gêneur, et c'est bientôt la solidarité et la liberté de chacun qui sont menacées. Le signe avant-coureur des totalitarismes est souvent le rejet du handicapé. À l'inverse [...] en l'intégrant à part entière parmi nous, nous servons et nous consolidons les valeurs de la République, qui sont avant tout les valeurs de fraternité[111]. »

Chirac fait aussi sienne l'ambition des plus grands de ses prédécesseurs – Léon Blum, le général de Gaulle – de construire une société fondée sur la participation. Ce faisant, il entend aussi se situer dans le sillage de la conclusion humaniste de la lettre encyclique du pape Paul VI du 26 mars 1967, Populorum progressio :

« Ce qui compte pour nous, c'est l'homme, chaque homme[112]. »

Bien avant que ne soit publiée, le 21 octobre 1986, l'ordonnance relative à l'intéressement et à la participation des salariés aux résultats de l'entreprise et à l'actionnariat des salariés, il écrit :

« L'ennemi n'est pas le capitalisme et ce n'est pas d'avantage le socialisme, c'est le gigantisme, aussi bien celui des monopoles dits privés que celui des économies étatistes tentaculaires et bureaucratisés. Il ne faut condamner ni le libéralisme ni le socialisme, car tous deux ont représenté des étapes de la pensée et de la vie, mais l'un et l'autre doivent être aujourd'hui dépassés et surtout il importe de surmonter leur antagonisme systématique et les conflits passionnés qu'il provoque. Tel est le rôle que le général de Gaulle a désigné à la société de participation. Inventer les mécanismes qui permettent cette prise de parole et cette prise de pouvoir, corriger la démesure des structures actuelles, aussi bien celles de vieille "mégalopole" que celle de l'entreprise déshumanisée et hypertrophiée à l'échelle du trust international, construire aussi bien pour le citoyen que pour le producteur la véritable démocratie, celle que Léon Blum évoquait dans *À l'échelle humaine*, celle où l'homme demeure le principe et la mesure à la fois pour l'univers qu'il construit et pour la vie qu'il compose, telle est l'ambition qu'il faut traduire en actes. L'enjeu mérite que chacun se décide à agir[113]. »

La fraternité s'exprime enfin, à travers les générations, par le système des retraites. C'est pour défendre notre système social, dont dépendent en grande partie, outre les retraites, l'aide aux familles, l'aide aux soins et l'aide aux personnes dépendantes, qu'avec Juppé puis Raffarin, Chirac lance un plan de réformes.

L'ÉCOLE ET LA CULTURE

L'école de la République

Petit-fils de deux instituteurs de la IIIe République, Jacques Chirac place bien évidemment l'école au cœur de toute politique d'intégration :

« Depuis plus d'un siècle, la République et l'école se sont construites l'une avec l'autre. L'école a été le rêve de la République. Et elle reste sans aucun doute la plus belle de ses réussites. Permettre à chaque esprit de conquérir sa liberté, faire vivre l'égalité des chances, donner corps à la fraternité en faisant de tous les élèves de la République, nourris au même savoir et de la même culture : voilà les objectifs que la France s'est fixés lorsqu'elle a instauré l'enseignement gratuit, laïque et obligatoire... Pourtant, chacun le sent bien, notre système éducatif marque un peu le pas. Il cherche un nouveau souffle. Au fil des crises, l'école exprime une forme de désarroi. Elle s'interroge sur le contenu de ses missions, sur ce qu'elle peut enseigner, sur ce qu'elle doit refuser. Elle dit son doute, son scepticisme devant des réformes toujours plus nombreuses, pas toujours appliquées, rarement évaluées. Elle interpelle l'État. Mais, plus encore, elle interroge la nation. Le moment est venu, je pense, pour notre pays de se rassembler autour de ce qu'il désire pour sa jeunesse et de renouveler le pacte qui le lie à son école [...]. Ce n'est pas dans la nostalgie que l'école construira son avenir[114]. »

L'enseignement professionnel

Pour l'enseignement professionnel, il a une vision ambitieuse qu'il expose dès 1994 :

« Tout se joue, aussi, dans l'enseignement professionnel qui ne remplit pas sa mission : préparer à la vie active... Tant que l'enseignement professionnel sera géré par la seule Éducation nationale, qui privilégiera toujours le cursus "noble" au détriment du technique, rien ne changera. Il faut donc, pour valoriser l'enseignement professionnel, qu'il soit pris en charge, certes par l'État, mais aussi par les entreprises, les professions, aidées par les collectivités locales[115]. »

... et développe dix ans plus tard :

« Je crois profondément à l'enseignement professionnel. Il associe des connaissances générales et des compétences spécifiques acquises notamment dans les entreprises à l'occasion des stages. La France a besoin de jeunes qualifiés, mieux vaut se doter [...] d'une bonne formation professionnelle à condition qu'elle puisse être, le cas échéant, complétée plutôt que de se lancer dans des premiers cycles universitaires sans débouchés et d'ailleurs sans lien avec l'univers économique.

[...] Il faut bien sûr que l'enseignement professionnel poursuive sa mutation. L'ouverture sur l'environnement socio-économique doit être encore affirmée, renforcée, sans cesse. Il convient surtout de multiplier les passerelles à tous les niveaux permettant aux élèves d'effectuer des parcours différenciés.

[...] L'enseignement professionnel a été trop souvent, c'est vrai et depuis fort longtemps, l'oublié des réformes, en sorte qu'il s'est, en général, réformé tout seul et l'a souvent très bien fait. Le moment est venu de l'aider à progresser sur la bonne voie celle de l'insertion économique et des parcours individualisés. Ce secteur en pleine évolution qui regroupe 30 % des lycéens et qui est riche de promesses appelle une politique efficace et audacieuse et je souhaite que le Gouvernement lui accorde tout l'intérêt qu'il mérite et lui donne tous les moyens nécessaires à sa réussite[116]. »

L'enseignement artistique

Il se peut, affirmait Malraux, qu'« une des fonctions de l'art soit de donner conscience à des hommes de la grandeur qu'ils ignorent en eux ». On retrouve cette intuition lorsque Chirac, alors Premier ministre, demande à Marcel Landowski de réfléchir à un véritable enseignement artistique dans les collèges et lycées. Son rapport a inspiré la loi de janvier 1988 sur les « disciplines de la sensibilité » :

« À l'heure où, dans notre pays, se multiplient les dérives du type communautaire pour ne pas dire tribal et où l'intégration républicaine cherche sa voie, il serait absurde et dangereux de négliger la fraternité née d'une musique que l'on joue ensemble, d'une pièce ou d'un opéra monté par toute une classe, de l'émotion partagée lors de la rencontre avec une œuvre d'art[117]. »

C'est aussi à l'instigation de Marcel Landowski que Chirac, alors maire de Paris, débloque des subventions pour créer à Paris l'école internationale du mimodrame Marcel-Marceau. Quelques années plus tard, en novembre 1998, Chirac fera le mime Marceau commandeur de l'ordre national du Mérite.

L'âme des peuples

Chirac ne passe pas pour un très grand mélomane. Un soir, après son départ de l'Élysée, il m'avait demandé de l'accompagner écouter au théâtre des Champs-Élysées une virtuose du violon. Au bout d'un moment, en plaisantant, il me murmure à l'oreille qu'il préfère la musique militaire ! Mais s'il ne la goûtait pas sous toutes ses formes, il a toujours su l'importance de la culture :

« La culture n'est pas une marchandise. Les peuples veulent échanger leurs biens, mais ils veulent garder leur âme[118]. »

Religion et laïcité

De religion catholique…

Chirac n'a jamais fait mystère de son appartenance à l'Église catholique :

« Dans le monde où nous vivons et notamment en France, il est bien délicat lorsqu'on est un homme politique, de faire profession de sa foi. Quelle que soit la sincérité qu'on peut y apporter, comment éviter la suspicion de ceux qui ne manqueront pas d'y voir une manière plus ou moins habile de mobiliser la religion au service d'une cause personnelle ? Je respecte trop la transcendance de notre foi commune pour la compromettre maladroitement dans le combat politique[119]. »

Sa religion, il la vit d'abord comme une exigence :

« Ma femme est une catholique pratiquante. J'espère qu'elle participe au salut de mon âme, qui en a bien besoin. Je suis moi-même catholique et je m'efforce d'y apporter mon propre effort[120]. »

Il éprouve

« infiniment de déférence et d'admiration envers les hommes et les femmes qui consacrent leur vie à la prière et à la contemplation[121]. »

... et laïque fervent

Chirac n'en est pas moins un sincère partisan de la laïcité :

« La France est un pays laïc. Et je suis pour ma part profondément attaché à la laïcité [...]. Il ne saurait être question de la remettre en cause, d'aucune façon, car elle est intimement liée à la notion même de République[122]. »

Car la laïcité garantit la liberté de conscience :

« La laïcité constitue pour chaque citoyen une protection fondamentale, la garantie non seulement que ses propres convictions seront respectées, mais aussi que les convictions des autres ne lui seront jamais imposées [...]. C'est pourquoi la laïcité n'est pas négociable[123]. »

En accueillant à Tours le pape Jean-Paul II, Chirac reconnaît l'influence chrétienne sur notre identité. Il n'hésite pas à le déclarer publiquement :

« La France, vieille nation, façonnée par l'Histoire et par l'Esprit, demeure fidèles à ses racines. La France, dont tant de filles et de fils se reconnaissent aujourd'hui dans le message évangélique[124]. »

Cependant, Chirac s'opposera à l'inscription de la mention des « racines chrétiennes » de l'Europe dans le préambule de la Constitution européenne. Il y verra en effet une tentative d'instrumentalisation d'une évidence historique contre le principe de laïcité, ainsi défini :

« La laïcité garantit la liberté de conscience. Elle protège la liberté de croire ou de ne pas croire. Elle assure à chacun la possibilité d'exprimer et de pratiquer sa foi, paisiblement, librement, sans la menace de se voir imposer d'autres convictions ou d'autres croyances. Elle permet à des femmes et à des hommes venus de tous les horizons, de toutes les cultures, d'être protégés dans leurs croyances par la République et ses institutions. Ouverte et généreuse, elle est le lieu privilégié de la rencontre et de l'échange où chacun se retrouve pour apporter le meilleur à la communauté nationale. C'est la neutralité de l'espace public qui permet la coexistence harmonieuse des différentes religions[125]. »

L'islam

Lors du débat qui a précédé la loi du 10 février 2004 sur le port du voile à l'école, le recteur Boubakeur démontra que le port du voile n'est pas une obligation du Coran.

La loi pose d'ailleurs l'interdiction du port ostentatoire de tout signe religieux à l'école :

« [L'objectif] est de garantir à tous les Français l'égalité des chances, de pouvoir vivre avec l'égalité des chances quelque soit son origine, sa religion ou son sexe[126]. »

Le judaïsme

La France ne serait pas la France sans les Juifs :

« La France qui crée, la France qui invente, la France qui porte haut ses couleurs, ne serait pas ce qu'elle est sans les Juifs français qui ont contribué, pour une part importante, à bâtir notre patrimoine national. Ils ont irrigué notre terre de cet humanisme et de cette spiritualité qui sont, depuis toujours, l'essence du judaïsme[127]. »

En novembre 1998, Chirac profite de l'inauguration du musée d'Art et d'Histoire du judaïsme pour rappeler que

« le judaïsme, parce qu'il oblige à la réflexion, à l'étude et à la connaissance des Textes, à la critique de celui qui se sait sous le regard de son Créateur, est une école d'exigence et de pensée. Le judaïsme, parce qu'il offre un espoir, une consolation, une joie à celles et ceux qui se sentent loin de leur terre, de leurs racines, est une école de sagesse. Le judaïsme, parce qu'il fait si souvent appel au rêve, aux contes et aux légendes, est une école de l'imagination et de l'art[128]. »

Le bouddisme

En inaugurant le Centre bouddhique de Paris, Chirac, alors maire de Paris, a manifesté son intérêt et sa curiosité, qui ne feront que grandir, pour les religions de l'Orient :

« Les vertus propres du bouddhisme engagent l'homme à chercher la réalité ineffable derrière les apparences, qui le conduisent par la pratique de la sagesse, de la douceur, de la piété, vers un dépassement libérateur.

Nos deux civilisations apportent leur contribution originale à l'intelligence des mystères de la vie et de l'être. Je souhaite que le centre bouddhique inauguré aujourd'hui, devienne un des carrefours privilégiés où, sans se mêler ni se fondre, les apports décisifs venus de l'Occident et de l'Orient, puissent être confrontés dans un esprit de réelle sympathie et de compréhension, et qu'ils témoignent pour l'homme, sa dignité et sa grandeur[129]. »

Protéger la diversité biologique

Une éthique pour l'homme

Avec le progrès des sciences et des technologies, de nouvelles possibilités s'ouvrent à l'homme. Pour Jacques Chirac, qui tire des leçons de l'histoire récente, il est important de fixer des frontières :

« Le XXe siècle a vu, dans le domaine des sciences et des techniques, des évolutions et des révolutions spectaculaires, des accélérations foudroyantes, au point de susciter une interrogation de fond sur les risques que fait courir l'homme à l'homme s'il cède à des tentations de démiurge.

Mais le XXe siècle a été aussi celui des atrocités. Il a vu la guerre la plus meurtrière de l'humanité, celle de 1914-1918. Il a vu l'horreur indépassable de l'holocauste. Il a vu, Hiroshima, Nagasaki et le déchaînement du feu nucléaire. Il a vu coexister la modernité la plus anticipatrice et la barbarie la plus primitive.

C'est parce que le XXe siècle a été à ce point contrasté, avec une capacité de créer sans limite et une capacité de détruire, elle aussi sans limite, que le XXIe siècle, tirant toutes les leçons du passé, sera le siècle de l'éthique. Je l'espère et je le crois.

L'éthique, c'est se donner des lois et se fixer des frontières pour être plus libre et plus digne de sa qualité d'homme. C'est apprécier tout progrès, toute découverte, à l'aune de la préoccupation de l'homme, de la volonté de préserver sa vie, son environnement, mais aussi sa liberté et sa dignité. C'est défendre les droits de l'homme, sans concession, partout où ils sont menacés[130]. »

C'est la même préoccupation qui le conduit, en 2001, à s'opposer à l'autorisation du clonage thérapeutique :

« Je ne suis pas pour ma part favorable à l'autorisation du clonage thérapeutique. Il conduit à créer des embryons à des fins de recherche et de production de cellules, et, malgré l'interdit, il rend matériellement possible le clonage reproductif et il risque de conduire à des trafics d'ovocytes[131]. »

En 2003, à l'occasion du vingtième anniversaire du Comité consultatif national d'Éthique pour la santé et les sciences de la vie, il rappelle la nécessité de formuler des interdits fondamentaux :

« Car ce qui fait la singularité des progrès dans les domaines de la biologie et de la génétique, c'est leur force et leur ambivalence. En faisant entrer la science dans le sanctuaire de la vie, ils portent en eux le meilleur et le pire. La possibilité de faire reculer radicalement la souffrance, la maladie, le handicap. Mais aussi les plus grands risques, au premier rang desquels les dérives eugéniques, les atteintes à la biodiversité, l'asservissement de la science à une volonté de puissance. L'onde de choc qui a traversé le monde lorsqu'une secte a prétendu avoir réalisé le premier clonage humain est venue rappeler à tous les dangers qui s'attachent à la prolifération de savoirs dévoyés.

La réflexion éthique est la première des réponses à cette ambivalence. À l'intersection de la science, du droit et de la morale, sa vocation est de réaffirmer les interdits fondamentaux et d'encadrer l'usage des techniques nouvelles, en recherchant en permanence un juste équilibre entre les droits des malades, la liberté de la recherche et le respect des valeurs essentielles de notre société[132]. »

Une écologie humaniste

Lorsqu'il s'agit d'environnement, c'est encore et toujours avant tout l'homme qui est au centre des préoccupations de Jacques Chirac :

« Une nouvelle et grande ambition s'impose à tous, en tous les cas à nous… Inscrire une écologie humaniste au cœur de notre pacte républicain[133]. »

L'écologie selon Chirac repose un certain nombre de principes qu'il expose à Orléans en mai 2001 – responsabilité, précaution, intégration et participation. Ces principes feront plus tard partie de la Charte de l'environnement, intégrée à la constitution le 1er mars 2005 :

« Toute personne, toute collectivité, publique ou privée, consomme des ressources et pollue. Dans la limite des exigences de la solidarité, chacun y compris l'État, doit en répondre, selon la règle pollueur-payeur […].

« Deuxième principe, le principe de précaution […] Devant la gravité des accidents, devant le pouvoir vertigineux que donne à l'homme le progrès technique, l'impératif de la sécurité et le souci des générations futures doivent nous conduire à systématiser l'évaluation des risques et en améliorer la gestion. S'il faut récuser toute peur, toute frilosité, toute volonté de surprotection – le risque zéro n'existe pas… – les risques potentiels doivent être correctement pris en compte en vue d'adopter des mesures préventives proportionnées…

Le principe d'intégration […]. L'environnement, sous tous ses aspects, doit devenir un critère de décision, comme le sont déjà les considérations sociales ou financières […]. Dans la logique de ce principe d'intégration, notre fiscalité doit faire toute sa place à l'écologie […]. Elle doit pouvoir être utilisée pour l'écologie comme elle l'est pour des considérations sociales, de redistribution, ou d'incitation ou pour favoriser un type de comportement. C'est-à-dire pour déterminer le sens d'une politique.

Enfin et surtout, principe de participation. Dans un domaine qui touche à la vie quotidienne des citoyens, l'État se heurterait à de nombreux réflexes défensifs s'il préférait systématiquement contraindre plutôt que de convaincre[134]. »

En février 2007, peu de temps avant la fin de son mandat, Chirac réunit à l'Élysée quelques-unes des plus grandes voix qui militent pour une écologie mondiale. L'appel de Paris, qui clôt cette conférence, emmet en particulier le souhait que soit créée une Organisation mondiale de l'environnement :

« Les civilisations sont mortelles, mais ce n'est pas toujours aux guerres qu'elles succombent : la surexploitation des ressources naturelles a décimé les Mayas, les Vikings du Groenland, les Polynésiens des îles Pitcairn, les Indiens anasazi. Chacune de ces sociétés, qui furent des sociétés brillantes, a vécu dans l'inconscience et l'aveuglement jusqu'à la fin. Chacune symbolise la fragilité de l'Homme et ce qui pourrait être le destin de l'humanité [...].

Nous sommes, et à juste titre, fiers de notre intelligence et de nos prouesses techniques. Mais, en quelques siècles, nous avons brûlé des ressources accumulées durant des centaines de millions d'années. Nous détruisons des écosystèmes qui abritaient une biodiversité perdue à jamais, nous privant ainsi de clés indispensables pour le futur. Tout cela, nous le savons alors, pourquoi tardons-nous à prendre les mesures qui s'imposent ?

Parce que, dans un égoïsme coupable, nous refusons d'en tirer les conséquences. Parce que nous sommes incapables de nous affranchir de schémas de pensée obsolètes, d'une structure économique héritée du XIXe siècle. Parce que notre organisation politique internationale est inadaptée à l'enjeu vital du XXIe siècle, qui est l'enjeu écologique.

Face à l'urgence, le temps n'est plus aux demi-mesures : le temps est à la révolution au sens authentique du terme. La révolution des consciences. La révolution de l'économie. La révolution de l'action politique.

[...] Mais ce combat se joue à l'échelle mondiale : la crise écologique ignore les frontières. Or, nous agissons encore, trop souvent, en ordre dispersé. Il faut construire une gouvernance mondiale de l'environnement[135]. »

3

Politique européenne et étrangère

« La vérité est que j'ai été dès l'origine un européen, non de passion, mais de raison[1]... »

Dès 1977, Chirac perçoit que la raison le pousse vers le camp des partisans de la construction européenne :

« Il est de l'intérêt fondamental de la France de participer activement à la construction d'une Europe unie [...]. Nous sommes profondément convaincus de la nécessité de construire l'Europe pour deux raisons essentielles. D'abord, les pays d'Europe occidentale, que les gouvernements soient sociaux-démocrates ou libéraux, bénéficient d'un privilège [...] un type de régime politique fondé sur le respect des libertés et de la personne humaine, sur l'initiative et sur l'acceptation de certains risques, compensés par la mise en œuvre d'une solidarité chaque jour plus élaborée [...]. Il y a une seconde raison fondamentale [...]. L'évolution du monde conduit à la construction d'ensembles grands puissants : aujourd'hui les États-Unis et l'Union soviétique, demain, si ce n'est déjà fait, la Chine, après-demain l'Amérique latine. Si l'Europe reste divisée, elle sera dans quinze ou vingt ans l'homme malade du monde, la terre d'élection de toutes les convoitises, le champ clos des rivalités internationales, le lieu d'affrontement des grandes puissances[2]. »

La crainte de l'Europe des chimères

Pour autant Chirac ne se démarque pas de la conception que le général de Gaulle se faisait de la structure institutionnelle de l'Europe. Il refuse l'Europe fédérale et la supranationalité :

« nous voulons une Europe confédérale et indépendante [...]. Vouloir une Europe indépendante [...], [c'est refuser] l'hégémonie de toutes les superpuissances[3]. »

Il précise même :

« Ce qui est erroné et désastreux, c'est de croire que la construction de l'Europe s'opère par la destruction de la nation ; de croire que le temps des nations est révolu ou que l'on fabriquera une nouvelle nation européenne par un conglomérat entre nos pays de vieilles et diverses civilisations. Si ce super-État européen avait été constitué voici un siècle ou deux, comme une sorte d'Empire austro-hongrois élargi aux dimensions du continent, les nations composantes auraient, sans nul doute, depuis longtemps, revendiqué le droit des peuples à disposer d'eux-mêmes et, à force de protestations, de guerres ou d'agitations, elles auraient fini par obtenir leur indépendance[4]. »

En 1978, il fait part de ses inquiétudes sur les orientations de l'Europe et dénonce les conséquences de son élargissement. On retrouve dans ses propos l'opposition très gaulliste entre l'Europe des réalités et celles des chimères :

« L'élection de l'Assemblée européenne au suffrage universel direct, prévue pour juin 1979, l'éventualité d'un élargissement de la Communauté à l'Espagne et au Portugal, outre la Grèce, font renaître les dangers qui menacent l'indépendance de la France et l'avenir de la construction européenne elle-même [...] relance des ambitions supranationales contre la souveraineté française, accroissement des pouvoirs d'une bureaucratie incontrôlée, remise en cause des réalisations acquises, défaillance de l'esprit communautaire et ruptures de la solidarité entre les intérêts européens devant la crise économique mondiale [...]. La réalité de la construction économique européenne, qui laisse tant à désirer, sera négligée au profit des extensions de compétences ou illusoires ou insupportables et au profit d'élargissements géographiques qui conduisent simultanément à la remise en cause des quelques avantages acquis, peut-être à la dislocation de quelques solidarités reconnues [...]. Et de nouveau l'on accusera les gaullistes d'être anti-européens, alors qu'ils sont les seuls européens sérieux[5]. »

C'est cette crainte de voir la France aliénée aux intérêts de l'Europe qui s'exprime dans l'« appel de Cochin » :

« Favorables à l'organisation européenne, oui, nous le sommes pleinement. Nous voulons, autant que d'autres, que se fasse l'Europe. Mais une Europe européenne, où la France conduise son destin de grande nation. Nous disons non à une France vassale dans un empire de marchands, non à une France qui démissionne aujourd'hui pour s'effacer demain.

Puisqu'il s'agit de la France, de son indépendance et de l'avenir, puis qu'il s'agit de l'Europe, de sa cohésion et de sa volonté, nous ne transigerons pas. Nous lutterons de toutes nos forces pour qu'après tant de sacrifices, tant d'épreuves et tant d'exemples, notre génération ne signe pas, dans l'ignorance, le déclin de la patrie.

Comme toujours quand il s'agit de l'abaissement de la France, le parti de l'étranger est à l'œuvre avec sa voix paisible et rassurante. Français, ne l'écoutez pas. C'est l'engourdissement qui précède la paix de la mort.

Mais comme toujours quand il s'agit de l'honneur de la France, partout des hommes vont se lever pour combattre les partisans du renoncement et les auxiliaires de la décadence.

Avec gravité et résolution, je vous appelle, dans un grand rassemblement de l'espérance, à un nouveau combat, celui pour la France de toujours et l'Europe de demain[6]. »

En avril 1990, Chirac s'oppose à la monnaie unique mais demande que soit créée une « monnaie commune » :

« On a parlé de la monnaie européenne, et là nous devons être tout à fait clairs. Je crois qu'en effet le bon fonctionnement d'un grand marché suppose que nous nous dotions d'une monnaie commune, je dis bien commune et pas unique, qui serve d'instrument de mesure des valeurs, d'instrument de réserve pour les banques centrales et d'instrument de paiement pour les particuliers, comme pour les entreprises. Cette monnaie commune devrait être gérée par un organisme indépendant des Gouvernements, comme la commission de Bruxelles et gérée de façon telle qu'elle ait toujours la meilleure qualité.

Mais pour autant, afin d'éviter que l'essentiel, voire même la totalité du pouvoir économique, monétaire, fiscal, budgétaire, social ne soit retiré aux États, nous sommes fermement attachés au maintien des monnaies nationales qui doivent circuler en même temps que la monnaie commune[7]. »

Avant le référendum du 20 septembre 1992 sur le traité de Maastricht, Chirac critique le texte du traité :

« L'ambition européenne du mouvement gaulliste tient dans une formule dont nous revendiquons la paternité : faire l'Europe sans défaire la France [...]. Ce nouveau traité permet-il de faire l'Europe sans défaire la France ? La réponse à cette question n'est pas facile. En effet, le traité de Maastricht est un texte touffu, mal rédigé, long, complexe, ambigu. Il est le fruit en réalité de compromis entre partisans de deux visions très différentes de l'Europe, ceux qui rêvent d'un super-État centralisé et donc bureaucratique réduisant à la portion congrue les membres des nations européennes et ceux qui sont attachés à une union d'états décentralisée et respectueuse du fait national [...]. Il importe donc de clarifier la philosophie générale des accords de Maastricht, et d'obtenir les garanties nécessaires contre les défauts et la dérive centralisatrice et bureaucratique qu'ils portent en germe[8]. »

La méfiance s'effrite

Chirac appelle finalement à voter « oui » au référendum sur le traité de Maastricht. Le « oui » l'emporte de justesse, avec 51,04 % des suffrages exprimés. Une monnaie unique européenne sera donc créée :

« Notre indépendance monétaire est largement fictive Regardons la crise actuelle : face à l'effondrement, probablement durable, du dollar et à la poussée du mark qui en résulte, le franc n'a aucune liberté de manœuvre. Le gouvernement français ne peut que s'aligner sur la politique définie, pour des raisons et des intérêts qui leur sont propres, par les autorités allemandes. La conséquence, ce sont des taux d'intérêt élevés qui pénalisent gravement la croissance, l'investissement et l'emploi dans notre pays. À l'inverse, chacun peut comprendre qu'un système d'union monétaire renforcée permettra à la France de peser davantage et de mieux défendre ses intérêts[9]. »

Jacques Chirac reconnaît sans difficulté avoir évolué pour ce qui est de la question européenne :

« Ai-je évolué ? Sans doute ! Sur les modalités, pas sur le fond. Aurait-il fallu que je reste figé dans mes analyses alors que le monde a profondément changé[10] ? »

Présidence française du Conseil de l'Union européenne

Le 27 juin 2000, lors de sa visite d'État en Allemagne, s'exprimant devant les députés allemands, il précise sa volonté de construire une Europe proche des citoyens, qui réponde à leurs préoccupations et se construise à leur rythme :

« L'Europe, nous la voulons aussi plus proche des citoyens. Notre Union, chacun doit pouvoir en mesurer les bienfaits dans sa vie de tous les jours. Alors qu'aujourd'hui, beaucoup d'Européens, c'est vrai, la jugent un peu abstraite, trop éloignée de leurs vraies préoccupations que sont la croissance, l'emploi et la formation, la justice et la sécurité, la lutte contre le trafic de drogue et contre les filières d'immigration clandestine, l'environnement et la santé, d'autres encore [...].

[...] l'élargissement de l'Union européenne est une grande ambition légitime et nécessaire. Il est en marche. Ce sera difficile, pour les pays candidats comme pour les États membres. Mais, demain, nous serons trente et plus représentés à Bruxelles, à Strasbourg, à Luxembourg.

C'est un accomplissement ! Pour la paix et la démocratie, enracinées sur notre continent et qui donnent tout son sens à notre aventure commune. Pour les pays candidats, soutenus dans leur combat pour la liberté par l'espoir de nous rejoindre. Pour l'Union elle-même qui en sera plus forte, politiquement et économiquement.

Mais, pour autant, l'exigence est claire. L'élargissement ne sera pas une fuite en avant. Nous ne laisserons pas se défaire le projet européen auquel vous et nous, avec nos partenaires, avons, depuis près d'un demi-siècle, consacré tant de volonté et tant d'énergie. Et qui, en retour, nous a tant apporté, non seulement la paix, mais aussi le succès économique et donc le progrès social. Qui s'est avéré, pour nous tous, un formidable multiplicateur de puissance. Notre Union ne sera plus tout à fait la même demain. Mais elle ne connaîtra ni dilution, ni retour en arrière. Et notre responsabilité est d'y veiller.

Une autre de mes convictions est que le rythme de la construction européenne ne se décrète pas. Il résulte, pour une large part, des progrès, parmi nos peuples, du sentiment d'identité et d'appartenance européennes, de leur "vouloir vivre ensemble" dans une communauté solidaire. Et j'ai confiance car ce sentiment est de plus en plus fort, surtout parmi les jeunes[11]. »

Chirac entend montrer qu'il convient de poursuivre la construction de l'Europe sans détruire les nations :

« C'est déformer la vérité de dire qu'il y a d'un côté ceux qui défendent la souveraineté nationale et, de l'autre, ceux qui la bradent. Ni vous ni nous n'envisageons la création d'un super-État européen qui se substituerait à nos États nations et marquerait la fin de leur existence comme acteurs de la vie internationale.

Nos nations sont la source de nos identités et de notre enracinement. La diversité de leurs traditions politiques, culturelles, linguistiques est une des forces de notre Union.

Pour les peuples qui viennent, les nations resteront les premières références.

Envisager leur extinction serait aussi absurde que de nier qu'elles ont déjà choisi d'exercer en commun une partie de leur souveraineté et qu'elles continueront de le faire, car tel est leur intérêt. Oui, la Banque centrale européenne, la Cour de justice de Luxembourg ou le vote à la majorité qualifiée sont des éléments d'une souveraineté commune. C'est ainsi, en acceptant ces souverainetés communes, que nous acquerrons une puissance nouvelle et un rayonnement accru. Alors, de grâce, renonçons aux anathèmes et aux simplifications, et convenons enfin que les institutions de l'Union sont et resteront originales et spécifiques[12] ! »

À l'Europe des technocrates s'oppose l'Europe démocratique. Chirac prône la réalisation de l'Europe par les gouvernements qui la composent plutôt que par Bruxelles :

« La construction communautaire a trop été l'affaire des seuls dirigeants et des élites. Il est temps que nos peuples redeviennent les souverains de l'Europe. Il faut que la démocratie en Europe vive mieux, notamment à travers le Parlement européen et les parlements nationaux[13]. »

Le principe de subsidiarité des compétences entre les États et l'Europe doit être précisé et clarifié :

« Dire qui fait quoi en Europe avec le souci que les réponses soient apportées au meilleur niveau, au plus près des problèmes. Bref, mettre enfin en application le principe de subsidiarité[14]. »

Et l'Europe doit pouvoir s'adapter au rythme et au poids de chacun :

« Nous devons aussi veiller à ce que, dans l'Europe élargie, la capacité d'impulsion demeure. Sans cesse, il faut pouvoir ouvrir de nouvelles voies. Pour cela, et comme nous l'avons fait dans le passé, il faut que les pays qui veulent aller plus loin dans l'intégration, sur une base volontaire et sur des projets précis, puissent le faire sans être retardés par ceux qui, et c'est leur droit, ne souhaitent pas avancer aussi vite.

Enfin, l'Europe-puissance que nous appelons de nos vœux, cette Europe forte sur la scène internationale, doit disposer d'institutions fortes et d'un mécanisme de décision efficace et légitime, c'est-à-dire faisant toute sa place au vote majoritaire et reflétant le poids relatif des États membres[15]. »

Enfin, c'est la rédaction d'une constitution qui pourra être envisagée :

« D'abord, réorganiser les traités afin d'en rendre la présentation plus cohérente et plus compréhensible pour les citoyens. Ensuite, définir de façon claire la répartition […] des compétences entre les différents niveaux de l'Europe. Nous pourrions également réfléchir, dans le cadre de ce processus, aux frontières géographiques ultimes de l'Union ; préciser la nature de la Charte des droits fondamentaux [...] et enfin préparer les ajustements institutionnels nécessaires, tant du côté de l'exécutif que de celui du Parlement, pour renforcer l'efficacité et le contrôle démocratique de notre Union.

Et, à l'issue de ces travaux qui prendront sans doute quelque temps, les gouvernements puis les peuples seraient appelés à se prononcer sur un texte que nous pourrons alors consacrer comme la première "Constitution européenne"[16]. »

Le 3 octobre 2000, à Dresde, la commémoration du 10e anniversaire de la Réunification allemande est l'occasion pour Chirac de faire une analogie avec la construction européenne :

« Dix ans déjà [...]. Je suis de ceux qui, avec tant de Français, ont vécu dans l'émotion et dans l'enthousiasme ces heures magiques. Formé à l'école du général de Gaulle, j'avais depuis longtemps perçu comme une évidence, et je l'avais dit et redit, que l'Allemagne devait être un jour réunifiée ! Que l'Europe devait être, et serait un jour, rassemblée ! Que le combat pour la réunification de l'Allemagne allait de pair avec le combat pour l'unité de l'Europe ! Qu'ils servaient un seul et même dessein !

Oui, c'est la construction d'une communauté européenne prospère, puissante, rayonnante, qui rendait plus insupportables encore les barrières qui divisaient votre pays et amputaient notre continent d'une partie essentielle de lui-même. Et, en retour, c'est la réunification de l'Allemagne, puis celle de l'Europe, qui, une fois achevées, allaient donner au projet européen un nouvel horizon, de nouvelles chances, qu'il nous faudrait alors saisir.

Je savais aussi que l'Allemagne, ayant retrouvé son unité, ne rêverait pas d'un destin solitaire mais s'attellerait avec beaucoup d'ardeur encore à l'accomplissement du projet européen. Qu'elle s'investirait davantage dans notre grande aventure commune. Qu'elle y apporterait les talents, l'expérience, l'héritage historique et bien sûr la vigueur des énergies enfin libérées de ses "nouveaux Länder". Comme je sais aujourd'hui qu'une Europe, rétablie dans ses vraies dimensions, rassemblant des pays plus nombreux, n'en sera pas moins solidaire[17]. »

S'ouvrir à l'Est

Il s'agit maintenant de dépasser ce débat qui oppose souverainistes et fédéralistes :

« La question aujourd'hui n'est plus de choisir entre une approche communautaire et une démarche intergouvernementale, entre plus ou moins de fédéralisme, entre plus ou moins de souveraineté. La vraie question est de savoir comment donner concrètement à l'Europe la capacité et les moyens d'agir et d'être davantage au service des citoyens à travers des institutions plus légitimes, plus efficaces, plus incarnées[18]. »

La nécessité d'une ouverture de l'Europe aux nouvelles démocraties de l'Est est une constante dans la réflexion de Chirac :

« L'Est est notre nouvelle frontière. Au moment précis où les anciennes républiques populaires renouent avec la liberté, l'Europe ne saurait se contenter d'être un club de privilégiés condamnant une partie des membres de la famille européenne à faire antichambre. Ne substituons pas au mur de Berlin celui de l'égoïsme. Entendons l'appel de ces pays toujours hantés par la crainte du totalitarisme. L'union européenne doit s'ouvrir à tous les pays du continent européen, à condition, bien sûr, qu'ils aient adopté la démocratie et l'économie de marché et qu'ils manifestent la volonté de participer à l'aventure commune. C'est aussi notre intérêt[19]. »

Le partenariat euro-méditerranéen

Chirac s'est fait le promoteur et le défenseur d'une politique méditerranéenne de l'Europe :

« Les deux rives aspirent à d'avantage de sécurité, en particulier contre le terrorisme [...] un engagement commun contre des pratiques barbares qui dévorent les causes qu'elles prétendent servir [...].

Les deux rives aspirent à plus de croissance. Nous devons aborder la question migratoire dans ce même respect de responsabilité partagée [...].

Les deux rives aspirent à plus de démocratie et à une meilleure gouvernance [...]. La Méditerranée doit demeurer une priorité stratégique pour l'Europe[20]. »

Les attentats du 11 septembre à New York favorisent des lignes de fracture :

« La Méditerranée, carrefour de tant de peuples, de nations, berceau des religions du Livre et de la civilisation occidentale, source des valeurs de liberté et de dignité humaine, devrait être le lieu privilégié de notre solidarité [...]. Mais nos histoires ont suivi des cours différents [...]. Aussi, malgré leur origine commune et des heurts innombrables, la Méditerranée juxtapose des mondes fermés les uns par rapport aux autres [...]. Les drames du XXe siècle ont encore aggravé malentendus et rancunes. Les conflits au Moyen-Orient, qui tous se renforcent et s'amalgament, non seulement affectent notre espace commun mais sont désormais au cœur de l'instabilité du monde. Aujourd'hui, l'urgence nous sollicite. Il faut dissiper les stéréotypes, les pleurs et les mauvais souvenirs afin de croiser enfin nos regards, de surmonter ce qui nous oppose et de construire notre avenir partagé[21]. »

L'adhésion de la Turquie à l'Europe

La position de Chirac au sujet de la place de la Turquie dans l'Europe est largement combattue par l'extrême droite. Sarkozy lui aussi y trouvera une nouvelle occasion de se désolidariser de Chirac :

« J'y suis tout à fait favorable, ne serait-ce que par respect de nos engagements antérieurs. La Turquie est partie prenante depuis longtemps de la culture européenne et une portion de son territoire est incluse dans notre continent. Naturellement son gouvernement doit faire des efforts doit faire des efforts nécessaires [...] concernant les libertés publiques, le respect des droits de l'homme, le niveau de protection sociale et le principe d'une économie de marché. Mais le véritable danger à mes yeux serait de laisser la Turquie s'éloigner de l'Europe et de ses valeurs pour basculer tout à fait dans son environnement musulman et asiatique, avec des risques éventuels de déstabilisation pour notre continent[22]. »

Au risque de ne pas être compris par l'opinion publique, de perdre des voix et de décevoir son électorat, Chirac persiste à défendre sa conception d'une Europe de la paix :

« Une victoire des valeurs européennes dans un grand pays musulman et laïc serait sans doute le meilleur rempart contre la guerre des cultures et des civilisations[23]. »

Le référendum sur les institutions de l'Europe

Au printemps 2004, Chirac annonce sa décision « de soumettre le nouveau traité constitutionnel au suffrage du peuple français par référendum[24] » et non au vote du Parlement, comme il pourrait le faire :

« J'avoue espérer qu'elle soit l'occasion de donner une petite impulsion à notre capacité de dialogue et non pas à notre culture d'affrontement. C'est pourquoi je me refuse à croire qu'un responsable politique digne de ce nom puisse sérieusement, sauf à vouloir faire revenir la France cinquante ans en arrière, contester le caractère positif de ce traité. Ce qui hélas !, sera pourtant le cas… Mais ce qui m'a convaincu de recourir à la procédure du référendum, outre que j'y suis personnellement attaché, estimant plus démocratique de consulter directement le peuple sur les grands sujets qui engagent son avenir, c'est l'initiative prise par Tony Blair, en mai 2004, d'organiser un référendum au Royaume-Uni… Le Premier ministre britannique a créé un précédent difficile à contourner pour ceux qui, comme la France, disposent de cette pratique dans leur Constitution[25]. »

Le 29 mai 2005, la question posée aux Françaises et Français par référendum sur le traité établissant une constitution pour l'Europe est : « Approuvez-vous le projet de loi qui autorise la ratification du traité établissant une constitution pour l'Europe ? ». Le « non » recueille 54,68 % des suffrages exprimés. Chirac fait le constat

« d'une incompréhension réciproque que je n'ai pas ressentie, pour ma part, sans en être profondément troublé […]. Mais c'est avec infiniment de tristesse et beaucoup d'amertume que je mesure dans le même temps la gravité de la crise à laquelle l'Europe va se trouver confrontée et les blocages qui vont en résulter[26]. »

Les relations franco-allemandes

L'entente et la coopération franco-allemandes sont pour Chirac une nécessité à la fois pour exorciser le passé, construire l'Europe et préparer l'avenir :

« Quarante ans de construction européenne ! Et la tentation du repli sur soi n'a jamais été aussi grande. L'Europe de la croissance et du plein-emploi est devenue celle de la crise et du chômage. Allemands et Français s'efforcent de maintenir une relation privilégiée. D'où vient qu'elle ne semble plus assez forte pour tirer l'équipage ? Là où le communisme s'est effondré, à l'Est du continent, le vent de l'histoire a réveillé de vieilles haines qui, faute d'avoir été maîtrisées à temps, engendrent drames et instabilité.

Pendant des siècles, l'Europe a dominé le monde, imposé son modèle politique, régné sur les sciences et les arts. Aujourd'hui, elle paraît lasse et désenchantée.

Ses peuples et leurs dirigeants auront-ils la force de réagir et d'enrayer le déclin[27] ? »

Chirac en est convaincu, l'alliance franco-allemande est une donnée essentielle :

« pour que la construction européenne avance, c'est d'abord l'amitié franco-allemande que nous devons approfondir sans cesse[28]. »

Car leur volonté de paix agit comme un moteur et un symbole :

« Ce que l'Allemagne et la France ont vécu et subi dans l'Histoire ne ressemble à rien d'autre. Mieux qu'aucune nation, elles saisissent le sens profond de la paix et du projet européen. Elles seules, en forçant le cours des choses, pouvaient, en Europe, lancer le signal du rassemblement. Ensemble, au rythme de leurs retrouvailles et de la volonté de leurs peuples, elles ont fait progresser l'idée européenne[29]. »

Aujourd'hui, l'entente franco-allemande se vit au quotidien, au risque de devenir une habitude :

« Nos coopérations si nombreuses, si familières, l'étroite concertation politique à tous les niveaux de nos institutions, le riche dialogue de nos cultures, les échanges entre jeunes à la faveur de nos milliers de jumelages comme de nos apprentissages linguistiques, ont tissé un lien unique, irréversible, irremplaçable.

Voici plus d'un demi-siècle que nous travaillons la main dans la main. Entre nous, la réconciliation est acquise. Elle est une évidence. Une réalité de la vie quotidienne si normalement inscrite dans notre paysage que nous n'en percevons plus la dimension propre. Et la nouvelle génération aux commandes la reçoit en héritage après l'avoir apprise dans les livres, sans ressentir la même charge émotionnelle que jadis[30]. »

Mais Chirac ne manque pas de projets pour que le tandem franco-allemand retrouve sa vitalité :

« Eh bien, retrouvons le souffle, l'élan fondateur ! L'ardente nécessité de notre dialogue ! Donnons-nous les lieux pour se connaître et entreprendre ensemble ! [...] Que de traits communs, que de raisons de se porter plus d'attention ! Si nous avons chacun nos traditions, notre histoire, nos qualités propres, qui expliquent sans doute les formes d'organisation que nous nous sommes choisies. Si l'Allemagne est à l'aise dans son fédéralisme qui permet une participation active et vivante des citoyens à tous les niveaux de la vie politique. Et si la France a su conserver, en la modernisant, une tradition unitaire qui contribue à la cohésion de sa communauté nationale, les défis que nous devons relever aujourd'hui sont les mêmes. Ils s'appellent croissance économique et compétitivité, mutations de notre système éducatif, défense de l'emploi, adaptation de nos régimes sociaux à l'évolution démographique, modernisation et maîtrise des systèmes de santé, de sécurité, d'environnement, d'immigration[31]. »

Cet esprit de partenariat ne va pas toujours aller de soi. Peu après sa visite à Berlin, en juin 2000, lors du sommet européen de Nice, Chirac s'oppose au chancelier allemand qui, poussé

« par une campagne médiatique savamment orchestrée outre-Rhin pour dénoncer "l'arrogance française". L'Allemagne continue à demander de bénéficier de plus de voix que la France au Conseil européen, ce à quoi je continue de m'opposer avec la même fermeté. Le heurt est frontal entre Gerhard Schröder et moi[32]. »

Finalement un compromis sera trouvé. Malgré les difficultés, les différences, les oppositions :

« Cette Europe retrouvée, plus riche de sa diversité mais aussi plus hétérogène, aura besoin plus que jamais du moteur franco-allemand. Ce vaste ensemble de 450 millions d'habitants sera confronté à des risques et des défis pour sa cohésion et pour son équilibre. Il devra se trouver un centre de gravité. Et plus que jamais, nos deux pays doivent être, dans l'Union, bien davantage que deux simples partenaires. La voix du couple franco-allemand doit s'élever pour proposer, pour innover, pour ouvrir un chemin à cette nouvelle Europe[33]. »

Les relations franco-britanniques

Chirac s'est, de façon générale, plutôt bien entendu avec Tony Blair. Cela ne l'empêche pas d'évoquer, le 15 mai 1996, devant les parlementaires de la Chambre des communes et de la Chambre des lords, la légendaire rivalité franco-britannique :

« "L'Angleterre toujours sera sœur de la France", écrivait Victor Hugo. C'est vrai. Et pourtant ce sont des relations complexes qui, de tout temps, unirent nos deux nations, trop proches, trop semblables sans doute, pour ne pas entrer en compétition. Cette rivalité, nos deux puissances s'en sont nourries. Notre estime mutuelle s'y est au total fortifiée. Le temps, les épreuves de l'Histoire, nos affinités profondes, cet humanisme dont nos deux pays furent le berceau, nous ont enfin rapprochés, privilégiant peu à peu ce qui nous unit sur ce qui nous sépare[34]. »

Il note ainsi :

« Nos deux pays se sont beaucoup combattus, mais ils se sont aussi beaucoup emprunté. Ils partagent de longue date un même attachement à la démocratie, à la souveraineté, à la règle de droit. Cet engagement, ils l'ont ensemble défendu aux heures les plus sombres de leur histoire, contre la barbarie. Ils continuent aujourd'hui de le défendre ensemble, au service d'une aventure exaltante et historique, la construction de l'Europe [...]. Entente cordiale, union européenne, aujourd'hui ces inspirations visionnaires se rejoignent. L'Europe a besoin d'un partenariat fort entre le Royaume-Uni et la France. Un partenariat pour une Europe plus forte, plus sûre, plus juste, dans laquelle les citoyens trouvent une réponse aux défis qui nous sont collectivement lancés [...]. Le Royaume-Uni et la France partagent un destin commun dans une Europe respectueuse des nations qui la composent[35]. »

La France dans le monde

L'extrait que j'ai choisi de reproduire ici est long, mais je crois fondamentalement que ce discours de Chirac est en quelque sorte son véritable testament en matière de politique étrangère. Il l'a préparé avec soin, lu et relu avec attention, corrigé à plusieurs reprises avant de le prononcer à la tribune de l'Unesco à Paris le 15 octobre 2001.

Le choc des civilisations

L'attentat de New York du 11 septembre 2001 marque une prise de conscience des menaces qui pèsent sur toutes les nations. C'est au moment où les principaux États se mobilisent dans la lutte contre le terrorisme que Chirac entend montrer que celle-ci passe d'abord par le dialogue :

« Avec la tragédie du 11 septembre dernier, c'est [...] une vision utopique du nouveau millénaire, comme temps de paix et de la fin de l'histoire, qui a été touchée au cœur. D'aucuns avaient le sentiment que nous avions laissé dernière nous le siècle des deux guerres mondiales et de ses millions de morts, de la Shoah, du goulag et de tant d'autres massacres. Malgré les conflits qui continuaient d'ensanglanter notre planète, le siècle naissant était accueilli avec espoir et confiance. Espoir d'un monde libre et pacifié, avec la chute du Mur de Berlin et la fin de la guerre froide. Espoir d'un monde meilleur où les progrès de la science, les vertus de l'éducation, la rapidité des communications apporteraient davantage de prospérité, de justice, de bonheur. Confiance dans les avancées de la démocratie et l'affirmation des solidarités.

La tragédie de New York [...] est venue ébranler cet espoir et cette confiance. De plus en plus, nous entendons évoquer un choc des civilisations, qui marquerait le XXIe siècle, de même que le XIXe siècle a vu s'affronter les nationalités et le XXe siècle les idéologies. Un choc de civilisations, présent et à venir, qui serait plus radical, plus violent, plus passionnel parce qu'il verrait s'affronter des cultures et des religions.

Ce discours qui se nourrit de toutes les peurs, il s'agit d'abord de le réfuter. Car l'adopter, c'est tomber dans le piège que nous tendent les terroristes, qui veulent soulever les hommes, culture contre culture, religion contre religion. Et si, devant l'horreur, les pays se rassemblent pour châtier les coupables, pour endiguer le terrorisme, c'est un combat pour l'homme, pour l'homme et contre la barbarie

À ce discours il s'agit surtout d'opposer une autre réalité, politique, morale, culturelle, une autre volonté : celle du respect, celle de l'échange, celle du dialogue de toutes les cultures, inséparable de l'affirmation claire et sans concession des valeurs qui nous font ce que nous sommes…

Sans céder à la tentation d'un quelconque vertige, nous devons tous nous interroger, chacun pour notre part […]. Sommes-nous restés fidèles à nos propres cultures et aux valeurs qui les sous-tendent ? L'Occident a-t-il donné le sentiment d'imposer une culture dominante, essentiellement matérialiste, vécue comme agressive puisque la plus grande partie de l'humanité l'observe, la côtoie sans y avoir accès ? Est-ce que certains de nos grands débats culturels ne sont pas parfois apparus comme des débats de nantis, ethno centrés, qui laissaient de côté les réalités sociales et spirituelles de ce qui n'était pas l'Occident ? Jusqu'où une civilisation peut-elle vouloir exporter ses valeurs[36] ? »

Le dialogue des cultures

Plus le destin des peuples se mêle, plus s'impose un dialogue revivifié, renouvelé, réinventé, en prise sur le monde tel qu'il est. Ce dialogue repose sur quelques principes simples :

« Le premier […] c'est l'égale dignité de toutes les cultures, et leur vocation à s'interpénétrer et à s'enrichir les unes des autres. C'est tout à la fois une évidence, portée par toute l'histoire de l'humanité, histoire littéraire, artistique, architecturale. C'est aussi et surtout une grille de lecture du monde.

Que seraient l'architecture, la poésie ou les mathématiques sans la culture arabe, qui recueillit aussi les savoirs antiques, qui s'aventura bien loin de ses frontières quand l'Europe s'enfermait sur elle-même ?

Que serait la philosophie, sans l'obsession hindoue de la nature de l'être, sans son sens du rythme et des respirations ? Que serait l'art du XXe siècle, s'il n'avait été fécondé par l'Afrique et les peuples premiers ?

Que dire de l'Extrême-Orient, de sa recherche passionnée de l'harmonie, du geste juste, de son intuition de la tension des contraires comme source de l'élan vital ?

Que seraient le rêve de liberté et le respect dû à chaque homme sans la philosophie des lumières qui essaima de France au XVIIIe siècle à travers toute l'Europe, pour finalement traverser les océans ?

Que dire de l'apport essentiel des religions à la vie des hommes, lorsqu'elles les élèvent au-dessus de leur simple condition pour accéder à l'absolu ? Lorsqu'elles les éloignent de la haine et des égoïsmes, les rassemblent dans une communauté ouverte et généreuse ?

Certes, toutes les cultures ne se développent pas au même rythme. Elles connaissent des apogées et des déclins, des périodes de rayonnement et d'expansion comme des temps de silence et de repli. Pour autant, toutes continuent à vivre au présent dans notre mémoire collective. Elles construisent nos identités, nos raisons d'être. Elles apportent à nos vies la lumière et le plaisir, le chatoiement de la poésie et des beaux-arts, l'accès à la connaissance et à la transcendance. Elles s'attellent aussi à l'obscur, questionnent le mystère et l'énigme. Elles constituent ensemble, à égalité, la part de lumière et de progrès, d'exigence éthique de l'humanité[37]. »

La diversité culturelle est le deuxième principe à promouvoir :

« Cette diversité est menacée. Je pense, aux différentes langues du monde qui sont aujourd'hui près de cinq mille. Nous savons qu'il en disparaîtra la moitié au cours de ce siècle si rien n'est fait pour les sauvegarder. Je pense aux peuples premiers, ces minorités isolées aux cultures fragiles, souvent anéanties par le contact de nos civilisations modernes. Je pense bien sûr à l'habitat, aux modes de vie, aux coutumes, aux productions artisanales, culturelles, exposés à la standardisation, qui est l'un des avatars de la mondialisation[38]. »

La mondialisation

Si Chirac ne prône pas un repli sur soi :

« Qu'on ne s'y trompe pas. Je ne suis pas de ceux qui magnifient le passé et qui voient dans la mondialisation la source de tous nos maux. Il n'y avait pas, hier, un admirable respect des cultures, et il n'y a pas, de nos jours, une affreuse volonté d'hégémonisme. Qu'on se souvienne seulement des conquêtes et des colonisations qui, trop souvent, cherchaient à imposer par la force, force des armes ou pressions de toutes natures, et d'ailleurs en parfaite bonne conscience, des croyances et des systèmes de pensée étrangers aux peuples colonisés[39]. »

Il attire cependant l'attention sur le fait que la mondialisation apparaît souvent comme une nouvelle forme de colonisation :

« visant à installer partout le même rapport, ou la même absence de rapport, à l'histoire, aux hommes et aux Dieux[40]. »

Une façon d'imposer, de réduire, d'uniformiser au lieu de rassembler :

« La réalité est plus complexe si tant est que l'on puisse qualifier la mondialisation de “bonne” ou de “mauvaise”, car cela lui confère une dimension morale, des intentions, des projets alors qu'elle n'a que des objets, il n'en demeure pas moins qu'il y a un bon et un mauvais usage de la mondialisation. Bon si ce qui est mis en commun, ce qui circule, ce qui modèle les consciences, c'est l'information, la connaissance, le progrès, la compréhension de l'autre, le partage de valeurs comme de richesses. Mauvais au contraire si elle est synonyme d'uniformisation, de formatage, de réduction au plus petit commun dénominateur, ou encore de primauté de la seule loi du marché, oublieuse de cette culture humaniste, dont l'essence même est de rassembler autour de principes éthiques[41]. »

La diversité culturelle est essentielle pour empêcher l'aseptisation des différences que porte en germe la mondialisation :

« La réponse à la mondialisation-laminoir des cultures, c'est la diversité culturelle. Une diversité fondée sur la conviction que chaque peuple a un message singulier à délivrer au monde, que chaque peuple peut enrichir l'humanité en apportant sa part de beauté et sa part de vérité…

Ce dialogue, comment l'instaurer ? Comment le rendre possible ?

La première urgence […] c'est d'introduire plus de justice, plus de solidarité, plus d'attention aux hommes et à leurs questions dans le mouvement du monde.

Si j'évoquais la réalité contrastée de la mondialisation, il n'en demeure pas moins qu'elle suscite bien des inquiétudes. Nombreux sont les peuples qui craignent d'être les laissés pour compte de ce grand mouvement mondial. Nombreux sont ceux qui redoutent d'y perdre leur âme et la maîtrise de leur destinée, comme en témoignent les manifestations qui ponctuent les grandes réunions internationales.

Ces craintes ne naissent pas du néant. Elles sont le signe qu'un monde nouveau se fait jour. Multiplication des échanges, qui bouleversent la notion de pays, de frontière. Primat de l'économie, avec l'accroissement des richesses et des inégalités. Pression sur les ressources naturelles, pression si forte que la nature ne parvient plus aujourd'hui à en assurer la reconstitution. Révolution culturelle liée à la nouvelle société de l'information. Progrès des biotechnologies, qui nous donnent accès aux secrets de la vie. Devant ces perspectives, les unes enthousiasmantes, les autres troublantes, des réponses fortes sont attendues. Si chacun comprend que cette réponse ne saurait être le repli frileux sur soi-même, chacun a également conscience qu'il ne saurait être question de livrer le monde aux seules forces du marché. Le devoir des politiques et de tous les responsables est donc de civiliser la mondialisation, de faire prévaloir l'intérêt des hommes, de tous les hommes[42]. »

Nécessité d'une régulation éthique

Elle se fait sentir dans tous les domaines. Dans celui de l'information et du partage des savoirs :

« D'où l'importance de ne pas laisser se développer le non-droit et ses dérives. Je pense à l'Internet, cet extraordinaire instrument de connaissance mutuelle et de dialogue. Il a besoin d'une régulation éthique autant que de règles techniques. Nulle enceinte universelle n'est aujourd'hui organisée pour réfléchir sur la liberté d'expression et ses limites, sur l'équilibre entre le droit à la diffusion des œuvres et le respect des auteurs, sur la protection de la vie privée et surtout sur la protection de l'enfance[43]. »

Dans le domaine scientifique :

« Je pense également aux avancées scientifiques. Alors que se profile la menace du clonage humain reproductif ;

alors que monte le débat sur l'euthanasie ; alors que se pose avec acuité la question des expérimentations médicales dans les pays du sud ; alors que s'amorce un autre débat sur la propriété des ressources génétiques, c'est vers l'ONU que doit se tourner la communauté internationale. C'est dans cet esprit que j'ai appelé à la mise en chantier d'une convention mondiale sur la bioéthique et à la création, autour du Secrétaire général, d'un Comité mondial d'éthique[44]. »

Dans le domaine géopolitique :

« Faire prévaloir l'intérêt des hommes, c'est aussi, c'est surtout s'attaquer vraiment à certaines fractures, de plus en plus insupportables.

Fracture entre le Nord et le Sud. Aujourd'hui, plus du tiers de l'humanité vit dans la pauvreté, pauvreté qui ira s'aggravant si les pays riches continuent à ne pas assumer leurs responsabilités en matière d'aide au développement. Une aide qui doit être accompagnée afin de ne pas être détournée de ses objectifs. Une aide qui doit être adaptée au terrain, aux attentes, aux identités des hommes et des femmes qui la reçoivent.

Fracture face à l'éducation [...]. Force est de reconnaître que dans ce domaine crucial pour le progrès et l'émancipation des peuples, beaucoup, beaucoup reste à faire. L'alphabétisation progresse trop lentement. Dans certains pays, elle recule même, sous l'effet des conflits, de la misère, du sida. Et l'on voit s'amplifier la fuite des cerveaux du sud vers les pays industrialisés.

Dans des régions entières, les filles sont interdites d'école, déni au droit le plus élémentaire, celui d'apprendre, et désastre pour le développement [...].

Il faut donc nous mobiliser pour combattre la pauvreté et promouvoir l'éducation dans le monde, l'éducation qui permet de comprendre l'autre[45]. »

Le terrorisme

Deux ans après les attentats du World Trade Center, à New York, Jacques Chirac analyse les frustrations et souffrances qui font le terreau du terrorisme :

« Aucun prétexte ne peut légitimer le recours à l'attentat terroriste. Les revendications nationales, politiques, religieuses, sociales, avancées par les terroristes pour justifier leurs crimes sont nulles et non avenues car rien n'autorise jamais à prendre pour cibles des populations civiles, à attaquer lâchement des innocents. Ce principe fondamental est au cœur de notre conception de la dignité humaine.

Vaincre le terrorisme prendra du temps, demandera un effort constant de toute la communauté internationale. Contre les forces de haine déployées à travers le monde, liées par des réseaux occultes qui tirent parti des technologies modernes, abritées par des pays complices ou impuissants, alliés aux trafiquants de drogue et aux mafias, il nous faut serrer les rangs.

Les terroristes s'imaginent toujours que les démocraties sont lâches et velléitaires. Certes, elles sont lentes à la colère, elles préfèrent la paix à la guerre, elles débattent avant d'agir. Mais l'histoire démontre que lorsqu'elles sont attaquées dans ce qu'elles ont de plus précieux, leur liberté et leur sécurité, elles sont plus combatives et plus efficaces, car le peuple souverain se bat toujours mieux que le peuple soumis [...].

Mais, de même que dans nos États la lutte contre le crime ne se résume pas à l'action policière, de même devons nous aller plus loin dans l'analyse du terrorisme. Il constitue un révélateur des maux de son temps. Il est l'expression délirante de souffrances, de frustrations ou d'injustices. Lorsque la démocratie fait défaut, il usurpe le drapeau de la liberté. Lorsque la question sociale se pose avec acquitté, il prend le masque de la justice et de la solidarité. Lorsqu'un pays est occupé par des forces étrangères, il s'approprie indument le combat pour l'indépendance. Lorsqu'une communauté se sent bafouée, il prétend agir en son nom[46]. »

Le dialogue entre les peuples est l'arme la plus efficace pour lutter contre le terrorisme :

« S'il est faux et dangereux d'établir un lien direct entre le terrorisme et la misère, chacun voit bien qu'il y a un enchaînement entre le terrorisme et le fanatisme, fanatisme qui prospère sur le terreau de l'ignorance, des humiliations, des frustrations. À l'heure où les communications rétrécissent la planète, à l'heure où les images, partout diffusées, donnent à voir sans toujours donner à comprendre, suscitant colère ou rejet, convoitise, c'est à une profonde prise de conscience et à une action d'envergure que nous sommes conviés. Introduire davantage de justice et d'équité dans la mondialisation, c'est rendre possible le dialogue des peuples, c'est préparer notre avenir commun[47]. »

Un monde multipolaire

Depuis très longtemps, Chirac s'est fait le défenseur de ce qu'il appelle un « monde multiforme » :

« Mieux organiser le système international au XXIe siècle, c'est d'abord progresser vers un monde multipolaire. En réponse à la mondialisation, de nombreux États choisissent de s'associer pour garder, à l'échelle d'une région, la maîtrise de leur destin… Avancer, construire un monde multipolaire est en soi un progrès, car c'est aller vers une répartition du pouvoir plus équilibrée et mieux acceptée[48]. »

Déjà en 1978, il affirmait :

« En nous opposant à la dyarchie américains-soviétiques, nous ne défendons pas seulement notre indépendance et nos intérêts, mais aussi les libertés et la paix du monde[49]. »

Dans le discours qu'il prononce devant les ambassadeurs de France en 1995, il ajoute :

« L'intérêt de la France est de contribuer à l'instauration progressive d'un ordre mondial multipolaire[50]. »

En 2003, il précise sa pensée :

« Une société où il y a un seul puissant est toujours une société dangereuse et qui provoque des réactions. C'est pour cela que je suis pour un monde multipolaire dans lequel il est évident que l'Europe a sa place[51]. »

Le multilatéralisme permet d'appréhender la complexité du monde contemporain :

« Dans un monde ouvert, nul ne peut s'isoler, nul ne peut agir au nom de tous et nul ne peut accepter l'anarchie d'une société sans règles. Il n'y a pas d'alternative aux Nations unies. Mais, pour répondre aux défis d'aujourd'hui, ce choix fondamental, exprimé par la charte, exige une profonde réforme de notre organisation. Le multilatéralisme est essentiel, car il assure la participation de tous à la gestion des affaires du monde. Il garantit la légitimité et la démocratie, tout particulièrement lorsqu'il s'agit de décider du recours à la force ou décider des normes universelles[52]. »

Au moment où émerge justement ce monde multipolaire, le respect de l'identité des peuples est primordial :

« Il s'agit d'associer enfin toutes les nations aux décisions concernant la gestion des biens publics mondiaux. Il s'agit d'organiser la concertation avec la société civile internationale que l'on voit émerger. Il s'agit de consolider ces regroupements de pays qui forment des coalitions naturelles, unions régionales, ou encore unions linguistiques qui transcendent les frontières, telle la francophonie, née d'une langue en partage. C'est ainsi que pourra se construire un monde vraiment multipolaire. C'est ainsi qu'émergeront des interlocuteurs nouveaux, représentatifs de peuples et de cultures, susceptibles de prendre toute leur place dans un dialogue équilibré et respectueux de chacun[53]. »

Dans ce monde, l'autre est parfois aussi le plus proche :

« Respecter l'autre, c'est le considérer comme le contraire de l'autre, ce qui est à la fois le plus évident et le plus difficile. Nous vivons dans des sociétés ouvertes et multiples, où l'autre est notre voisin, notre double, prenant tantôt le visage de la différence, tantôt celui de la ressemblance. Avec cet autre-là, il faut inventer les règles de la vie ensemble. Nulle réponse toute faite ne conviendra. C'est à un immense défi que sont confrontées toutes nos sociétés[54]. »

Deux dangers nous guettent, l'arrogance et l'amalgame :

« Le dialogue des cultures doit être conduit avec clairvoyance et humilité, car son pire ennemi, c'est l'arrogance. Chaque civilisation et chaque peuple peut et doit être fier de ce qu'il a accompli et donné au monde. Chacune et chacun doit aussi mesurer ses parts d'ombre [...].

Veillons à ce que nos sociétés développées soient capables de proposer autre chose que des biens matériels.

Veillons à ce qu'elles ne donnent pas le sentiment que tout se vaut, que tout est égal à tout, que rien ne vaut la peine d'être défendu[55]. »

L'affirmation d'une éthique universelle

La Déclaration des droits de l'homme est universelle :

« Ne craignons pas d'affirmer l'existence d'une éthique universelle, celle qui inspire la Déclaration universelle des droits de l'homme. Contrairement à ce que prétendent les ennemis de la liberté et les fanatiques de tous horizons, cette éthique n'est pas un modèle occidental, qui serait une sorte de cheval de Troie de civilisations honnies. Elle est un humanisme. Elle est de tous les peuples, de toutes les nations, de toutes les religions, car aucune religion ne s'est construite sur l'anéantissement des hommes, leur indifférenciation, le refus de les voir accéder au beau et au bien. Plus que jamais, nous devons la défendre, la faire vivre, assumer sa valeur universelle. Affirmer cette universalité, c'est souligner la solidarité qui unit tous les hommes. C'est proclamer que chaque femme, chaque homme, chaque enfant a des droits imprescriptibles. C'est chercher dans chaque civilisation l'expression d'un idéal commun. C'est reconnaître que la vérité s'exprime en une infinité de langues. Il n'y a aucune contradiction entre une éthique universelle et la diversité des cultures, parce que le respect des cultures participe de cet humanisme que nous appelons de nos vœux[56]. »

Humanisme et démocratie sont liés :

« Dans un passé encore proche, contre les forces de haine, de rejet, d'incompréhension, s'est élevée la voix de l'humanisme, la puissance de la démocratie. Pour faire triompher cette voix une fois encore, apprenons à nous comprendre, apprenons à nous parler, apprenons à travailler ensemble, dans le respect, la lucidité et la fierté de ce que nous sommes. Tel est le sens, tel est l'enjeu du dialogue des cultures, du partage des cultures[57]. »

Chirac revient souvent sur cette unité profonde de l'humanité :

« La mondialisation est devenue une réalité de tous les jours pour chacun d'entre nous [...]. Alors que les destins des peuples se révèlent intimement liés, l'humanité semble sur le point d'accéder enfin à la conscience de son unité profonde, entrevue jadis par les grands humanistes de la Renaissance et par les philosophes du siècle des lumières. Mais, au même moment, se développe également la tentation funeste et folle du “choc des civilisations”. La mondialisation irrite les identités et révèle sa face d'ombre : la montée du terrorisme, le développement de trafics en tout genre et du crime organisé qui s'en nourrit, l'enkystement de crises et de conflits régionaux, comme autant de blessures au flanc de la planète[58]. »

Des musées pour la diversité culturelle et le dialogue des cultures

En 2003, toujours avec cette idée de faire se rencontrer les cultures, Chirac a décidé l'ouverture d'un département du musée du Louvre consacré aux « arts de l'Islam » :

« En 2003, j'ai souhaité la création d'un nouveau département consacré aux arts islamiques, afin de mettre davantage en valeur un fonds de treize mille pièces d'une richesse exceptionnelle et de rappeler l'apport majeur des civilisations de l'Islam à notre culture[59]. »

Chirac a voulu le musée du quai Branly dédié aux Arts premiers comme un

« témoignage du refus d'une conception étriquée des savoirs et d'une prétendue hiérarchie des arts établie au détriment des productions artistiques des autres continents. Il illustrera l'engagement de la France en faveur de la diversité culturelle. Il rappellera que notre histoire est étroitement liée à celles des pays d'origine de ces œuvres, avec lesquels il contribuera à instaurer un dialogue plus juste[60]. »

Le 20 juin 2006, à l'occasion de l'inauguration du musée du quai Branly, il prononce un discours devant Claude Lévi-Strauss, qui a soutenu le projet :

« Au cœur de notre démarche, il y a le refus de l'ethnocentrisme, de cette prétention déraisonnable et inacceptable de l'Occident à porter, en lui seul, le destin de l'humanité. Il y a le rejet de ce faux évolutionnisme qui prétend que certains peuples seraient comme figés à un stade antérieur de l'évolution humaine, que leurs cultures dites “primitives” ne vaudraient que comme objets d'étude pour l'ethnologue ou, au mieux, sources d'inspiration pour l'artiste occidental.

Ce sont là des préjugés absurdes et choquants. Ils doivent être combattus. Car il n'existe pas plus de hiérarchie entre les arts et les cultures qu'il n'existe de hiérarchie entre les peuples. C'est d'abord cette conviction, celle de l'égale dignité des cultures du monde, qui fonde le musée du quai Branly[61]. »

Le français et la Francophonie

Longtemps, le français fut une longue porteuse de la liberté et des droits de l'homme. Au XXe siècle, on assiste à l'évidence à la montée de l'anglais au détriment du français. Aussi Chirac s'est-il depuis longtemps engagé dans ce difficile combat pour le maintien de l'apprentissage de notre langue à l'étranger. Dès 1994, il milite pour que le français soit obligatoirement appris dans les États de l'Union européenne :

« La France [doit obtenir] de l'Union européenne qu'elle institue l'obligation d'apprendre à chacun de ses enfants, dès le plus jeune âge, deux langues étrangères. C'est un progrès culturel favorable à la cohésion européenne. C'est le moyen le plus efficace de réimplanter le français[62]. »

La Francophonie a pour but, par le biais de la promotion de la langue française et le renforcement de la coopération entre les États de langue française, de contribuer à la paix et d'appuyer l'éducation :

« La réalité vivante de la Francophonie, ce sont quelques nations parmi les plus riches du monde, décidées à accroître leur effort d'aide publique au développement. Ce sont des pays en transition, notamment en Europe centrale et orientale, des pays qui renouent avec la prospérité. Mais ce sont aussi des pays du Sud dont les peuples vivent dans la précarité et appellent de notre part un légitime effort. Un effort indispensable pour les sortir de l'exclusion et pour les faire bénéficier des promesses de la mondialisation[63]. »

Le 19 mars 2007, à l'occasion de la présentation de la maison de la Francophonie :

« À l'origine de son existence et de ses succès, il y a, je le disais, notre amour de cette langue française que nous avons en partage. Le français est parlé partout dans le monde. Nous devons le faire vivre avec enthousiasme. À travers lui se sont exprimés certains des esprits les plus créatifs de l'histoire universelle des idées. En lui se sont reconnus, à travers les siècles et dans le monde entier, beaucoup de celles et de ceux qui pensent, rêvent, veulent bâtir un monde meilleur. Ne bradons pas cet héritage, ne cédons pas aux sirènes funestes de l'uniformisation : l'appauvrissement de l'expression conduit à l'appauvrissement de la pensée. Au moment où d'autres grandes langues s'affirment sur la scène mondiale, sachons garder au français sa vocation à exprimer, sur tous les continents, l'aspiration universelle à la modernité et au progrès. Souvenons-nous qu'il est pour chacun de nos pays un puissant outil d'influence[64]. »

LA POLITIQUE ÉTRANGÈRE

Relations avec les États-Unis

Les Américains sont porteurs d'une certaine idée de la démocratie, d'une certaine idée des droits de l'homme :

« La France est plus qu'une alliée, elle est une amie fidèle. L'Amérique qui se croit mal aimée ne mesure pas toujours l'intensité des sentiments que lui porte le peuple de France[65]. »

Leur position de leader mondiale leur confère un certain nombre de devoirs :

« Dans notre monde d'interdépendance, nous devons assumer ensemble les responsabilités particulières que nous confèrent nos positions respectives de membres permanents du Conseil de sécurité de l'ONU, de première et quatrième puissances économiques mondiales et notre participation au G7. C'est ensemble que nous devons promouvoir le désarmement et combattre la prolifération des armes de destruction massive. La France a achevé pour toujours ses essais nucléaires, après une ultime série qui garantit la fiabilité et la sécurité de sa capacité de dissuasion. Conjuguons nos efforts pour que 1996 soit l'année de la signature du traité d'interdiction complète et définitive des essais, sur la base de cette “option zéro” que la France et les États-Unis ont été les premiers à proposer[66]. »

Lors de la guerre en Irak, Chirac s'oppose avec force aux États-Unis :

« Et je mets de nouveau en garde George W. Bush contre le danger de provoquer un éclatement de l'Irak, en précipitant à tout prix la chute de Saddam Hussein, et cela dans un contexte régional où les sentiments anti-occidentaux sont déjà très virulents[67]. »

Déjà le 9 septembre 2002, il exprimait sa réserve quant à un engagement en Irak au New York Times *:*

« Je serai très franc avec vous, et je l'ai déjà dit au Président Bush, je suis très réservé sur cette doctrine *[de prévention consistant à envahir l'Irak pour lutter contre le terrorisme]*. À partir du moment où une nation se donne le droit d'agir préventivement, cela veut dire naturellement que d'autres nations le feront[68]. »

Jacques Chirac, en refusant d'associer la France à cette guerre voulue et décidée par les Américains en fonction de leurs propres intérêts, s'est en réalité trouvé très isolé au moment de l'épreuve de force :

« C'est du côté des élites ou présumées telles que se font entendre [...] des voix [...] discordantes. [...] Chez certains de nos diplomates, une inquiétude feutrée mais perceptible tend à se propager, quant aux risques d'isolement de la France[69]. »

Mais il demeure ancré dans son analyse et dans ses convictions :

« Je ne suis pas pacifiste mais défavorable à la guerre quand elle ne s'avère pas nécessaire[70]. »

Relations avec l'Afrique

Jacques Chirac a toujours eu un regard particulier pour le monde africain et dit son amour pour l'Afrique :

« J'ai toujours considéré que nous avions vis-à-vis de l'Afrique un devoir particulier de solidarité, en raison non seulement de notre histoire commune, mais aussi de tout ce que ces peuples ont apporté à l'histoire de l'humanité. En quelques décennies, grâce à quelques hommes d'exception comme Léopold Sédar Senghor, Abdou Diouf et Nelson Mandéla, le continent africain a fourni au reste du monde des exemples admirables de courage, de sagesse et de dignité[71]... »

Parallèlement, il a souvent affirmé la nécessité, pour la France et pour l'Europe, d'entretenir avec le continent africain des relations basées sur le partenariat et le respect mutuel :

« Moi, je suis de ceux qui croient en l'Afrique et qui ne pensent pas que l'Afrique est marquée par une sorte de fatalité qui résumerait son avenir à la misère, la famine, les conflits, les maladies. Je crois que c'est un cliché bien superficiel, qu'en vérité, déjà, depuis quelques années, sans qu'on ne l'apprécie encore bien, un peu comme une plante qui commence à pousser hors du sol, l'Afrique a fait des progrès sensibles. Elle les a faits en matière de gestion des affaires. C'est une région qui a accédé à l'indépendance de façon relativement tardive, c'est une période de son histoire, et qui, par la force des choses, à connu des difficultés d'adaptation en termes de gestion[72]. »

Depuis le début de son mandat présidentiel, Jacques Chirac a fait de l'Afrique l'une de ses priorités diplomatiques, insistant pour l'associer aux grandes réunions internationales, du G8 en particulier. Il s'est préoccupé de la réduction de la dette, de la déforestation, de l'écologie, du développement, de la qualité de l'eau. Le 18 juillet 1996, il exprime sa confiance en l'avenir au Parlement congolais de Brazzaville :

« C'est un encouragement à la démocratie et au développement, fait de compréhension, de tolérance et de mesure, vertus fondamentalement africaines, un message aussi de solidarité, de confiance et d'espoir que je suis venu vous apporter au nom de la France. Que ne dit-on pas sur l'Afrique ! Depuis quelques années, un pessimisme complaisant s'affiche, prétexte facile au désengagement des pays riches. On voudrait accuser l'Afrique de tous les maux pour donner du confort à son propre égoïsme. C'est justement ce contre quoi la France se bat aujourd'hui. Finissons-en avec les descriptions apocalyptiques de l'Afrique ! Regardons devant nous, au-delà de l'horizon immédiat. Nous voyons une Afrique pleine de promesses, mais aussi une Afrique qui doit surmonter les graves difficultés qu'elle connaît mais elle le peut. C'est que l'Afrique n'en finit pas de payer son tribut à l'Histoire[73]. »

Un discours qui, d'ailleurs, préfigure la loi tendant à la reconnaissance de la traite et de l'esclavage comme crime contre l'humanité, adoptée en mai 2001 :

« Il est temps que l'Occident et l'Afrique acceptent de regarder ensemble leur passé commun, aussi douloureuses qu'en soient certaines pages. La dignité des uns et des autres passe par la reconnaissance d'une histoire que l'Occident ne doit plus ignorer ni taire, celle de la déportation de millions et de millions d'Africains pendant près de trois siècles et demi. Pour du sucre et du café, des Européens et des Africains ont accepté d'arracher à leurs terres et à leurs familles des hommes libres, contraints à traverser les océans pour aller travailler jusqu'à la mort dans l'esclavage le plus dégradant. Notre culture et notre histoire convergent pour briser enfin la chape de silence qui étouffe encore la tragédie de la traite négrière[74]. »

En juin 2002, au cours de la réunion du G7 à Kananaskis (Canada), Chirac se fait l'avocat du NEPAD (New Partnership for Africa's Development) dont l'objectif ultime est de combler le retard qui sépare l'Afrique des pays développés :

« Je crois que nous arriverons à quelque chose de très positif, aujourd'hui et demain, qui sera d'ailleurs le cœur substantiel des débats du prochain G8 sous présidence française, et, dans ce contexte, l'une des questions que nous nous posons, et que la France souhaite voir régler, c'est l'affectation de la moitié des sommes dégagées par les engagements pris à Monterrey d'augmentation de l'Aide publique au développement, la moitié pour l'Afrique.

Je crois que ce serait d'abord légitime, que ce serait raisonnable et juste et que ce serait l'un des signes forts que nous pouvons donner quant à notre volonté de soutenir et de développer cette action qu'on appelle le NEPAD et dont la philosophie consiste, vous le savez, à substituer une politique de partenariat à une politique traditionnelle d'assistance.

Alors, je pense que nous aurons l'accord tel que la France le demande avec beaucoup d'insistance sur ces 50 %. Je ne peux pas vous le garantir encore, nous le saurons demain soir, mais la France sera dans ce domaine très insistante[75]. »

Le 15 février 2007, à Cannes, lors de son dernier sommet France-Afrique, il rappelle les enjeux auxquels le continent africain et la communauté internationale font face :

« Car l'Afrique, dont il ne faut jamais oublier qu'elle est le berceau de l'homme et de l'humanité, est dépositaire de trésors de sagesse et de culture, trésors qui permettent en réalité un autre regard sur la modernité. L'Afrique, on l'a dit, c'est une démographie exceptionnelle, richesse et défi à la fois. Ce sont d'immenses ressources naturelles, porteuses de développement, mais qui attisent, aussi, bien des convoitises. C'est un élan, grâce au dynamisme de ses peuples, mais ce sont également des handicaps hérités de l'histoire. Ce sont des crises, des blessures au flanc même du monde, dont la communauté internationale ne peut détourner les yeux car, aujourd'hui, les désordres régionaux ont souvent des répercussions planétaires. [...] Grâce à la mobilisation et aux talents des Africains, l'Afrique progresse et participe à l'élan du monde. Mais le continent demeure confronté à des défis considérables : politique, écologique, économique et démographique.

Défi politique d'abord. La tragédie du Darfour en est le malheureux témoignage. Je salue votre engagement à tous, à Addis-Abeba. C'est l'honneur de l'Afrique que de refuser la fatalité de cette catastrophe humanitaire qui menace toute la région. La communauté internationale et l'Union africaine se sont engagées. J'appelle tous les belligérants et le gouvernement du Soudan à écouter leur voix. À accepter le déploiement d'une force de paix. À cesser les attaques, à respecter les populations civiles et les personnels humanitaires. À comprendre l'impasse et l'horreur d'une politique du pire et faire ainsi le choix de la réconciliation.

Mais il est d'autres défis. Le défi écologique. La crise environnementale est mondiale. L'Afrique subit plus durement que d'autres l'impact du changement climatique. Elle voit s'aggraver la désertification, la déforestation, la raréfaction des sols arables et des ressources en eau douce. C'est pourquoi je propose à tous les pays africains d'appuyer la création d'une Organisation des Nations Unies pour l'Environnement, capable de mettre en œuvre des politiques efficaces dans ce domaine. Je les appelle à de nouvelles actions exemplaires pour protéger les richesses écologiques irremplaçables dont ils sont dépositaires. Dans cet esprit, la France recommande la poursuite de l'embargo sur l'exploitation des forêts primaires de République Démocratique du Congo aussi longtemps que l'État congolais ne pourra exercer pleinement sa vigilance, ce que je le sais, il a l'intention de faire.

Défi démographique et économique. L'Afrique pourrait voir sa population doubler au cours du prochain demi-siècle. Qui ne comprend qu'au rythme actuel, elle n'est pas en état de garantir seule à tant de nouveaux enfants l'éducation, les soins de santé, l'alimentation et les perspectives d'emploi qu'ils sont en droit d'attendre et d'exiger ? Il appartient à chaque pays africain de décider de sa politique démographique. Mais il est du devoir de l'Afrique et du monde de prendre conscience des enjeux.

Les choix économiques seront capitaux. L'Afrique est riche, mais les Africains ne le sont pas. Le continent détient le tiers des réserves minérales de la planète. C'est un trésor. Mais il ne doit être ni pillé, ni bradé. Pour cela, il faut le concours des entreprises et des pays les plus demandeurs. Il faut plus de transparence et s'inspirer de l'expérience du processus de Kimberley et de l'initiative EITI, à laquelle s'associent la plupart des pays africains. Il faut bâtir une économie qui ne soit pas trop dépendante des matières premières et de leur volatilité, en accroissant la compétitivité des filières agricole ou industrielle, en développant un secteur tertiaire moderne qui s'intègre dans les réseaux mondiaux. [...] Vous le savez, j'aime l'Afrique, ses territoires, ses peuples, ses cultures. Je mesure ses besoins, je comprends ses aspirations. Je sais qu'elle porte en elle un dynamisme exceptionnel. J'ai confiance dans son avenir car j'ai la conviction que l'Afrique nouvelle est en marche[76]. »

Avec son ami Abdou Diouf, ancien président de la République du Sénégal, Chirac, qui n'est plus président, signe en juillet 2012 un article intitulé « Urgence à Tombouctou ». Chirac et Diouf s'élèvent contre l'action des fondamentalismes islamistes qui détruisent des mausolées et mosquées et menacent de brûler les manuscrits anciens conservés à Tombouctou. Ils appellent à une réaction internationale vigoureuse et rapide pour sauver l'Afrique de cette entreprise de mutilation de son passé, de son histoire :

« C'est à Tombouctou aujourd'hui que se joue le combat contre le terrorisme et l'extrémisme, le combat pour l'humanisme, pour la paix, le combat pour la tolérance et le respect. Il y a urgence à agir. Le Conseil de sécurité des Nations unies vient d'adopter une résolution, présentée par la France, exprimant son soutien aux efforts de médiation déployés par la Communauté économique des États de l'Afrique de l'Ouest (Cédéao) et l'Union africaine en vue du rétablissement de l'ordre constitutionnel. C'est un premier pas, mais il faut aller plus loin. Le Mali ne doit pas être abandonné à son sort[77]. »

Relations avec Israël

Les relations entre Chirac et Israël n'ont jamais été simples. Le 22 octobre 1996, Chirac accomplit son premier voyage en Israël. Habitué à serrer des mains, à aller au contact de la foule, il se trouve pris en tenaille entre la police et l'armée israelienne qui l'empêchent d'aller saluer la population palestinienne. Chirac pousse alors ce désormais célèbre « coupe de gueule » qui lui vaudra une formidable popularité dans les pays arabes :

« What do you want ? Me to go back [...] to France ? This is not a method, this is a provocation[78] ! »

Sans rompre avec l'Autorité palestinienne, et son droit à un État reconnu, il a voulu défendre aussi celui d'Israël à vivre en sécurité, cherchant pour la France un rôle de médiation dans le conflit israélo palestinien :

« Cette paix et cette sécurité que nous souhaitons si fortement pour Israël, pour les Palestiniens, pour toute la région, ne seront obtenues qu'à travers un règlement négocié fondé sur le droit international [...]. L'objectif doit être, en tout état de cause, la création, aux côtés d'Israël, d'un État palestinien viable [...]. La France [...] appelle Israël à tenir tous ses engagements, notamment en ce qui concerne l'arrêt des implantations de colonies. La France appelle aussi l'Autorité palestinienne à prendre sans tarder les mesures indispensables pour lutter résolument contre les groupes radicaux qui pratiquent le terrorisme et contestent la légitimité d'Israël[79]. »

Malgré ses efforts pour se présenter comme un acteur neutre et son insistance sur le droit d'Israël à se défendre, en 2006 lors de la guerre du Liban, la France, par la voix de son Président, a formulé de sévères critiques de l'offensive israélienne contre le Hezbollah, qu'elle a jugée disproportionnée :

« Il faut bien que les Libanais se rendent compte qu'il n'y a pas d'État qui puisse exister, surtout pas d'État démocratique, si le gouvernement n'a pas la pleine autorité sur l'ensemble de son territoire et s'il laisse librement des milices armées qui prennent leurs instructions on ne sait pas d'où, on ne sait pas de qui et qui peuvent, du jour au lendemain, créer des situations dans le genre de celles que nous avons vues aujourd'hui[80]. »

Grâce à Chirac, la France a cependant réussi à maintenir le dialogue avec Israël et à jouer un rôle de médiation entre Israël et le Liban. Elle a également occupé une place centrale dans les discussions à l'ONU concernant la Résolution 1701 du 16 août 2006 du Conseil de sécurité des Nations unies appelant au cessez-le-feu et en particulier « la cessation immédiate par le Hezbollah de toutes ses attaques » et « la cessation immédiate par Israël de toutes ses opérations militaires offensives ».

Relations avec la Chine

Lorsque Chirac devient président de la République, s'ouvre en Chine une nouvelle ère politique avec le retrait progressif du pouvoir de Deng Xiaoping et l'ascension de Jiang Zemin. Chirac en profite pour insuffler aux relations franco-chinoises un caractère exemplaire. Elles vont connaître une forme de consécration culturelle avec le lancement, en 2003, des « années croisées » à l'initiative de Chirac. Simultanément, de nombreuses expositions sont organisées dans les deux pays. Cette diplomatie culturelle renforce la coopération qui ne cesse de se développer entre la Chine et la France. Lors de son premier voyage officiel en tant que président de la République, en mai 1997, devant les étudiants de l'École nationale d'administration chinoise à Pékin, Chirac aborde la délicate question de la protection des droits de l'homme :

« La modernisation de la Chine ne pourra se faire sans un renforcement de l'État de droit, ainsi que le disait Deng

Xiaoping, en ouvrant, il y a déjà vingt ans, un nouveau chapitre de votre longue et riche histoire […]. Au moment où la Chine s'ouvre au monde, l'affirmation de l'État de droit est la condition de la confiance des opérateurs internationaux.

Mais l'État de droit, c'est aussi la protection légitimement accordée à chacun contre l'arbitraire[81]. »

En octobre 1999, Jiang Zemin effectue un voyage officiel en France. Lors du dîner d'État à l'Élysée, Chirac revient sur cette question des droits de l'homme :

« Nous constatons l'émergence du citoyen chinois dans un État de droit qui se forme peu à peu par la rencontre de vos traditions nationales et des principes universels qui ont vocation à s'appliquer partout et sans exception dans le monde. La poursuite de ce processus nous tient à cœur. Nous avons donc engagé, sur tous ces sujets, un dialogue constructif sur les droits de l'homme qui a prouvé son utilité et qui se prolonge dans la coopération juridique et humanitaire.

S'ouvrir sur le monde en restant soi-même : telle est l'ambition qui nous anime et doit nous permettre de débattre de nos visions de l'homme et de ses droits[82]. »

Au cours de ses différents mandats, Chirac a effectué quatre visites officielles en Chine. Il y revient en 2009, alors qu'il a quitté le pouvoir, pour recevoir le titre de « docteur honoris causa » de l'Institut des hautes études diplomatiques de Pékin. Évoquant le rôle et la place de la Chine dans le concert des nations, il déclare :

« Le monde a besoin de la Chine. Le monde a besoin de sa sagesse. Il a besoin de son engagement. Il a besoin de l'affirmation sereine et constructive de son rôle dans la communauté des nations. Car la Chine incarne depuis toujours une puissance d'équilibre, fondée sur un rapport au temps qui privilégie l'action et la pensée à long terme ; un rapport au temps qui devrait nous inspirer et nous guider dans la reconstruction du système international[83]. »

Relations avec le Japon

À 21 ans, Jacques Chirac fait son premier voyage au Japon. Commence une passion qui ne le quittera plus. Le 18 novembre 1996, en voyage au Japon, il raconte :

« Le choc esthétique ressenti devant votre statuaire bouddhique m'a tout naturellement conduit à vouloir connaître les autres aspects de votre civilisation. À cette époque, j'ai découvert avec bonheur le Man-Yo-Shu, ce monument de votre littérature classique que je relis régulièrement et que j'ai voulu voir traduit entièrement en français, ce qui est maintenant fait [...].

J'ai étudié avec passion les mythes fondateurs de l'archipel et ses grandes épopées.

J'ai été séduit par la virtuosité de vos potiers, par l'élégance de votre architecture, par l'harmonie de vos jardins, par le raffinement esthétique et la sensibilité de votre théâtre, par la variété et la finesse de votre cuisine, par le rituel des lutteurs de sumo.

Ainsi est née ma passion pour le Japon, une passion entretenue par mes très nombreuses visites dans votre pays[84]. »

Au cours de ce voyage, il appelle à un renforcement des relations économiques et politiques entre la France et le Japon :

« Sachons développer une relation à la mesure du rayonnement de nos cultures, du poids de nos économies, de la qualité de nos savoir-faire. Une relation ouverte, confiante et dynamique. Une relation privilégiée, au bénéfice de nos deux pays mais aussi au bénéfice de l'Asie et de l'Europe.

Le Japon et la France doivent conjuguer leur capital d'influence et contribuer ensemble à l'émergence d'un nouvel ordre mondial qui soit à la fois plus juste et plus sûr. Ensemble, ils doivent traiter les grands problèmes de notre temps[85]. »

En 2005, à Tokyo de nouveau, il peut se féliciter du chemin parcouru dans la coopération franco-japonaise :

« D'ores et déjà, tant les entreprises françaises présentes au Japon que les entreprises japonaises installées en France rencontrent un succès exceptionnel. Grâce à leur dynamisme, le Japon et la France sont devenus l'un pour l'autre des partenaires économiques de premier plan. 400 entreprises japonaises sont implantées en France. 500 entreprises françaises sont actives au Japon. Sur les quatre dernières années, les entreprises françaises se sont hissées, dans tous les secteurs d'activité, au tout premier rang des investisseurs étrangers au Japon […].

Pour développer ces partenariats, notre premier atout est que les entreprises japonaises et françaises ont fait l'effort nécessaire pour étudier et comprendre leur pays d'accueil, en respecter la culture, l'âme, et s'adapter à ses mentalités.

Le second est que nos entrepreneurs ont appris à travailler ensemble, mettant progressivement au point une véritable "méthode franco-japonaise". Cette méthode privilégie les "alliances", à l'image de celle, aujourd'hui si symbolique et fructueuse, qui existe entre Nissan et Renault. Là où trop souvent le rapprochement de deux entreprises signifie la disparition de l'une des deux, nous avons ouvert une nouvelle voie qui s'attache à maintenir l'identité de chacune, en même temps qu'elle lui fait profiter de l'expérience et du savoir-faire de l'autre[86]. »

Relations avec la Russie

Chirac a appris le russe dans sa jeunesse. En 1997, dans un discours prononcé à Saint-Pétersbourg devant les jeunes de l'université, il revient sur les raisons de son attachement à la langue russe et raconte avec humour comment il n'est pas devenu traducteur d'Onéguine :

« J'avais 13 ou 14 ans et j'étais passionné par l'Asie, notamment par l'Inde. Je m'étais mis dans la tête d'apprendre le sanscrit. Je cherchais naturellement quelqu'un pour me l'apprendre – ce n'était pas facile – lorsque j'ai appris qu'un vieux monsieur Russe, à Paris depuis longtemps où il avait fait tous les métiers, pouvait enseigner le sanscrit. Je suis donc allé le voir et il a commencé à m'apprendre le sanscrit. Cela a duré deux mois. Parce qu'au bout de deux mois, il m'a dit : "tu sais, d'abord tu n'es pas doué et ensuite cela ne sert à rien d'apprendre le sanscrit. Alors si tu veux vraiment apprendre quelque chose, tu ferais mieux d'apprendre la plus belle langue du monde : le russe, et je vais te l'apprendre". [...] Ce M. Belanovitch m'a appris à parler quand j'étais jeune. Il m'a initié à la littérature russe, superbe s'il en est, servie par une langue extraordinaire, dans laquelle on trouve toutes les émotions et toutes les passions, toutes les intonations aussi qui sont celles à la fois du cœur et de l'esprit. Il m'a notamment appris à lire Pouchkine, ce qui m'a amené à faire effectivement une traduction de Eugène Oneguine.

Une traduction d'ailleurs – je devais avoir 19 ans – que j'avais envoyée à plusieurs maisons d'édition pour qu'elles la publient. Je me faisais des illusions. Je l'avais envoyée à une douzaine de maisons d'édition importantes, la moitié m'avait répondu que cela ne les intéressait pas, l'autre moitié ne m'avait pas répondu.

En 1974, j'ai été nommé Premier ministre, alors, j'ai immédiatement reçu un coup de téléphone d'un Monsieur qui était le dirigeant des Presses universitaires de France, une grande maison française. "Ah ! Qu'il m'a dit, Monsieur le Premier ministre, nous venons de découvrir une extraordinaire traduction de Eugène Onéguine, nous voudrions naturellement la publier. Je ne sais pas pourquoi on ne l'a pas publiée avant, mais si vous pouviez nous faire quelques pages d'introduction nous expliquant l'histoire, alors nous serions heureux de la publier." Je lui ai dit : "Écoutez, cher Monsieur, vous n'avez pas voulu quand j'avais 20 ans, vous ne l'aurez pas aujourd'hui, parce que je suis Premier ministre." C'est comme cela que ma carrière dans le domaine de la traduction littéraire s'est interrompue[87]. »

Le 28 août 1991, Chirac publie un article dans Le Monde *intitulé « L'après URSS » :*

« Le peuple de Moscou en se soulevant contre les chars de l'armée rouge et du KGB, vient d'annoncer la fin et du communisme et de l'après-guerre. Les conséquences de cette victoire seront capitales pour l'URSS elle-même, pour l'Europe et pour le monde [...]. Dès lors, le partage du monde en deux superpuissances, chacune porteuse d'une idéologie à vocation universelle, est révolu. L'État qui succédera à l'URSS ne sera pas communiste. Les régimes crypto-communistes encore en charge en Europe (Yougoslavie, Bulgarie, Roumanie), ou ici ou là à travers le monde (Cuba, Vietnam, Corée du Nord) vont se trouver extraordinairement isolés, la Chine constituant un univers à part qui mêle un système étatique centralisé inspiré du communisme à une économie qui, de plus en plus, est décentralisée et partiellement capitaliste [...]. L'État soviétique dans sa forme actuelle va disparaître tout simplement parce que sa seule légitimité – qui était le communisme – vient de disparaître avec le putsch raté. Cela veut dire concrètement que l'avenir de cet immense empire multinational et de nature coloniale passera désormais par les Républiques et par les rapports de force et de coopération entre celles-ci[88]. »

En septembre 1997, le Président Jacques Chirac fait une visite à Moscou. Lors de son allocution au Kremlin, il évoque les relations franco-russes, mais aussi la place de la Russie en Europe et dans le monde :

« Russes et Français, nous entretenons une forte tradition de coopération.

Coopération culturelle bien sûr. Les échanges entre nos universités, nos centres de recherche, nos musées, ont résisté à notre éloignement. Ils connaissent aujourd'hui un développement remarquable et je m'en réjouis. C'est ce chemin, celui de l'esprit, de la culture, de la jeunesse, qu'emprunte d'abord l'amitié entre deux peuples.

Coopération scientifique aussi dont témoigne, avec éclat, dans le domaine spatial, la participation de la France à vos programmes de vols habités [...]. Coopération économique désormais [...]. Ce doit être une forte priorité pour nos deux pays. Au moment où la Russie se modernise et s'ouvre, et consent pour cela d'immenses efforts, la France se tient à vos côtés [...].

Cet avenir que nous devons construire ensemble, c'est aussi celui de l'Europe. La Russie doit être un partenaire privilégié de l'Union européenne. Un accord de partenariat et de coopération existe entre votre pays et l'Union. La France veillera à ce que sa mise en œuvre soit exemplaire, toutes ses perspectives exploitées. Ainsi la Russie et l'Union européenne pourront-elles développer une véritable coopération, multiplier leurs échanges, partager succès et prospérité. Bref, nouer une solidarité pour, un jour, s'associer.

L'adhésion l'an passé de la Russie au Conseil de l'Europe consacre l'ancrage de la démocratie dans votre pays [...].

Enfin, l'Acte fondateur, signé le 27 mai à Paris entre la Russie et l'Otan et qui fut pour vous, cher Boris Nicolaïevitch, un grand succès personnel, ne doit pas être perçu comme un aboutissement. Il doit être, et son nom l'indique, le point de départ d'une évolution continue, profonde et positive en Europe. Il doit être la pierre d'angle de la confiance, de la coopération et de la paix sur notre continent. Vous pouvez compter sur la France pour donner toute son ampleur à ce partenariat pour la sécurité[89]. »

Le 2 juillet 2001, en voyage officiel à Moscou, il insiste sur l'amitié franco-russe :

« J'éprouve un grand plaisir à me retrouver ici. Parce que ma visite s'enracine dans une amitié profonde entre nos deux pays et entre nos deux peuples. Mais aussi parce qu'elle s'inscrit dans la poursuite d'une grande ambition pour notre continent, ambition à laquelle la Russie, comme la France, apporte une contribution irremplaçable.

Notre amitié fait écho à de nombreux rendez-vous de l'histoire. Elle illustre l'inclination naturelle des Français pour les Russes et des Russes pour les Français. Je laisse aux historiens le soin d'en déterminer l'origine millénaire. Plus simplement, il s'agit d'un élan du cœur et de l'esprit que l'épreuve du temps n'a jamais démenti[90]. »

Après avoir remis à Vladimir Poutine en 2006 la grand-croix de la Légion d'honneur, Jacques Chirac reçoit à Moscou, le 12 juin 2008, le prix d'État, décoration russe la plus élevée :

« Passé le temps des idéologies, la Russie est engagée sur la voie de la démocratie. Une mission historique et difficile dont le résultat suscite respect et admiration tant le chemin parcouru est impressionnant [...]. Sans la Russie, l'Europe serait mutilée[91]. »

Relations avec l'Amérique latine

En 1996 la France, sous le patronage de l'Unesco, organise une rencontre internationale des communautés amérindiennes. Une réception est donnée à l'Élysée en faveur des participants, occasion pour Jacques Chirac de rendre hommage à la civilisation amérindienne et de s'interroger sur la dette contractée par l'Europe envers l'Amérique du Sud :

« Durant des millénaires, les grandes civilisations de l'Amérique se sont développées à l'écart du reste du monde. À ce titre, elles représentent une expérience originale dans l'histoire de l'humanité. Sur toute l'étendue du continent américain, elles ont accumulé des savoirs elles ont inventé des manières de vivre dont on ne trouve l'équivalent dans aucune autre société.

Mayas, Aztèques, Incas, Taïnos-Arawaks, et tant d'autres sociétés et civilisations, des montagnes et des côtes, des glaces ou des tropiques, ont écrit cette histoire de l'humanité de l'autre côté de l'Atlantique. Pour leur malheur, l'européocentrisme, qui nous a si longtemps caractérisé, devait ignorer ou mépriser les cultures qui s'étaient épanouies loin de l'Europe. Une échelle des valeurs s'est peu à peu imposée, qui mesurait la beauté et l'émotion à l'aune de la proximité avec les racines méditerranéennes.

Cette manière de voir le monde et l'Histoire est aujourd'hui heureusement révolue.

Une interrogation reste toutefois d'actualité : comment pouvons-nous intégrer des cultures que nous avons si longtemps rejetées ou que nous avons tenté de détruire ? Notre dette morale est-elle donc si pesante que nous ne puissions composer avec ces civilisations le paysage culturel de demain, intégrant la diversité de nos patrimoines[92] ? »

En mars 1997, Jacques Chirac se rend en Amérique du Sud. Rappelant que la latinité l'unit à l'Europe et s'appuyant sur les liens historiques forts entre les deux continents, il entend renforcer le dialogue politique et la coopération entre la France et les pays du Mercosur.
Le 12 mars, il est reçu par le président brésilien, Fernando Henrique Cardoso :

« Vous savez, il y a trente-trois ans, le général de Gaulle a fait un grand voyage ici et finalement les résultats n'ont pas été ceux que l'on pouvait escompter. Pourquoi ? Simplement parce que la France et l'Europe, traumatisées par la Deuxième Guerre mondiale, avaient mobilisé toutes leurs énergies pour régler leurs problèmes internes, leurs problèmes européens. Et qu'au total, elles ont un peu abandonné leur vocation à avoir des liens privilégiés avec l'Amérique du Sud, des liens privilégiés qui tiennent à la culture, qui tiennent à l'intérêt, à nos origines, qui tiennent au sentiment d'amitié à tout ce qui nous a inspirés en termes d'humanisme, en termes de respect de l'homme, des libertés de la justice, du bien-être.

Et puis aujourd'hui, on s'aperçoit que les uns et les autres, nous sommes indissociables, sans même que l'on en ait tout à fait conscience, les faits se sont imposés [...] les liens qui existent entre nos économies sont des liens incontournables et de surcroît fondés sur les liens du cœur et de la culture, c'est-à-dire avec de véritables racines et non pas simplement l'intérêt immédiat.

À l'occasion de ce voyage, ce que j'ai voulu essayer exprimer, c'est la volonté de l'Union européenne d'être à nouveau présente et de recevoir à nouveau l'Amérique latine et le Mercosul en particulier. Et notamment cette grande puissance, ce très grand peuple qui est, et qui sera de plus en plus l'un des premiers du monde, sur le plan économique comme sur le plan politique et culturel, et qui est le Brésil dont la vocation est d'être l'un des leaders, l'un des quelques leaders de notre planète réorganisée dans un système multipolaire, je l'espère serein, et permettant d'éviter les guerres[93]. »

En Bolivie, le 15 mars, il reçoit le « Grand Condor », décerné depuis 1925 pour un « mérite civil ou militaire exceptionnel ». Son discours à La Paz, est pour partie consacré à l'aide française au développement :

« Nous devons veiller à ce que la mondialisation ne laisse aucun pays à l'écart et profite à tous [...]. La France, avec d'autres, a obtenu que l'Union européenne reste, et de très loin, le premier contributeur d'aide publique au développement dans le monde et notamment en Amérique latine. Elle poursuivra dans cette voie.

Savez-vous que sur l'ensemble de votre région, l'Amérique Latine, au cours des cinq dernières années, l'aide de la seule Union européenne a représenté 14 milliards de dollars, soit plus des deux tiers de l'aide au développement totale à destination de l'Amérique latine ? Ce n'est que légitime.

Et savez-vous que la France contribue à plus de 20 % à ces aides européennes ? La France veillera à ce que cet effort soit poursuivi. Oui, l'Europe et la France sont et seront vos grands partenaires pour le développement de votre superbe pays[94]. »

Quelques jours plus tard, en Argentine, il évoque la future « vie commune » de la France avec les pays d'Amérique latine :

« Le général de Gaulle [...] avait eu cette fameuse expression : "*la mano en la mano*", mais on n'avait pas vraiment donné de suite. Il avait eu comme toujours une espèce de vision de l'avenir. C'est vrai que les pays d'Amérique latine et les pays de l'Europe sont faits pour marcher la main dans la main pour l'avenir. Et je serai, croyez-le bien, vigilant pour que les relations, si bonnes, qui sont les nôtres, que les accords que nous avons passés, que les engagements que nous avons pris, soient réellement suivis d'effets et ne soient pas seulement un moment de circonstance ou un geste diplomatique. C'est un effort en profondeur, qu'ensemble nous devons faire pour aborder aux rives du prochain millénaire mais surtout pour aborder la suite de notre vie commune[95]. »

Chirac est à l'origine, avec le président brésilien Lula, du mécanisme Unitaid, organisé pour financer l'achat de médicaments contre les grandes pandémies comme le sida via une taxe sur les billets d'avions. Interrogé sur cette initiative, il insiste sur son caractère novateur :

« Au-delà de son mode de financement, la nature même d'Unitaid est révolutionnaire : agir sur les mécanismes du marché, en amont plutôt qu'en aval, voilà qui a véritablement permis de grandes avancées. Si, aujourd'hui, la santé est l'un des Objectifs du millénaire en voie d'être réalisé, c'est en partie à Unitaid qu'on le doit[96]. »

En mai 2006, Chirac se rend de nouveau au Brésil et au Chili pour renforcer les liens politiques et économiques. Il fait le choix de s'adresser aux journalistes conjointement avec le président Lula pour mieux signifier les liens qui unissent la France au Brésil :

« Je rappelle que le Brésil est notre premier partenaire commercial en Amérique latine. Qu'il y a quelque 500 entreprises françaises qui emploient 250 000 personnes au Brésil et que nous nous situons au 4e rang des investisseurs étrangers au Brésil. Le Brésil est également notre premier partenaire en Amérique latine pour la coopération culturelle, scientifique et technique. Avec ses 74 implantations et ses 30 000 élèves, le réseau des alliances françaises au Brésil est le plus dense et le plus important du monde. La dimension américaine de la France est par ailleurs reconnue par le Brésil : nous avons 700 kilomètres de frontière commune par la Guyane avec le Brésil et nous sommes soutenus par le Brésil pour ce qui concerne la présence en tant qu'observateur dans l'Organisation du traité de coopération de l'Amazonie[97]. »

4

Portraits

Hommes politiques français

Le général de Gaulle

Longtemps, le Général a été, pour Chirac, une figure mythologique, « au même titre que Vercingétorix ou Jeanne d'Arc[1] » :

« Plus le temps passe, plus la figure du général de Gaulle grandit. Il domine notre histoire. Il a incarné la France dans ce qu'elle a de meilleur. Son message moral et politique – et, en cela surtout, il est unique – nous offre la plupart des clés de notre avenir[2]. »

Et, à l'heure du bilan politique, c'est à lui que Jacques Chirac rend hommage :

« De Gaulle, c'était un bâtisseur. À la Libération, il rétablit la République, assura la concorde civile, remit en marche l'industrie et les forces vives du pays. Il fit entrer la France dans la modernité en accordant enfin le droit de vote aux femmes. Il donna une nouvelle vigueur à notre idéal de solidarité en mettant en place la Sécurité sociale qui fait partie de notre identité[3]. »

Rares sont ceux qui, comme lui, ont su honorer deux rendez-vous avec l'histoire :

« En 1958, après douze ans de désordre institutionnel, dans les convulsions de la guerre d'Algérie, c'est lui qui sauva à nouveau la République. Il mit fin à la guerre et mena à bien la décolonisation en créant un lien nouveau, qui dure encore, avec les pays de l'ancien Empire. Il donna au pays sa Constitution actuelle, à la fois stable et souple, qui fonde la légitimité du président de la République sur le suffrage universel. Il créa les conditions de l'industrialisation des années 1960, qui fit à nouveau de notre pays une grande nation économique.

Enfin, de Gaulle rendit à la France son rang dans le monde. D'abord en dotant notre pays d'une force de dissuasion qui garde toute son actualité, et sans laquelle l'indépendance de notre pays ne serait qu'un mot. Et puis, lui qui l'avait tant combattue, il choisit la réconciliation avec l'Allemagne et jeta les bases de la construction européenne. Il créa les conditions d'une nouvelle politique internationale pour la France et fit entendre sa voix dans le monde, par les valeurs universelles qu'elle porte, les solidarités qu'elle cultive sur les cinq continents[4]. »

À ses successeurs, Chirac désigne le message du général de Gaulle comme une source d'inspiration :

« C'est, je crois, dans la fidélité à cette conception du rôle de la France que j'ai construit la réponse de notre pays à la mondialisation : la recherche d'une gouvernance mondiale qui soit fondée sur des valeurs et non pas sur les seuls intérêts économiques ; l'importance des peuples, indépendants et souverains, qui doivent être respectés ; le refus de l'usage unilatéral de la force dans un monde qui doit être régi par le droit et la solidarité ; la diversité conçue comme une richesse ; le refus du choc des civilisations et la nécessité du dialogue des cultures[5]. »

« Habité par sa fonction au point de se confondre avec elle »…

« [il] personnifiait l'État dans ce qu'il a de plus fort, de plus élevé et de plus exigeant […]. L'État était une véritable mystique pour de Gaulle […]. Si son modèle reste écrasant et naturellement inimitable, j'ai toujours jugé essentiel de m'y référer et de m'en inspirer[6]. »

… il se tenait éloigné des querelles de partis :

« De Gaulle n'était ni de droite, ni de gauche, ni libéral, ni dirigiste ; il choisissait empiriquement la voie qui lui paraissait la meilleure. Le gaullisme est un pragmatisme… de haut étage[7]. »

Georges Pompidou

Chirac apparaît en politique d'abord comme le fils spirituel de Georges Pompidou, pour lequel il a toujours proclamé son admiration et sa fidélité :

« [Il] a compté pour moi, sur le plan personnel et celui de ma formation politique, plus que le Général de Gaulle parce que je l'ai mieux connu […]. À mes yeux, il symbolisait la France aussi bien que de Gaulle […]. Celle de Georges Pompidou était, sans doute, plus concrète, plus immédiate, plus charnelle, tout imprégnée de valeurs paysannes, à la fois profondément ancrée dans la tradition et foncièrement ouverte à la modernité sous toutes ses formes[8]. »

C'est d'abord le profond humanisme de Georges Pompidou, son ouverture à la diversité des cultures que Jacques Chirac retient comme un exemple :

« Il ne portait pas sur lui le poids de l'Histoire, mais son enracinement dans la terre de France, l'humanisme dont il était pétri, la culture vaste et éclectique qu'il avait acquise, alliée à une intelligence exceptionnelle, lui ont permis d'assurer la difficile succession du Général en imprimant sa marque sur le fonctionnement des institutions. Homme de tolérance et de mesure, il sut démontrer que ces institutions n'étaient pas simplement faites pour des temps héroïques, mais qu'elles offraient au pays une chance durable d'équilibre et de stabilité[9]. »

Le dialogue des cultures, la complémentarité des civilisations vont devenir l'une des lignes de force de l'action internationale de Chirac lorsqu'il sera à l'Élysée. Sur ce point, l'influence de Pompidou sur Chirac fut encore une fois déterminante :

« S'il est un aspect de la personnalité de Georges Pompidou et de ses qualités d'homme d'État qui me touche plus encore que tout autre, c'est précisément le regard d'humaniste qu'il portait sur le monde. Un regard soucieux d'appréhender la diversité des cultures, curieux de l'entrecroisement croissant, du métissage inévitable et salutaire des sociétés contemporaines[10]. »

D'une manière plus générale, Pompidou incarne auprès de Chirac la place essentielle qu'occupe la culture dans l'équilibre d'une société :

« Il pressent, tout comme Malraux, que notre société, trop individualisée, société froide des techniques triomphantes, aura besoin tôt ou tard de retrouver cette connaissance des âmes que seule peut offrir la culture[11]. »

Certains de ses biographes se plaisent à faire apparaître Chirac comme un personnage sans conviction, prêt à tous les reniements. La vérité, sans doute, est plus complexe. Tout en conservant ses convictions ancrées en son for intérieur, auprès de Pompidou Chirac a perdu toute trace de dogmatisme :

« Georges Pompidou était un paysan, un humaniste, un intellectuel. Il avait puisé dans le Cantal de fortes racines et à Normale Sup les ingrédients d'une personnalité d'élite. Dans sa jeunesse il s'était situé plutôt à gauche. Il en avait gardé la conviction que le progrès social était la seule justification de l'évolution économique… Il m'a légué entre autres une certaine aversion pour les controverses idéologiques. Il était essentiellement un pragmatique. Donc inclassable[12]. »

Le 5 avril 1974, lors de la messe de funérailles du Président, à Notre-Dame, il est manifestement très ému. La dette qu'il a contractée auprès de son père en politique, Chirac ne l'oubliera jamais :

« Je ne serais pas tout à fait celui que je suis devenu si la vie ne m'avait réservé la grâce d'une rencontre qui m'a enrichi et révélé moi-même. Plus encore qu'un père spirituel, Georges Pompidou a représenté pour moi un modèle. Une référence supérieure qui n'a cessé de m'inspirer quand je me suis trouvé, à mon tour, confronté à l'exercice du pouvoir[13]. »

Et c'est à lui que Chirac rendra d'abord hommage lorsqu'il prendra ses fonctions de Premier ministre, quelques années plus tard :

« Le 2 avril dernier, Georges Pompidou est mort, laissant au monde l'exemple admirable de son sacrifice au service de la France. Pendant plus de dix ans, il avait, d'abord comme Premier ministre du général de Gaulle, puis comme chef de l'État, conduit notre pays sur la voie du progrès. Vous comprendrez que je tienne, au moment où je viens me présenter devant vous pour la première fois dans les fonctions de chef du Gouvernement, à lui rendre avec émotion, respect et reconnaissance l'hommage qui lui est dû.

D'abord, pour des raisons personnelles, parce que c'est lui qui m'a formé, amené à la vie politique, inculqué le sens du devoir et de l'État.

Ensuite, parce que les Français peuvent être fiers de l'œuvre accomplie depuis quinze ans et dont nous lui sommes redevables pour une part importante. Par-delà les querelles et les polémiques, nos petits-enfants apprendront en effet dans leurs livres d'histoire que cette période fut une de celles où la France, sortant de la confusion et du désarroi, a retrouvé avec enthousiasme sa dignité et sa grandeur[14]. »

Valéry Giscard d'Estaing

J'interroge Chirac sur ses relations avec Giscard :

« Elles n'ont pas été excellentes, je n'ai jamais compris sa psychologie[15]. »

Le fossé qui sépare Chirac de Giscard ne s'est jamais comblé :

« La communication a toujours été difficile entre Giscard et moi, avant de devenir quasi impossible à la fin de son septennat, tant j'ai du mal à comprendre ses réactions, ses façons d'être et sa psychologie[16]. »

Chirac me raconte avec délectation l'histoire de Giscard et l'ordre de Cincinnati :

« J'étais Premier ministre et un jour Giscard m'a demandé d'intervenir pour qu'il entre dans l'ordre des Cincinnati… Une sorte de confrérie américaine qui, je crois, rassemble les héritiers de ceux qui ont accompagné Lafayette et l'indépendance des États-Unis.

– Pourquoi vous demande-t-il cela ?

– Bernadette connaissait probablement quelqu'un… Je ne sais plus très bien… Je tente une démarche et me heurte à une fin de non-recevoir ferme et définitive. Il avait essayé de son côté mais on lui avait déjà répondu non. Il avait voulu que ma démarche soit faite au nom du gouvernement de la France…

– Quel était son but ?

– C'est du Giscard ! Peut-être faire reconnaître un lien de parenté avec l'amiral d'Estaing.

– Oui, il en a été profondément attristé. Il était président de la République, tu te rends compte[17]… »

Dans La Lueur de l'espérance, *Chirac dresse le tableau d'« une grande bourgeoisie libérale, surtout préoccupée de ses intérêts ». En creux, on y découvre un portrait sans concession de Giscard :*

« L'affaiblissement de la combativité dans une grande bourgeoisie dont les descendants ne possèdent plus ni les qualités ni les défauts de leurs durs ancêtres... [Ils sont] avides d'obtenir réconfort, à la fois par la richesse pieusement entretenue, le plus possibles d'honneurs conquis, et les applaudissements chaleureux des braves gens[18]. »

Dans ses Mémoires, *également, il se souvient :*

« L'homme m'était apparu d'une intelligence et d'une stature exceptionnelles. Mais avec une propension manifeste à considérer que les autres comptent peu[19]. »

« Ce bref séjour commun au fort de Brégançon ne fait que confirmer tout ce qui me sépare d'un président si imbu de ses prérogatives qu'il en arrive à traiter ses hôtes, fût-ce son premier ministre, avec une désinvolture de monarque[20]. »

François Mitterrand

« Les situations équivoques conviennent à M. François Mitterrand comme le deuil sied à Électre[21]. »

Mitterrand est entré en politique à droite puis a progressivement glissé vers la gauche. Chirac a débuté à gauche, sensible aux idées socialistes, il a signé l'appel de Stockholm. Il a évolué vers le gaullisme et la droite, sans jamais d'ailleurs se retrouver totalement dans les idées de la droite française. Portrait fantasmé de l'ennemi :

« L'idée que je me fais de lui à cette époque [1980] est celle, assez banale le concernant, d'un personnage sans foi ni loi, flou, ambigu, foncièrement machiavélique [...]. D'un point de vue strictement politique François Mitterrand est d'abord l'incarnation de tout ce que je combats : non cette gauche humaniste dont je ne me suis jamais senti éloigné, mais une gauche idéologique, dont le programme est à l'opposé de tout ce que je souhaite et espère pour notre pays[22]. »

« François Mitterrand est avant tout, par-dessus tout, un homme léger[23]. »

Des affinités inattendues :

« J'ignorais tout [...] de sa fascination pour le continent asiatique et la Chine en particulier, et il ne me parut pas moins surpris de découvrir tout l'intérêt que je porte à ce peuple. De la brève conversation que nous eûmes à ce propos, je retirai l'impression d'un homme bien plus fin et subtil que celui qu'on m'avait décrit [...][24]. »

Artiste :

« Plus que ses idées, c'est la façon de les mettre en scène que la cohabitation m'a permis d'admirer chez François Mitterrand. “Salut l'artiste !”, m'est-il arrivé de penser en assistant à quelques une de ses prestations[25]. »

Et maître en politique :

« Porté par un sens de l'État et une intelligence politique, indiscutables, François Mitterrand s'est vite identifié à l'autorité souveraine que la Constitution lui octroyait et dont il était toujours prompt et attentif, je puis en témoigner, à affirmer la prééminence qui s'y rattache. Chez lui, la capacité de décision allait de pair, dans sa manière d'être comme de gouverner, avec une maîtrise du temps et un art du détachement qui sont aussi la marque d'un authentique chef d'État. J'en retirai quelques enseignements quant à la meilleure façon de conduire les affaires du pays [...][26]. »

« Le bon geste » :

« En entrant dans la pièce, je marque un temps d'arrêt, étonné de ne pas retrouver le décor habituel. François Mitterrand observe ma réaction de son air malicieux. À mon insu, il a fait réaménager le bureau tel qu'il était quand le général de Gaulle a quitté le pouvoir [...]. François Mitterrand a voulu faire un geste à mon égard, et il a trouvé le bon geste[27]. »

Dans son oraison funèbre, Chirac évoquera, « avec tristesse et émotion », cette relation si ancienne qui les lie :

« Le Président François Mitterrand est mort ce matin. Les Français ont appris avec émotion la disparition de celui qui les a guidés pendant quatorze ans.

Je voudrais saluer la mémoire de l'homme d'État, mais aussi rendre hommage à l'homme, dans sa richesse et sa complexité.

François Mitterrand, c'est une œuvre. Grand lecteur, amoureux des beaux livres, l'écriture était pour lui une respiration naturelle. Sa langue classique fut toujours la traductrice fidèle et sensible de sa pensée.

François Mitterrand, c'est une volonté. Volonté de servir certains idéaux. La solidarité et la justice sociale. Le message humaniste dont notre pays est porteur, et qui s'enracine au plus profond de nos traditions [...].

Mais François Mitterrand, c'est d'abord et avant tout, je crois, une vie. Certaines existences sont paisibles, et égrènent des jours semblables, parsemés d'événements privés. Le Président Mitterrand, au contraire, donne le sentiment d'avoir débordé sa propre vie. Il a épousé son siècle. Plus de cinquante ans passés au cœur de l'arène politique, au cœur des choses en train de s'accomplir [...].

Mais François Mitterrand n'est pas réductible à son parcours. S'il débordait sa vie, c'est parce qu'il avait la passion de la vie, passion qui nourrissait et permettait son dialogue avec la mort. La vie sous toutes ses formes. La vie dans ses heures sombres et ses heures glorieuses. La vie du terroir, la vie de nos campagnes, cette France rurale qu'il a tant aimée, presque charnellement. Il connaissait notre pays jusque dans ses villages et partout, il avait une relation, un ami. Car il avait la passion de l'amitié. La fidélité que l'on doit à ses amis était pour lui un dogme, qui l'emportait sur tout autre. Il suscita en retour des fidélités profondes, au travers des années et des épreuves.

Ma situation est singulière, car j'ai été l'adversaire du Président François Mitterrand. Mais j'ai été aussi son Premier ministre, et je suis, aujourd'hui, son successeur. Tout cela tisse un lien particulier, où il entre du respect pour l'homme d'État et de l'admiration pour l'homme privé qui s'est battu contre la maladie avec un courage remarquable, la toisant en quelque sorte, et ne cessant de remporter des victoires contre elle.

De cette relation avec lui, contrastée mais ancienne, je retiens la force du courage quand il est soutenu par une volonté, la nécessité de replacer l'homme au cœur de tout projet, le poids de l'expérience.

Seuls comptent, finalement, ce que l'on est dans sa vérité et ce que l'on peut faire pour la France.

[…] À l'heure où François Mitterrand entre dans l'histoire, je souhaite que nous méditions son message[28]. »

Aujourd'hui, à l'heure des souvenirs, sur la cheminée de son bureau, Chirac a placé une photo de François Mitterrand président de la République et de lui prise à l'Hôtel de ville de Paris le 26 août 1994. Ce jour-là, Mitterand est venu commémorer le cinquantième anniversaire de la libération de la capitale. Chirac n'est pas encore officiellement candidat à la succession de Mitterrand, mais, c'est une évidence pour tout le monde, qu'il s'y prépare. S'entretenant seul à seul avec Chirac, il fait attendre, volontairement, un long moment Édouard Balladur, le Premier ministre, dont il est clair que lui aussi sera candidat aux présidentielles. Chirac se remémore cet entretien avec le Président :

« Après avoir paraphé le livre d'or […] il m'a glissé en confidence : "C'est votre tour. Vous allez être élu"[29]. »

Édouard Balladur

« C'est comme la poterie ancienne, il supporte les décorations, mais pas le feu. »

C'est ce que m'a dit Chirac au printemps 1995. Nous nous rendions à une réunion au Havre, et il venait d'apprendre qu'un sondage le donnait enfin à égalité avec Balladur pour les prochaines élections présidentielles. Pour la première fois, les courbes de popularité s'inversaient. Il faisait allusion à un proverbe chinois qui dit que les militaires sont comme les poteries anciennes : cela supporte les décorations mais pas le feu.

Alain Juppé

L'homme de confiance, le fidèle de toujours :

« En réalité, sous son aspect parfois rigide, Alain Juppé est un homme d'une profonde sensibilité et d'une extrême pudeur, qui répugne tout autant aux effusions faciles qu'a la moindre démagogie. Il se livre peu. C'est d'ailleurs un de nos traits communs et sans doute une des raisons de cette compréhension mutuelle qui ne s'est jamais démentie[30]. »

Leçon de politique… :

« Il est vrai qu'Alain Juppé peut manquer quelquefois de souplesse et de rondeur dans l'exercice du pouvoir. Ce qui m'amène à lui conseiller affectueusement d'être moins pressé quand il serre les mains par exemple : "Vous ne regardez pas suffisamment les gens dans les yeux. Vous ne prenez pas votre temps pour le faire. Il faut savoir prendre son temps."[31] »

… et de table :

« […] il m'arrive d'appeler ses parents, que je connais bien, pour leur dire : "Alain ne mange pas assez, il est vraiment trop maigre !" Pour y remédier, je l'invite dès que j'en ai l'occasion dans les meilleures brasseries de la capitale[32]. »

Philippe Séguin

Silhouette imposante, Philippe Séguin, c'était une voix singulière, un talent oratoire hors du commun, une intelligence remarquable. C'était aussi un caractère fougueux, colérique, cyclothymique et imprévisible :

« La moindre contrariété, le moindre désaccord pouvaient [le] blesser et soulever chez lui des tempêtes fracassantes qui mettaient du temps à retomber et s'apaiser [...]. Philippe Séguin était ainsi, fougueux, exigeant, passionné, mais imprévisible et incontrôlable. Je ne suis pas sûr, pour tout dire, que sa personnalité fût adaptée à la fonction de Premier ministre, même s'il avait, naturellement, toute la compétence pour l'occuper[33]. »

Philippe Séguin a espéré, en 1995, être nommé Premier ministre. Si Jacques Chirac ne se sent pas suffisamment en harmonie avec lui pour en faire son chef du gouvernement, il reconnaît ce qu'il lui doit :

« Son engagement a beaucoup compté dans le combat commun que nous venons de mener pour faire triompher une certaine idée de la France et du gaullisme à laquelle nous sommes l'un et l'autre attachés. Je lui dois sans aucun doute une grande partie de ma victoire. J'admire sa stature intellectuelle, sa rigueur morale et la force de ses convictions qu'il sait exprimer avec un talent oratoire exceptionnel[34]. »

Lionel Jospin

La cohabitation entre Chirac et Jospin est d'autant plus délicate qu'elle met face à face un Président et un Premier ministre aux caractères opposés :

« J'ai affaire à un type d'interlocuteur dont le style et le langage me sont tout à fait étrangers. Je ne me sens rien de commun avec un dirigeant dont la rigidité intellectuelle, la vision manichéenne de la société, la conception antagoniste des rapports politiques dictent le comportement comme la pensée – sans présumer encore de ce que sera son action. On est loin de la finesse et de la subtilité mitterrandiennes qui n'ignoraient rien de la complexité des êtres et savaient bien se jouer des frontières partisanes[35]. »

Crispé, froid, tendu… Chirac dresse de Jospin un portrait qui est tout à l'opposé du sien :

« Nous nous connaissons à peine. Il a été mon adversaire lors de la dernière élection présidentielle et notre débat télévisé, entre les deux tours, a été aussi courtois que retenu. Je le félicite chaleureusement de son arrivée. Il me remercie, l'air un peu crispé, le sourire froid, restant sur ses gardes comme il m'en donnera l'impression à chacun de nos contacts[36]. »

Jean-Pierre Raffarin

L'homme neuf de Matignon :

« Calme, patient, opiniâtre, astucieux, habile à se ménager des appuis, à organiser des réseaux, Jean-Pierre Raffarin sait avancer sans se mettre en avant, ni paraître déranger personne. Ce n'est pas l'homme des coups d'éclat et de l'arrogance politicienne. Mais celui du travail méthodique, de la volonté sûre, du pragmatisme équilibré. Sa finesse d'analyse va de pair avec une fermeté de caractère que ne laissent pas toujours présager ses apparences de bon vivant, jovial et consensuel. Son arrivée à Matignon illustrera le retour du bon sens, du sens commun, de l'ordre juste et mesuré. La revanche de l'humilité sur la prétention, de la modestie sur la vanité[37]. »

Dominique de Villepin

Chirac voit en Villepin son

« meilleur chef de commandos [...]. Qu'il soit aussi poète à ses heures ne me déplaît pas. À mes yeux, tout ce qui le distingue de la classe politique traditionnelle plaide plutôt en sa faveur, à condition de ne pas en abuser. Il a du souffle, de l'ardeur, du panache, le sens du défi et la passion d'agir. Il se fait une haute idée de la France[38]. »

Surtout, Dominique de Villepin est un homme libre :

« Le phénomène de cour est inhérent, au fonctionnement des entourages. C'est un mal inévitable qui peut devenir fatal si l'on ne dispose pas de solides contre-feux pour en limiter les effets. Homme de caractère comme on en dénombre peu au sein de l'appareil de l'État, inventif, fougueux, stimulant, riche d'une expérience internationale acquise dès sa jeunesse, peu enclin à masquer ses convictions ou à atténuer ses jugements, Dominique de Villepin est un excellent antidote à cet esprit courtisan où la servilité le dispute toujours au conformisme[39]. »

Simone Veil

Les relations politiques entre Chirac et Simone Veil ne sont pas simples à interpréter. Simone Veil ne s'engage véritablement en politique qu'en 1974, lorsque Jacques Chirac, Premier ministre de Valéry Giscard d'Estaing, impose de la faire entrer au gouvernement comme ministre de la Santé. Elle mènera un parcours politique très personnel.

« Mme Simone Veil ferait certainement un très bon Premier ministre [...]. Je connais Simone Veil depuis longtemps [...] et je ne lui ai pas encore découvert de défaut, si ce n'est peut-être le seul défaut de ses qualités : une trop grande conscience[40]. »

En 1995, elle apporte son soutien à Édouard Balladur, pour lequel elle a fait campagne. Pourtant, Chirac a toujours témoigné de la sympathie pour sa personnalité et son itinéraire. Dans son actuel bureau, au milieu de ses souvenirs, figure une photo de Simone Veil.

Nicolas Sarkozy

Même s'il reconnaît en Sarkozy

« l'un des hommes politiques les plus doués de sa génération[41] »,

il est clair qu'il ne lui a jamais accordé sa confiance :

« Philippe Séguin connaît mes réserves concernant la promotion de Nicolas Sarkozy que j'estime à tout le moins prématurée. Mais il a décidé de passer outre [...]. Je retrouve Nicolas Sarkozy tel que je l'ai connu quelques années auparavant : nerveux, impétueux, débordant d'ambition, ne doutant de rien et surtout pas de lui-même[42]. »

En 2004, après sa réélection, Chirac s'interroge sur l'opportunité de désigner Sarkozy aux fonctions de Premier ministre, comme le lui conseillent certains de ses collaborateurs :

« Le fait est que j'ai besoin d'un Premier ministre avec lequel je me sente en complète harmonie et sur lequel je puisse m'appuyer en toute confiance. La confiance ne se décrète pas c'est une nécessité impérative. Or il subsiste trop de zones d'ombre et de malentendus entre Nicolas et moi pour que ces conditions soient pleinement remplies. J'ajoute, et c'est le plus important, que nous ne partageons probablement pas la même vision de la France[43]. »

Ainsi peut-il préciser :

« Il est atlantiste, je ne le suis pas. Il est beaucoup plus libéral que moi sur le plan économique. Il est pour les discriminations positives et j'y suis radicalement opposé[44]… »

À la fin de son second mandat à l'Élysée, Chirac est régulièrement et parfois publiquement critiqué par Nicolas Sarkozy, ministre d'État chargé de l'Économie. À l'occasion de sa traditionnelle intervention télévisée du 14 juillet 2004, Chirac écarte l'idée d'un différend entre lui et Sarkozy pour une bonne raison :

« Je décide, il exécute[45]. »

Aujourd'hui, Nicolas Sarkozy ne semble plus faire mystère de briguer à nouveau la fonction présidentielle pour 2017. Mais le temps n'efface pas les désaccords :

« J'ai toujours su qu'Alain Juppé serait au rendez-vous de son destin et de celui de la France. Peu de chose pouvait me faire plus plaisir, pour moi-même, pour lui et surtout pour notre pays[46]. »

François Hollande

En juin 1981, lors des élections législatives, parachuté en Corrèze, Hollande défie Jacques Chirac dans son fief. Chirac affirme alors que le Parti socialiste a désigné contre lui

« un candidat moins connu que le labrador de Mitterrand[47]. »

Entre 1997 et 2008, François Hollande a été le premier secrétaire du Parti socialiste, et comme tel, s'est souvent opposé à la politique voulue par Chirac et les gouvernements de droite. Mais, le 10 février 2004, ce sont 494 députés qui approuvent le projet de loi sur le port de signes religieux à l'école. Ce consensus politique, reconnaît Chirac,

« n'aurait pu être obtenu sans l'attitude responsable du Parti socialiste et celle exemplaire, de son Premier secrétaire, François Hollande, qui s'est comporté ce jour-là en véritable homme d'État[48]. »

Le 11 juin 2011, devant des journalistes, Jacques Chirac lance ces quelques mots qui font rapidement le tour des médias et qu'il qualifiera par la suite « d'humour corrézien » :

« Sauf si Juppé se présente, je voterai Hollande[49]. »

Le 16 mai 2012, dès le lendemain de son élection à la présidence de la République, Chirac téléphone à François Hollande pour lui adresser ses félicitations :

« Je souhaite, pour vous et pour la France, une très grande réussite[50]. »

Personnalités étrangères

Comme Premier ministre ou maire de Paris, puis comme Président, Chirac a rencontré, à l'occasion d'entretiens bilatéraux, lors de voyages officiels ou au cours des nombreuses conférences internationales auxquelles il a participé, les principaux dirigeants du monde. De la plupart de ces personnalités, il a dressé un portrait pas toujours complaisant.

Grande-Bretagne

***Winston Churchill**, Premier ministre du Royaume-Uni de 1940 à 1945 et de 1951 à 1955. Naturellement Chirac n'a pas rencontré Winston Churchill, décédé le 24 janvier 1965. À l'occasion de l'inauguration, en 1998, d'une statue de Winston Churchill réalisée par le sculpteur Jean Cardot, Chirac évoque celui qui, en 1958, avait été fait compagnon de la Libération par le général de Gaulle :*

« Churchill, c'est tout d'abord la figure exceptionnelle d'un combattant irréductible qui sut incarner avec panache la volonté de résistance d'un pays et d'un peuple tout entier [...].

Churchill a déjà montré sa lucidité pendant ces années d'avant-guerre où Hitler, profitant de l'irrésolution des Gouvernements, se préparait peu à peu au conflit. Avec courage, avec obstination, Churchill n'a cessé de dénoncer le danger. Mais on ne l'écoute pas, comme on n'écoute pas non plus cet officier français, à l'époque moins illustre, mais tout aussi lucide, qui indique le moyen de faire face à la menace.

Lorsqu'il voit se réaliser les pires de ses prédictions, le patriote et l'ami fidèle de la France, qui admire le pays de la chevalerie, de Versailles, de Jeanne d'Arc et de Clemenceau, ne formulera pas un seul reproche. Mais si la France souhaite continuer la guerre, il offre l'union immédiate des deux pays, traduisant ainsi, d'une manière éclatante et solennelle, une solidarité franco-britannique sans limite [...].

Au-delà de cette figure exceptionnelle, qui a incarné [...] la résistance inébranlable et la volonté de lutte du peuple britannique, ce sont bien les vertus d'une nation et la puissance du patriotisme que nous devons saluer.

Mais cet hommage est aussi pour nous, Français, une manière d'exprimer notre gratitude à l'égard d'un homme dont le combat s'est identifié à la cause de la liberté et de la dignité humaine, ainsi que le sentiment de profonde solidarité qui unit, hier comme aujourd'hui, la France et la Grande-Bretagne [...].

Churchill, comme de Gaulle, voulait une France rétablie dans sa grandeur et dans son intégrité, une France qui retrouvât son rang parmi les grandes puissances. Et il ne cessera de se battre pour cela.

Cette solidarité indéfectible entre la Grande-Bretagne et la France, entre la Grande-Bretagne et le continent, n'est pas pour Churchill un fait exceptionnel limité au temps des grands périls. Elle est inéluctable [...]. C'est pourquoi il se fera l'avocat ardent et obstiné de la plus étroite coopération entre la Grande-Bretagne et les pays d'Europe, et tout d'abord la France.

Cette grande leçon européenne nous ne l'oublierons pas.

Nous n'oublions pas non plus l'autre leçon qu'il a donnée au monde : Churchill a magnifiquement montré qu'un peuple uni autour d'une grande cause est capable de faire face et de résister aux dangers et aux épreuves les plus redoutables, pour peu qu'on lui montre le chemin[51]. »

***Margaret Thatcher**, Premier ministre du Royaume-Uni de 1979 à 1990 :*

« Ses positions inflexibles, intransigeantes ont fait d'elle une des personnalités les plus redoutées de la scène internationale [...]. Ce qui fait sa grandeur à mes yeux, c'est d'abord sa force de conviction [...]. Elle ne cherchait pas à imposer d'autorité son point de vue, mais employait toute son énergie à convaincre du bien-fondé de ses analyses et à faire partager ses idées, y réussissait d'autant mieux qu'elle ne doutait jamais d'avoir raison[52]. »

***Tony Blair**, Premier ministre du Royaume-Uni de 1997 à 2007 :*

« D'emblée, il me fit l'effet d'un leader fougueux, charismatique et entreprenant, déterminé, après dix-huit années de pouvoir conservateur, à réaliser sans tarder les espoirs de changement de toute une génération. Son style rapide, direct, offensif me plaisait. Tony Blair se montrait facilement amical, témoignait en toute circonstance de beaucoup d'aisance et de naturel. Cette spontanéité n'avait rien de candide, bien entendu, ni qui soit exempt du moindre calcul[53]. »

Allemagne

***Helmut Kohl**, chancelier fédéral de la République d'Allemagne de 1982 à 1998 :*

« J'ai une totale confiance dans la volonté du chancelier Helmut Kohl de perpétuer l'œuvre de son lointain prédécesseur Konrad Adenauer. Profondément allemand et attaché à l'idée de la réunification de son peuple, Helmut Kohl est tout aussi profondément européen et soucieux de préserver l'accord scellé entre nos deux pays[54]. »

***Gerhard Schröder**, chancelier fédéral de la République d'Allemagne de 1998 à 2005 :*

« Succédant à un Rhénan francophile et européen engagé *(Helmut Kohl)*, Gerhard Schröder, issu de l'Allemagne du Nord, était par goût et par origine plus porté vers le monde anglo-saxon. Né à la fin de la guerre, il se montrait en raison de son âge fortement désireux de s'affranchir de l'attitude de repentance vis-à-vis de la France, à laquelle il reprochait à Helmut Kohl d'avoir trop cédé[55]. »

Même si les relations se réchaufferont par la suite, à la première rencontre, c'est la méfiance qui s'installe :

« Il me fait l'effet d'un leader très déterminé, tenace et combatif, plein de brio, voire de superbe. Son style est direct, ses opinions tranchées. Sous ses dehors de grande franchise, je perçois aussi un négociateur habile, malin et pragmatique. Sachant ce qu'il pense réellement, je ne suis pas tout à fait dupe des assurances qu'il me prodigue, alors même que nos deux pays ont des vues divergentes sur beaucoup de sujet[56]. »

États-Unis d'Amérique

Bill Clinton*, président des États-Unis d'Amérique de 1993 à 2001. C'est en septembre 1994, alors qu'il n'est pas encore président de la République, que Chirac rencontre pour la première fois à Washington Bill Clinton :*

« Un homme chaleureux, ouvert, sympathique. Un grand professionnel de la politique, ferme dans ses convictions, mais probablement assez habile pour s'adapter à toutes les situations. Ses façons d'être peuvent sembler parfois désinvoltes, mais ses dons de séduction se révèlent éclatants. Il rayonne de pugnacité, d'ardeur et de jeunesse[57]. »

Devenu président des États-Unis,

« Bill Clinton ne résistait pas toujours au désir de faire valoir la toute-puissance américaine vis-à-vis des autres dirigeants de la planète[58]. »

Hillary Clinton*, Première dame des États-Unis de 1993 à 2001, Sénatrice de l'État de New York de 2001 à 2009, et Secrétaire d'État des États-Unis de 2009 à 2013 :*

« Je suis frappé par sa supériorité intellectuelle, son sens de l'écoute et du contact, l'énergie, la volonté et le courage avec lesquelles elle se consacre tout entière à la réussite de leur ambition commune[59]. »

Georges W. Bush*, président des États-Unis de 2001 à 2009 :*

« Souriant, assez décontracté et sûr de lui, le nouveau président des États-Unis ne me semble pas doté de la même présence chaleureuse et charismatique que son prédécesseur. Tout chez lui me paraît sous contrôle, comme chez quelqu'un qui aurait appris à se méfier de lui-même[60]. »

Barack Obama*, à qui il adresse une lettre pour saluer son élection, le 5 novembre 2008 :*

« Alors que votre élection suscite dans le monde émotion et espoir en ces temps difficiles, je ne doute pas que la France et le peuple français auront à cœur d'entretenir et d'approfondir, avec votre pays et le peuple américain, les liens d'amitié et de coopération si intenses qu'une longue histoire commune a forgés. En récompensant votre inlassable engagement en faveur des valeurs fondamentales de liberté, de démocratie et de progrès, le peuple américain a adressé au monde un message d'ouverture et d'optimisme[61]. »

Russie

Mikaïl Gorbatchev*, président de l'URSS de 1990 à 1991 :*

« C'est sans doute un vrai communiste [… il] a désormais tous les pouvoirs, mais quelles sont les limites de son royaume ? Il a laissé filer les pays d'Europe centrale, puis les républiques soviétiques du Sud et de l'Asie, puis les États baltes, demain l'Ukraine. Tout se passe comme s'il soldait l'empire par appartement. Avant que les morceaux du puzzle ne retrouvent une place sur la carte du monde, il se passera des années. Restera en tout cas la Russie et son armée. Ce cœur-là est, pour le moment, inentamé. Pour lui, j'imagine, tout peut repartir[62]. »

***Boris Eltsine**, président de la fédération de Russie de 1991 à 1999 :*

« On a souvent dépeint Eltsine sous les traits d'un personnage brutal et extravagant, aux humeurs changeantes, incapable d'un raisonnement continu, toujours ou presque sous l'empire de l'alcool [...]. En réalité, Boris Eltsine est une force de la nature. Et ce qui me frappe depuis que je le côtoie, c'est le courage, la détermination et la pugnacité avec lesquels il s'est efforcé de remettre la Russie en selle depuis l'effondrement du système communiste [...][63]. »

***Vladimir Poutine**, président du gouvernement de 1999 à 2000 et de 2008 à 2012, président de la fédération de Russie de 2000 à 2008 et depuis 2012 :*

« Le silence et le secret dont Vladimir Poutine s'entourait, après une ascension politique aussi spectaculaire que mystérieuse, tranchait avec la façon d'être, exubérante, démonstrative et parfois fantaisiste de Boris Eltsine. À mes yeux, c'était, en réalité, les deux faces d'une même Russie, l'une aussi sombre et énigmatique que l'autre peut se révéler turbulente et expansive[64]. »

Devenu président,

« l'homme que je vois débarquer à Okinawa, dans la soirée du 21 juillet 2000, n'est pas le diable que certains observateurs nous ont décrit. L'allure jeune et sportive, mais l'air timide et réservé, Vladimir Poutine donne d'avantage l'impression d'un manager débutant convié pour la première fois dans le “club des grands”[65]. »

Algérie

***Abdelaziz Bouteflika**, président de la République algérienne depuis 1999 :*

« Charmeur, habile et pragmatique, l'ancien ministre de Houari Boumediene avait acquis une expérience des relations internationales qui le distinguait du style froid, rigide et théorique de ses prédécesseurs[66]. »

Côte d'Ivoire

***Félix Houphouët-Boigny**, président de la République de Côte d'Ivoire de 1960 à 1993 :*

« Vous savez probablement tous combien j'avais d'estime et de respectueuse affection pour le Président Houphouët-Boigny, et toute l'amitié que je lui portais. Ce fut un très grand humaniste à tous égards. Ce fut un grand Ivoirien, mais aussi un très grand Africain et un très grand Français[67]. »

Sénégal

***Léopold Sédar Senghor**, président de la République du Sénégal de 1960 à 1980 :*

« Je salue le génie précurseur de celui qui [...] a pressenti que la civilisation européenne, si excellente soit-elle, ne serait qu'une civilisation mutilée tant que lui feraient défaut les énergies dormantes de l'Afrique et de l'Asie. Senghor a été l'un des premiers à prendre conscience qu'au rendez-vous du monde manquaient les deux tiers de l'humanité [...]. Je me sens en pleine communion de cœur et d'esprit avec ce poète et homme d'État qui, transcendant toutes les frontières, a su démontrer tout ce qu'il y a de complémentaire entre les caractères originaux de chaque peuple et de chaque civilisation, et que, loin d'en être diminuée, leur personnalité propre s'en trouve tout au contraire exaltée[68]. »

***Abdou Diouf**, Premier ministre de la République du Sénégal de 1970 à 1980, président de 1981 à 2000, secrétaire général de l'Organisation internationale de la francophonie de 2003 à 2014 :*

« Abdou Diouf [...] est pour moi un ami de très longue date et [...] a fait de moi un cas très particulier puisque comme vous le savez, Abdou Diouf est musulman, que ses enfants sont musulmans, notamment sa fille Yassine et que néanmoins je suis le parrain de sa fille, ce qui veut dire que je suis un chrétien parrain d'une musulmane, ce qui n'est peut-être pas de la plus stricte orthodoxie[69]. »

Afrique du Sud

Nelson Mandela*, président de la République d'Afrique du Sud de 1994 à 1999 :*

« Cet homme aux allures de prince, qui avait sacrifié à son idéal trente années de son existence[70]. »

Le 5 décembre 2013, « une grande lumière s'éteint » :

« C'est un être d'exception qui s'en va, un de ceux qui nous font croire en l'Homme, qui nous donnent confiance dans le destin de l'humanité.

Dès qu'il s'est élevé contre l'odieux système de l'apartheid, j'ai admiré en lui le combattant de la liberté, inflexible, altier devant l'épreuve, fidèle au vœu de non-violence qu'il avait fait en hommage au Mahatma Gandhi. Alors que tout était fait pour le briser ou le conduire à prendre les armes, les seules qu'il n'ait jamais voulu porter sont celles du courage devant l'oppression, du rassemblement pacifique du peuple, du dialogue et de la réconciliation.

Il a su gagner la guerre contre le racisme et la ségrégation par la seule force de ses convictions, en rassemblant son peuple autour de lui et de l'ANC [African National Congress]. Il a, plus encore, gagné le combat de la paix en construisant un État de droit qui réunit Noirs et Blancs dans un projet commun, celui d'une Afrique du Sud diverse, tolérante et démocratique.

Je me remémore toutes nos rencontres avec l'émotion des plus grands moments de ma vie, avec aussi le sentiment très particulier que l'on éprouve devant ces personnages rares qui accomplissent l'exceptionnel avec l'humilité, le sourire et l'humour des très grands.

Adieu à toi, Nelson Mandela, et que ton souvenir illumine à jamais une Afrique à la conquête de la paix et du progrès pour tous[71]. »

Brésil

***Luiz Inácio Lula Da Silva**, président de la République fédérative du Brésil, 2003-2011 :*

« J'ai connu beaucoup de chefs d'État, de chefs de gouvernement, de personnalités politiques éminentes. Mais sans aucun doute, vous faites partie d'une race exceptionnelle d'hommes qui ont su s'imposer à la fois par le cœur et par l'intelligence, ce qui est très rare [...]. Permettez-moi de vous dire très franchement, très sincèrement combien mon estime et mon admiration à votre égard sont grandes et combien je suis fier aussi aujourd'hui de votre amitié [...]. Pour tout ce que vous m'avez appris, merci cher Lula[72]. »

Israël

***Itzhak Rabin**, Premier ministre d'Israël entre 1974-1977 et 1992-1995, prix Nobel de la paix en 1994, il meurt assassiné en novembre 1995 :*

« J'ai bien connu Itzhak Rabin. J'ai connu l'homme de combat qui a tant contribué à donner à Israël sa sécurité. J'ai connu l'homme de paix, l'homme d'État visionnaire, qui, avec courage, avec lucidité, a choisi le dialogue et la réconciliation entre les peuples de la région. Et puis, j'ai connu l'homme lui-même. Un homme de conviction, mais aussi un homme de passions, un homme de cœur[73]. »

Shimon Peres*, plusieurs fois Premier ministre d'Israël entre 1977 et 1996, président de l'État d'Israël de 2007 à 2014, prix Nobel de la Paix en 1994 :*

« Symbole admirable de justice et de tolérance. [Son] rêve, qui n'est pas une utopie, est celui d'un État d'Israël vivant dans la paix et la sécurité aux côtés de voisins vivant eux aussi dans la liberté et la dignité de leur État souverain[74]. »

Benyamin Netanyahou*, Premier ministre d'Israël de 1996 à 1999 et depuis 2009 :*

« Il ressemble à un de ces gardes du corps dont sont habituellement flanquées les personnalités israéliennes : épaules carrées, cheveux courts, démarche rapide et décidée, ton péremptoire… [Il] a toutes les apparences d'un dur[75]. »

Palestine

Yasser Arafat*, président de l'Autorité palestinienne de 1996 à 2004, prix Nobel de la paix en 1994 :*

« La grande faiblesse d'Arafat réside dans le fait d'en vouloir toujours plus, une fois l'accord conclu [...]. L'homme est pourtant intelligent, voué corps et âme à la défense de son peuple et respectable sur bien des plans. Mais il est dans sa nature profonde de ne pas savoir mettre un terme à un débat ou à une revendication et de revenir sans cesse sur ce qu'il a déjà obtenu pour exiger davantage[76]. »

Syrie

Hafez al-Assad*, président de la Syrie de 1970 à 2000 :*

« Silhouette maigre, ascétique, traits émaciés, regard implacable, trahissant toute la dureté de vingt-six années de pouvoir absolu, l'homme n'a rien de chaleureux. Le moindre geste paraît procéder chez lui d'un calcul minutieux et longuement prémédité. Ce sphinx vit avant tout dans l'ombre et le secret [...]. Le mystère dont il s'enveloppe, allié à la crainte ou à la terreur qu'il inspire et sait propager atour de lui, permet à Hafez al-Assad de régner en maître sur un peuple où la communauté alaouite, dont il est issu, ne représente qu'a peine 10 % de la population[77]. »

Jordanie

***Hussein de Jordanie**, roi de Jordanie de 1952 à 1999 :*

« De petite taille, le roi Hussein n'en impose ni par son physique ni par son allure. Ce qui m'a toujours frappé en l'observant, c'est le charme extraordinaire qui émane de sa personne et dont le pouvoir ne laisse insensible aucun de ses visiteurs [...]. Mais ce souverain apparemment conciliant peut aussi se montrer intraitable si l'intérêt de son pays le lui commande[78]. »

Liban

***Rafic Hariri**, Premier ministre du Liban à plusieurs reprises entre 1992 et 2004, assassiné en 2005 :*

« En attendant de recouvrer son indépendance et sa souveraineté, le Liban a trouvé en Rafic Hariri le leader qui lui manquait depuis longtemps. Un rénovateur qui a mis au service de son pays toute l'ambition et toute l'énergie qui lui ont permis d'élaborer son propre empire commercial et financier[79]. »

Chine

***Deng Xiaoping**, secrétaire général du Parti communiste chinois entre 1956 et 1967. Assigné à résidence à Pékin par le régime maoïste, il revient au pouvoir et apparaît de fait comme le principal dirigeant de la Chine de 1978 à 1989 :*

« Après le désastre de la Révolution culturelle lancée par Mao Tsé-toung, Deng Xiaoping [...] paraît porteur d'un nouveau souffle pour la Chine. Sous ses habits de communiste, c'est la Chine immémoriale que je sens vivre et s'exprimer. [C'est] un homme très fin, très subtil, direct et chaleureux, qui incarne bien tout ce que la Chine a de puissant et de permanent[80]. »

Hu Jintao*, secrétaire général du Parti communiste chinois de 2002 à 2012, président de la République populaire de Chine de 2003 à 2013 :*

« Hu Jintao incarne cette ambition plus pragmatique d'une nouvelle génération de dirigeants confiants dans le prodigieux destin de la Chine à l'aube du troisième millénaire, et soucieux pour cela, sans y perdre leur âme, de normaliser leurs relations avec le reste du monde. [Il] est tout en prudence, en réserve, en sérieux [...]. [Il] s'est forgé cette apparence lisse et policée [...]. Excellent connaisseur des mécanismes subtils du régime chinois, il privilégie la recherche du consensus, de l'harmonie, de la synthèse[81]. »

Personnalités religieuses/spirituelles

L'abbé Pierre

Le 19 avril 2001, Jacques Chirac remet la grand-croix de la Légion d'honneur à Henri Grouès, dit l'abbé Pierre :

« Ainsi, au monastère de Saint-Wandrille où vous vous êtes retiré, entre deux voyages – vous arrivez de Tananarive –, vous, le héros de la Résistance, le pèlerin d'Emmaüs, le frère des pauvres, vous dont le combat contre l'exclusion a fait une figure emblématique de la défense des droits de l'homme, vous êtes plus que jamais, pour les Français et pour le monde entier, celui qui refuse l'inacceptable, celui qui refuse la misère, celui qui refuse l'injustice. Et c'est pourquoi nous vous rendons aujourd'hui, à vous qui nous donnez une si belle leçon de vie, cet hommage qui témoigne le respect et l'affection, très profonds et très sincères, que tous les Français ont pour vous et que j'exprime aujourd'hui en leur nom[82]. »

Le 22 janvier 2007, quelques jours après que Jacques Chirac avait annoncé, dans ses vœux, vouloir rendre effectif un principe pour lequel l'abbé Pierre s'est battu toute sa vie, le droit au logement, la France apprend son décès :

« Avec votre accord, je voudrais d'abord, et chacun le comprendra, rendre hommage à l'abbé Pierre qui nous a quittés au petit matin. C'est en fait la nation tout entière qui est en deuil.

Avec lui, la France perd une immense conscience, l'incarnation même de la solidarité, l'homme de tous les combats contre la misère, la souffrance, les injustices.

L'abbé Pierre nous a montré la voie du cœur, de la générosité, de l'esprit de révolte au service des plus vulnérables. Son message doit rester présent en chacun de nous. C'est à nous tous de le faire vivre. C'est à nous tous de nous rassembler pour donner tout leur sens aux valeurs de justice et de fraternité qui sont en fait le ciment même de notre patrie[83]. »

Paul VI

En 1978, Jacques Chirac rencontre le « pape du dialogue » :

« Paul VI que j'avais eu le bonheur de rencontrer un mois jour pour jour avant sa mort, avait plongé son regard au fond du mien avec une sorte de tendresse inquiète et pressante[84]. »

Jean-Paul II

Avant même son élection à la présidence, Jacques Chirac a rencontré Jean-Paul II à cinq reprises :

« Je me rappelle son étonnante faculté d'écoute, ce silence dans lequel il s'enfonce et où il paraît comme enseveli, silence qui impressionne et qui contraint dans un effet presque douloureux d'aller jusqu'au bout de soi-même.

[…] La vision de Jean-Paul II […] vous traverse comme si elle contemplait un au-delà de vous-même, dont vous n'avez même pas conscience, mais qui vous appelle au renoncement des apparences et vous oblige à la vérité[85]. »

Le 3 avril 2005, après un pontificat de vingt-six ans, Jean-Paul II décède :

« Alors que le pape Jean-Paul II vient de disparaître, je veux exprimer l'hommage de la France à celui qui aura porté avec ferveur, conviction, courage de façon incomparable une parole d'espérance pour tous les peuples du monde.

Ce deuil touche la France pour laquelle Jean-Paul II manifestait une affection particulière. Il avait accompli dans notre pays de nombreuses visites pastorales. Chacun se souvient des Journées mondiales de la jeunesse au cours desquelles il avait rassemblé, à Paris, des centaines de milliers de jeunes en 1997.

Le message de confiance et l'action inlassable de Jean-Paul II auront contribué à changer le cours de l'histoire.

Il aura été le pèlerin infatigable du dialogue, de la réconciliation, de la paix.

Partout dans le monde, une immense émotion s'exprime. La France partage cette émotion.

Notre pays, animé par les principes universels de liberté, d'égalité et de fraternité, a mené bien des combats communs avec Jean-Paul II pour la paix, pour la démocratie, pour la lutte contre la pauvreté, et aussi pour l'affirmation de l'unité de l'Europe. Cette Europe à laquelle il aura consacré tant d'efforts pour qu'elle surmonte ses divisions, se libère du joug soviétique et retrouve enfin, pacifiquement, les chemins de la liberté.

Jean-Paul II a toujours refusé la fatalité du choc des civilisations. Partout il appelait au dialogue confiant et respectueux entre les peuples, les cultures, les religions.

Par son courage, par sa détermination, il aura touché les esprits et les cœurs en s'attachant à répondre à la soif de justice et à la quête de sens qui s'expriment partout dans le monde.

L'humanité perd un pasteur inspiré, défenseur inlassable de la dignité de l'homme.

Jean-Paul II n'aura eu de cesse de montrer à tous les peuples, à tous les hommes, le chemin de la concorde et de la solidarité. Il laissera une profonde empreinte dans la mémoire de tous, chrétiens et non chrétiens[86]. »

Mère Teresa

Le 27 juillet 1986, Jacques Chirac, maire de Paris, reçoit la Fondatrice de l'Ordre missionnaire des sœurs de la charité :

« Ce soir, il y a dans le monde moins d'amour, moins de compassion, moins de lumière. Mère Teresa est morte, emportant avec elle sa ferveur et sa volonté, une volonté de vie qu'elle donnait aux mourants et qui s'appelle la grâce. Elle nous laisse un message fort qui n'a pas de frontière et va au-delà de la foi : l'entraide, l'écoute, la solidarité. Le monde est en deuil[87]. »

Sœur Emmanuelle

En 1995, elle est à l'origine, avec Geneviève de Gaulle-Anthonioz, de l'orientation de la campagne de Jacques Chirac sur le thème de la « fracture sociale ». Le 20 octobre décède la « chiffonnière du Caire »,

« une femme d'exception, emplie de générosité, d'humanisme et de sagesse[88] » *que Jacques Chirac avait promue commandeur de la Légion d'honneur :*

« C'est avec beaucoup de tristesse que mon épouse Bernadette et moi-même avons appris la disparition la nuit dernière de sœur Emmanuelle. À tant de femmes, d'enfants, d'hommes dans la souffrance, la misère et la difficulté, elle aura su redonner espoir et dignité. Bernadette et moi-même perdons une amie très chère pour laquelle nous éprouvions une grande affection[89]. »

Jacob Kaplan

Chirac n'a jamais caché « l'immense amitié et l'admiration profonde » qu'il portait à Jacob Kaplan, grand rabbin de France de 1955 à 1980 :

« Un homme à la foi fervente, profonde, exigeante et rayonnante, nourrie d'une immense culture [...] un homme qui a toujours su concilier les devoirs et les principes du judaïsme avec ceux de la République [...]. Son souvenir vit à jamais dans mon esprit et dans mon cœur. Je crois qu'en ces temps d'inquiétudes et de troubles le Grand Rabbin Jacob Kaplan, sa vie d'engagement, d'épreuves et d'espérances doivent être pour tous un exemple et un rappel[90]. »

À Sciences Po, son enseignement l'a marqué :

« Cet homme de cœur, d'une grande ouverture d'esprit, savait écouter ses élèves comme s'il apprenait d'eux autant qu'il les instruisait. Plus tard, nous avons noué une relation extrêmement proche [...]. Je l'écoutais pendant des heures me parler de l'histoire du peuple juif. J'entends encore sa voix douce et chaleureuse. Je me souviens de son regard direct, attentif, de son sourire plein de bonté[91]. »

Dans sa préface au livre d'Haïm Korsia, Jacob Kaplan, le rabbin de la République, il rend un nouvel et vibrant hommage à cet homme qui a su concilier

« les devoirs et les principes, ceux du judaïsme et ceux de la République [...] un grand Juif et un grand Français dont le courage, la droiture, la bonté, la prudence, la modestie sont l'expression de cette vertu de sagesse dont parle le Livre des proverbes qu'il aimait citer[92]. »

Joseph Sitruk

Il est très proche aussi de Joseph Sitruck, à qui il rend visite dans sa chambre d'hôpital en décembre 2001, après son accident vasculaire cérébral :

« Les mêmes liens fraternels m'unissent encore aujourd'hui au grand rabbin Sitruk, homme lui aussi profond, lumineux, porté par une grande générosité intellectuelle[93]. »

Dalil Boubakeur

Chirac a toujours entretenu des relations confiantes avec le recteur de l'Institut musulman de la mosquée de Paris et président du Conseil français du culte musulman, qu'il a qualifié de « très grande autorité morale » au moment de lui remettre la légion d'honneur en 2004 :

« Mon message est d'abord un message de confiance et d'estime. [...] Monsieur le Recteur, vous avez souvent tenu, et à l'instant, encore, à rappeler quel islam est le vôtre. Un islam opposé au fondamentalisme fanatique. L'islam que l'on enseigne à la Grande Mosquée et à l'Institut musulman de Paris, mais aussi à Lyon, à Marseille et dans bien d'autres lieux de prières. Un islam tolérant et pacifique. Un islam ouvert aux évolutions du monde et refusant la crispation et le repli. Un islam qui s'attache à concilier ses enseignements et tout ce que la modernité peut apporter à chacun, homme et femme, en terme de progrès, en terme de justice, en terme de respect mutuel. En clair, l'islam de la charité et de la fraternité[94]. »

5

Les expressions de Jacques Chirac

Chirac n'a pas le sens de l'art oratoire comme pouvaient l'avoir Gambetta, Jaurès, Clemenceau, de Gaulle ou Malraux. Lors de ses interventions télévisées, il apparaît souvent contracté. Il a du mal à s'extraire de son discours écrit, minutieusement préparé. Surtout, il n'aime pas improviser. Cependant, lors des réunions publiques, sa prestance, sa présence physique, sa voix si caractéristique avaient souvent un effet mobilisateur.

À la différence de beaucoup de politiques qui demeurent dans un langage convenu et souvent stéréotypé, il lui arrive, lors de rencontres avec des journalistes, au cours de dîners débats avec des militants, dans les conversations avec ses proches ou ceux qui l'entourent, et même dans certains de ses écrits, d'utiliser un vocabulaire surprenant, coloré, grivois, ou bien de reprendre des expressions populaires un peu oubliées.

Souvent, ces formules déclenchent des rires et Jacques Chirac a obtenu ce qu'il voulait : éviter de répondre à une question embarrassante, ne pas avoir à s'expliquer plus longuement. Son interlocuteur retient la réponse et oublie la question.

À de multiples reprises il a, devant moi et d'autres, employé cette expression :

« Les emmerdes c'est comme les cons, ça vole toujours en escadrille. »

Je l'ai entendu dire cette phrase à propos d'un député qui lui devait tout et hésitait en 1995 à le soutenir :

« C'est à se les prendre et à se les mordre. »

Pour souligner son indifférence :

« Cela m'en touche une sans faire bouger l'autre. »

Ou encore :

« Je m'en tape le coquillard avec une pate d'alligator femelle. »

Lorsque l'affaire n'a vraiment aucune importance, il aime reprendre ce mot de Rabelais, que l'on trouve à la fin du chapitre XXXIV de Pantagruel *:*

« Ce sont des affaires de cornecul. »

En juin 2007, alors que je lui suggérai d'écrire ses Mémoires :

« Une vache ne retourne jamais deux fois de suite à l'abreuvoir. »

Quand je lui ai annoncé ma candidature au « perchoir » de l'Assemblée nationale, il était persuadé que je n'avais aucune chance face à Balladur. Pour me signifier qu'il ne fallait pas que je fasse un drame d'être battu :

« Tu ne vas pas pour autant bouffer ton foie »

Lorsque j'ai été élu, avec un grand sourire et une mauvaise foi évidente, il m'a dit : « J'étais sûr de ton succès. »

Au début de son premier mandat à l'Élysée, il a prononcé cette expression à plusieurs reprises devant moi. En fait, il s'agit d'une citation de Cervantès. François Mitterrand semble-t-il, utilisait aussi cette expression :

« Il faut donner du temps au temps. »

Pour mettre quelqu'un en garde, il cite ce proverbe arabe :

« Ne poussez jamais le chat dans les recoins[1]. »

En politique, il faut tuer ou flatter, jamais blesser :

« Il ne faut pas blesser une bête, on la tue ou on la caresse[2]. »

Cette formule, utilisée à de nombreuses reprises[3]*, aurait été empruntée à Henri Queuille qui disait « les promesses n'engagent que ceux qui les écoutent » :*

« Les promesses n'engagent que ceux qui les reçoivent. »

Lors d'une réunion publique le 15 janvier 1986 à Saint-Étienne, il cite cette sagesse qui lui vient de sa grand-mère :

« Il faut mépriser les hauts et repriser les bas. »

À Sarkozy, qui se plaignait des réunions qu'organisait Chirac pour la relecture de ses discours importants :

« Il y a plus d'idées dans deux têtes que dans une[4]. »

À maintes reprises il a utilisé cette formule pleine d'humour :

« Les prévisions sont difficiles, surtout lorsqu'elles concernent l'avenir[5]. »

Certains ont vu dans cette sortie alors une petite « pique » contre Valéry Giscard d'Estaing qui aimait tant les chiffres et les statistiques :

« Faites attention, la statistique est toujours la troisième forme du mensonge[6]. »

Bien sûr,

« un chef, c'est fait pour cheffer[7]. »

Pour affirmer que les accusations posthumes dont il était l'objet étaient absurdes, Jacques Chirac a repris un néologisme forgé par Arthur Rimbaud :

« Abracadabrantesque[8]. »

Qui n'a pas entendu Chirac, quand on le photographie, reprendre ce slogan publicitaire des années 1950 ?

« Clic, clac, merci Kodak. »

Pour dire de certaines accusations qu'elles se dégonflent à l'examen, Chirac utilise curieusement cette onomatopée qui sert habituellement à suggérer un jaillissement :

« Elles font pschitt. »

À propos de la guerre en Irak :

« On n'exporte pas la démocratie dans un fourgon blindé[9]. »

De 1956 à 1957, Chirac effectue son service militaire à l'École de cavalerie de Saumur. La première fois que je l'ai entendu reprendre le « toast des cavaliers » (« À saint Georges, vive la cavalerie et trinquons à nos femmes, à nos chevaux et à ceux qui les montent »), c'était à Nonancourt (Eure), en mars 1992, où il était venu me soutenir pour les élections cantonales :

« Allons boire à nos femmes à nos chevaux et à ceux qui les montent. »

Un homme de gauche :

« Bien sûr je suis à gauche : je mange de la choucroute et je bois de la bière[10]. »

Pourtant, pour qualifier les idées des socialistes, Chirac parle souvent de

« la médiocrité du ragoût[11]. »

Ou encore de

« La politique du chien crevé au fil de l'eau[12]. »

À propos de Guy Mollet :

« Le molletisme[13] est un mouvement alternatif du mollet droit et du mollet gauche qui permet d'affirmer que le socialisme est en marche[14]… »

Boutades :

« J'apprécie le pain, le pâté, le saucisson plus que la limitation de vitesse[15]. »

« C'est mon avis et je le partage. »

Démonstration scientifique :

« Mobilité et stabilité ne sont pas antinomiques : un cycliste n'est stable sur sa bicyclette qu'en avançant[16]. »

Le présent n'est pas du poisson :

« Le poisson pourrit par la tête, le présent par l'avenir[17]. »

Leçons de Realpolitik :

« Le monde n'est pas le palais de dame tartine[18]. »

« La société n'est pas l'œuvre des anges[19]. »

Et cours de cuisine :

« Le gaullisme sans de Gaulle, c'est vouloir faire du civet sans lièvre[20]. »

À propos de Mendès France :

« Il y avait chez lui, un côté bulle de savon[21]. »

L'engouement des médias pour Mitterrand à la veille des élections présidentielles de 1988 donne lieu à ce néologisme :

« La tontonmania[22]. »

Pour qualifier Jean-Jacques Servan-Schreiber, imposé par Giscard dans le gouvernement de Chirac comme ministre des Réformes, il ne resta au gouvernement que 12 jours :

« Turlupin[23]. »

Ce mot est souvent employé par Chirac :

« Toute une France est tentée de devenir turlupine[24]. »

Les intellectuels dont la réflexion paralyse l'action lui inspirent de nombreux mots :

« Les intellectuels en chaise longue[25]. »

« Les dialecticiens anarchisants, douillettement installés dans la vie[26]… »

« Les professionnels du dénigrement et de l'agitation[27]… »

Ceux qui d'humeur chagrine professent l'irrationalité :

« Les tracassins de l'irrationalité[28]. »

Pour indiquer le calme plat, l'immobilité, il reprend ce mot utilisé par Sainte-Beuve et Mirabeau :

« Une sorte de bonace allait s'établir[29]. »

Question d'oreille :

« Les Japonais sont peu sensibles au tam-tam de guerre façon gauloise[30]. »

Le séné est une plante médicinale utilisée au XVIII*e* *siècle comme purgatif. Pour qualifier les combines, la recherche de consensus entre politiques, les échanges de bons procédés :*

« Passe-moi la rhubarbe… je te passe le séné[31]… »

Pour désigner ceux qui critiquent son appel aux rassemblements des français au sein du RPR :

« La volaille qui crie le plus fort est celle dont on arrache les plumes[32]. »

Quel est le point commun entre un gendarme et un porte-avions ?

« Les porte-avions, c'est comme les gendarmes, cela doit marcher par deux[33]. »

Une langue vivante :

« La langue française n'est pas le latin des temps modernes[34]. »

Nostalgie des années 1950 :

« Je n'ai donné ni dans le hula-hoop, ni dans le scoubidou[35]. »

À contre-courant :

« Être dans le vent, c'est un peu avoir un destin de feuille morte[36]. »

Sportif :

« J'aime les barres parallèles : un bar rive droite, un bar rive gauche[37]. »

Fin de soirée (souvent, pour faire comprendre qu'il veut quitter une soirée qui se prolonge – c'est-à-dire assez vite –, il reprend cette rengaine tirée d'un refrain de Serge Castel) :

« Cou-couche panier[38]… »

À maintes reprises, j'ai entendu venant de lui :

« Il câline les coléoptères. » (Pour fustiger les personnes qui compliquent tout.)

« Il ne faut pas pleurer sur le lait renversé. » (Cela ne sert à rien de s'étendre sur le passé.)

Conclusion

Chirac exaspère les uns aussi bien qu'il séduit les autres. Quel que soit le jugement que l'on porte sur lui et sur son action, que l'on ait été l'un de ses militants fidèles ou un opposant farouche, force est de reconnaître en lui l'un des acteurs essentiels de notre vie politique nationale de ces cinquante dernières années, et une figure incontournable de la présence européenne et internationale de la France.

À celles et ceux qui se sont plu à le dépeindre comme un politicien habile, fluctuant au gré de ses conseillers, des circonstances ou des opportunités, cet essai montrera peut-être que leur jugement a été parfois hâtif ou superficiel – quand il n'était pas sciemment provocateur ou volontairement mal intentionné.

Naturellement, il y a chez lui une part d'ombre qu'il est souvent difficile de déchiffrer. Alors que, ces dernières décennies, la politique est trop souvent devenue un métier du spectacle, où la mise en scène, la tyrannie de l'instantané et de l'information en continu imposent leurs règles simplificatrices, Chirac est un homme qui a tenu à préserver une part d'intimité – de secret.

À un moment où la France et le monde se transforment, Jacques Chirac est un politique qui a connu une longévité exceptionnelle. Parce que les réalités d'hier ne sont plus les vérités d'aujourd'hui, il a su évoluer sur de nombreuses questions, en particulier celle de l'Europe. Et ces changements, qu'il s'est plu à souligner lui-même, ne font qu'accentuer par contraste l'étonnante fidélité à l'intuition originelle : « En réalité, l'homme est d'abord ce qu'il fait. Il se constitue corps et âme par ses actes[1]. »

À l'occasion de sa dernière intervention télévisée comme président de la République, le 15 mai 2007, c'est avec émotion qu'il s'est adressé aux Françaises et aux Français : « Ce soir, je veux vous dire le très grand honneur que j'ai eu à vous servir. Je veux vous dire la force du lien qui, du plus profond de mon cœur, m'unit à chacun d'entre vous. Ce lien est celui du respect, c'est celui de l'admiration, c'est celui de l'affection pour vous, pour le peuple de France et je veux vous dire à quel point j'ai confiance en vous, à quel point j'ai confiance en la France. »

Paris, mars 2015.

Notes

Notes de l'introduction, p. 7

1. Jacques Chirac, *La Lueur de l'espérance*, Paris, La Table ronde, 1978, p. 234.
2. *Paris Match*, avril 1988.
3. *La Montagne*, 5 novembre 2009.
4. Jacques Chirac, *La Lueur de l'espérance*, *op. cit.*, p. 13.
5. Saint-John Perse, « Sur l'optimisme en politique », réponse d'Alexis Leger à une enquête de presse du journal *L'Excelsior*, le 27 février 1935, cité dans Jacques Chirac, *La Lueur de l'espérance*, *op. cit.*, p. 233.
6. Débat télévisé avec Georges Marchais, 20 septembre 1971.
7. *L'Équipe*, 28 janvier 1998.
8. Jacques Chirac, *La Lueur de l'espérance*, *op. cit.*, p. 236.

Notes du chapitre 1, p. 13

1. Jacques Chirac, *Mémoires*, t. I : *Chaque pas doit être un but*, Paris, Nil, 2009, p. 22.
2. *Ibid.*, p. 15.
3. *Ibid.*, p. 43.
4. *Ibid.*, p. 42.
5. *Ibid.*, p. 43.
6. *Ibid.*, p. 44.
7. *Ibid.*, p. 46.
8. « La guerre d'Algérie. 3e escadron du 11e RCA », *Paris Match*, 24 février 1978.
9. *Radioscopie*, émission de J. Chancel, 12 décembre 1977, cité dans le livre de Denis Tillinac, *Georges Pompidou vingt ans après*, Paris, La Table ronde, 1994, p. 242.

10. France 2, 10 mars 1997.

11. Jacques Chirac, « L'action », *Revue des Deux Mondes*, octobre 1976, p. 3.

12. Citation de Chirac dans le livre de Denis Tillinac, *Georges Pompidou vingt ans après*, *op. cit.*, p. 244.

13. Jacques Chirac, *Mémoires*, t. I, *op. cit.*, p. 99.

14. Jacques Chirac, Entretien avec François Loncle, 5 juillet 1967.

15. *Ibid.*

16. *Ibid.*

17. Jacques Chirac, Déclaration de politique générale, le 5 juin 1974.

18. Jacques Chirac, *Mémoires*, t. I, *op. cit.*, p. 200.

19. *Ibid.*, p. 174.

20. *Ibid.*, p. 190.

21. *Ibid.*, p. 175.

22. Jacques Chirac, *Mémoires*, t. II : *Le temps présidentiel*, Paris, Nil, 2011, p. 29.

23. Jacques Chirac, *Mémoires*, t. I, *op. cit.*, p. 205.

24. *Ibid.*, p. 234.

25. *Ibid.*, p. 178.

26. *Ibid.*, p. 179.

27. Jacques Chirac, *Mémoires*, t. I, *op. cit.*, p. 212.

28. *Ibid.*, p. 213.

29. Jacques Chirac, Déclaration, 25 août 1976.

30. Jacques Chirac, Discours au congrès fondateur du RPR, 5 décembre 1976.

31. *Le Monde*, 30 août 1976.

32. Jacques Chirac, *Mémoires*, t. I, *op. cit.*, p. 228-229.

33. Jacques Chirac, Discours d'annonce de sa candidature à la mairie de Paris, 19 janvier 1977.

34. Jacques Chirac, Entretien avec *Le Monde*, 26 mars 1977.

35. Jacques Chirac, Entretien avec *30 millions d'amis*, 8 octobre 1977.

36. Jacques Chirac, *Mémoires*, t. I, *op. cit.*, p. 244.

37. Jacques Chirac, *Club de la Presse*, Europe 1, 24 février 1980.

38. Entretien avec Patrick Poivre d'Arvor et Noël Copin, TF1, 3 février 1981.

39. Jacques Chirac, Déclaration au soir du 1er tour de la présidentielle de 1981, 26 avril 1981.

40. Jacques Chirac, *Mémoires*, t. I, *op. cit.*, p. 294.

41. *Le Monde*, 3 juin 1981.

42. Jacques Chirac, *Mémoires*, t. I, *op. cit.*, p. 300.

43. Conseil des ministres, 17 janvier 2007, http://www.assemblee-nationale.fr/histoire/peinedemort/.

44. Jacques Chirac, *Mémoires*, t. I, *op. cit.*, p. 308.

45. *Ibid.*, p. 309-310.

46. Jacques Chirac, Entretien avec *Le Monde*, 24 juillet 1984.

47. Déclaration de politique générale de M. Jacques Chirac, Premier ministre, sur le programme du gouvernement, à l'Assemblée nationale, 9 avril 1986.

48. Jacques Chirac, *Mémoires*, t. I, *op. cit.*, p. 328.

49. Déclaration de politique générale de M. Jacques Chirac, Premier ministre, sur le bilan de l'action gouvernementale depuis mars 1986 et les objectifs du gouvernement, à l'Assemblée nationale le 7 avril 1987.

50. Jacques Chirac, *Mémoires*, t. I, *op. cit.*, p. 358.

51. Jacques Chirac, Annonce de sa candidature de aux présidentielles de 1988, 16 janvier 1988.

52. Jacques Chirac, « La fureur », 28 avril 1988, http://www.ina.fr/video/I12045426/jacques-chirac-la-fureur-video.html.

53. Jacques Chirac, Déclaration, 8 mai 1988.

54. Jean Daniel, *Avec le temps*, Paris, Grasset, 1998.

55. Raphaëlle Bacqué, *L'Enfer de Matignon : ce sont eux qui en parlent le mieux*, Paris, Albin Michel, 2008.

56. Jacques Chirac dans *Le Monde*, 19 mai 1988.

57. Olivier Clodong, *Politiques : le cumul des mandales*, Paris, Fayard, 2013.

58. Jacques Chirac, À propos de sa victoire à Paris, 19 mars 1989.

59. *Le Monde*, 23 juin 1989.

60. *Ibid.*

61. Jacques Chirac, *Mémoires*, t. I, *op. cit.*, p. 403.

62. *Ibid.*, p. 323.

63. *Ibid.*, p. 403.

64. *Ibid.*, p. 407.

65. *Ibid.*, p. 408.

66. « Présidentielle, l'intégrale : le débat Chirac-Jospin, 1re partie », http://www.liberation.fr/evenement/1995/05/03/presidentielle-l-integrale-le-debat-chirac-jospin-premiere-partie_134383.

67. Jacques Chirac, Déclaration, 7 mai 1995.

68. Jacques Chirac, Discours d'investiture, 17 mai 1995.

69. Jacques Chirac, *Mémoires*, t. II, *op. cit.*, p. 28-29.

70. Jacques Chirac, Point de presse à l'Élysée, 13 juin 1995.

71. Jacques Chirac, Allocution prononcée lors des cérémonies commémorant la grande rafle des 16 et 17 juillet 1942, Paris, 16 juillet 1995.

72. Jacques Chirac, Allocution télévisée, 22 février 1996.

73. Jacques Chirac, Allocution à l'occasion du 50e anniversaire de la FNSEA, Palais des congrès, Paris, 14 mars 1996.

74. Jacques Chirac, Discours sur la qualité des produits, l'évaluation des risques alimentaires, la reconnaissance de normes universelles de sécurité et l'harmonisation internationale de la qualité des produits élaborée dans le « Codex alimentarius », Villepinte, 20 octobre 1998.

75. Jacques Chirac, *Mémoires*, t. II, *op. cit.*, p. 198-199.

76. *Ibid.*, p. 200.

77. Jacques Chirac, Allocution télévisée, 21 avril 1996.

78. Jacques Chirac, *Mémoires*, t. II, *op. cit.*, p. 207.

79. *Ibid.*, p. 212.

80. *Ibid.*, p. 207.

81. Jacques Chirac, Allocution de clôture au 35e congrès de la Mutualité française à Lille, 7 juin 1997.

82. Jacques Chirac, *Mémoires*, t. II, *op. cit.*, p. 217.

83. Jacques Chirac, Intervention devant des chefs d'entreprise, Clermont-Ferrand, 16 octobre 1997.

84. Jacques Chirac, président de la République, à Hubert Brin, président de l'Union nationale des associations familiales, publié par le service de presse de l'Élysée, 5 novembre 1999.

85. *Ibid.*

86. Jacques Chirac, Souvenirs confiés à Philippe Lemoine, *Ouest France*, 11 juin 2010.

87. Discours de M. Jacques Chirac, président de la République française, sur les enjeux de la négociation pour l'avenir de la paix en Europe et l'objectif d'un accord entre les belligérants serbes et kosovars sur l'autonomie substantielle du Kosovo, Rambouillet le 6 février 1999.

88. Jacques Chirac, Intervention télévisée, palais de l'Élysée, 11 septembre 2001.

89. Jacques Chirac, Déclaration sur l'intervention militaire de la France en Afghanistan et l'annonce du départ des soldats français en Afghanistan pour participer à une action internationale de secours et d'assistance aux populations, Paris, 16 novembre 2001.

90. Communiqué de l'Élysée, 26 février 2000.

91. Jacques Chirac, Allocution télévisée sur le résultat du référendum concernant la réduction de la durée du mandat présidentiel, palais de l'Élysée, 24 septembre 2000.

92. Jacques Chirac, Déclaration à propos de la crise de la vache folle, palais de l'Élysée, 7 novembre 2000.

93. Jacques Chirac, *Mémoires*, t. II, *op. cit.*, p. 292.

94. Jacques Chirac, Intervention télévisée sur la décision du Comité international olympique (CIO) de choisir Pékin pour organiser les jeux Olympiques de 2008, l'insécurité, les rave-parties, ses voyages payés en liquide, le dysfonctionnement de la justice, le statut pénal du président de la République, les fonds secrets, l'affaiblissement de l'autorité de l'État, la politique économique et sociale et la protection de l'environnement, 14 juillet 2001.

95. *Le Monde*, 29 avril 2001.

96. Propos tenus par Lionel Jospin au sujet de Jacques Chirac, et rapportés par de nombreux journalistes avec qui il s'était entretenu le 10 mars 2002 dans l'avion Saint-Denis de la Réunion-Paris. Voir *Le Parisien* et *Libération* du 11 mars 2002.

97. Jacques Chirac, Déclaration sur la ville d'Avignon et ses activités de développement, le ralentissement de la croissance économique du pays et sa candidature à l'élection présidentielle 2002, Avignon, 11 février 2002.

98. *Libération*, 12 mars 2002.

99. Jacques Chirac, Discours, 21 avril 2002.

100. Jacques Chirac, Déclaration après l'annonce de sa réélection à la Présidence de la République, Paris, 5 mai 2002.

101. Jacques Chirac, *Mémoires*, t. II, *op. cit.*, p. 453.

102. Message de Jacques Chirac à l'occasion du congrès fondateur de l'UMP, Paris le 17 novembre 2002.

103. *Pour en finir avec l'hécatombe routière*, Béatrice Houchard, préface de Monsieur Jacques Chirac, président de la République, Note n° 17 de la Fondation Robert Schuman, juin 2003.

104. Jacques Chirac, Déclaration sur les raisons qui justifient sa décision de lancer « une mobilisation nationale » contre le cancer et sur les grands axes du plan national de lutte contre le cancer présenté par le gouvernement, Paris, 24 mars 2003.

105. Jacques Chirac, Déclaration sur la situation critique de l'environnement planétaire et les propositions de la France pour un développement durable, Johannesburg, 2 septembre 2002.

106. Jacques Chirac, Interview en direct de l'Elysée par Patrick Poivre D'Arvor pour TF1 et David Pujadas pour France 2 au sujet de la crise irakienne, 10 mars 2003. http://www.ina.fr/video/2250965001.

107. Jacques Chirac, *Mémoires*, t. II, *op. cit.*, p. 453-454.

108. *Ibid.*, p. 485.

109. Jacques Chirac, Intervention à l'occasion de la fête nationale, palais de l'Élysée, 14 juillet 2004.

110. Jacques Chirac, Déclaration sur les résultats du référendum pour la ratification du traité établissant une Constitution pour l'Europe, Paris, 29 mai 2005.

111. Jacques Chirac, *Mémoires*, t. II, *op. cit.*, p. 535.

112. *Ibid.*, p. 542.

113. Jacques Chirac, Déclaration sur le rétablissement de l'ordre public face aux violences urbaines, la politique d'intégration et la lutte contre les discriminations sociales, Paris, 14 novembre 2005.

114. Jacques Chirac, Déclaration sur la promulgation de la loi sur l'égalité des chances, avec notamment le contrat première embauche, Paris, 31 mars 2006.

115. Jacques Chirac, Déclaration, Paris, 10 mai 2006.

116. Jacques Chirac, Déclaration sur les priorités de la politique gouvernementale, Paris, 31 décembre 2006.

117. Jacques Chirac, Déclaration télévisée sur la politique gouvernementale menée sous sa présidence et les perspectives d'avenir pour la France et l'Union européenne, Paris, 11 mars 2007.

118. Jacques Chirac, Allocution télévisée à l'occasion de la fin de son mandat, Paris, 15 mai 2007.

Notes du chapitre 2, p. 99

1. Jacques Chirac, Allocution lors des cérémonies commémoratives de la libération d'Orléans par Jeanne d'Arc, sur le rôle historique de Jeanne d'Arc, Orléans, 8 mai 1996.

2. Jacques Chirac, Allocution à l'occasion du 80e anniversaire de la bataille de Verdun, Verdun, 16 juin 1996.

3. Jacques Chirac, *Time Magazine*, 6 novembre 2006.

4. Jacques Chirac, Allocution en hommage à Mme Lucie Aubrac, Paris, 21 mars 2007.

5. *Ibid.*

6. Jacques Chirac, Hommage prononcé lors de la cérémonie religieuse à la mémoire de Mme Geneviève de Gaulle-Anthonioz, Paris, cathédrale Notre-Dame, 9 mars 2002.

7. Jacques Chirac, Hommage funèbre en l'honneur du colonel Henri Rol-Tanguy, Paris, hôtel des Invalides, 12 septembre 2002.

8. Jacques Chirac, Allocution à l'occasion de l'hommage pour les Justes de France, Panthéon, Paris, 18 janvier 2007.

9. Jacques Chirac, Discours à l'occasion de la journée d'hommage national aux Harkis, palais de l'Élysée, 25 septembre 2001.

10. Communiqué de l'Élysée, 18 août 1998.

11. Communiqué de l'Élysée, 24 septembre 2004.

12. Message de Jacques Chirac lu par Renaud Donnedieu de Vabres, ministre de la Culture à l'occasion de l'ouverture de l'hommage national qui est rendu à George Sand à Nohant, 3 juillet 2004.

13. Jacques Chirac, Discours à l'occasion du transfert des cendres de M. André Malraux au Panthéon, palais de l'Élysée, 23 novembre 1996.

14. Jacques Chirac, Allocution à l'occasion de la cérémonie de signature du décret de transfert des cendres d'Alexandre Dumas au Panthéon, palais de l'Élysée, 26 mars 2002.

15. Jacques Chirac, Discours pour le centenaire de la mort d'Émile Zola, Médan, 6 octobre 2002.

16. Jacques Chirac, Discours à l'occasion de l'apposition d'une plaque commémorative sur l'immeuble ou vécut Saint-John Perse, 10 avenue Camoëns, Paris, 12 juin 1979.

17. *Espoir*, n° 161, été 2010.

18. Jacques Chirac, *La Lueur de l'espérance*, *op. cit.*, p. 225.

19. *Ibid.*

20. Jacques Chirac, Discours au congrès fondateur du RPR, Paris, 5 décembre 1976.

21. Jacques Chirac, *La Lueur de l'espérance*, *op. cit.*, p. 58.

22. Jacques Chirac, Message adressé aux militants du RPR, *La Lettre de la Nation magazine*, 30 avril 1999.

23. Jacques Chirac, *La Lueur de l'espérance*, *op. cit.*, p. 16.

24. *Ibid.*

25. Jacques Chirac, Entretien, TF1, 19 février 1976.

26. *Ibid.*

27. Jacques Chirac, TF1, 19 février 1976.

28. *Ibid.*

29. Jacques Chirac, Discours au congrès de l'UDR-jeunes, Paris, Palais des congrès, 22 juin 1976.

30. *Ibid.*

31. Jacques Chirac, Colombes, 3 juin 1977.

32. Jacques Chirac, *Mémoires*, t. II, *op. cit.*, p. 351.

33. Jacques Chirac, *La Lueur de l'espérance*, *op. cit.*, p. 57.

34. *Ibid.*, p. 40.

35. Jacques Chirac, discours sur la modernisation du dialogue social, Palais d'Iéna, Paris, 10 octobre 2006.

36. Jacques Chirac, Déclaration aux Français pour annoncer qu'il ne briguera pas leurs suffrages pour un troisième mandat, palais de l'Élysée, 11 mars 2007.

37. Jacques Chirac, Déclaration de politique générale sur le programme du gouvernement, à l'Assemblée nationale, Paris, 9 avril 1986.

38. Jacques Chirac, Allocution télévisée à l'occasion de la fin de son mandat, Paris, 15 mai 2007.

39. Jacques Chirac, Discours d'Égletons, Corrèze, 3 octobre 1976.

40. Jacques Chirac, Allocution de vœux aux corps constitués, palais de l'Élysée, 6 janvier 1998.

41. Jacques Chirac, Déclaration sur la réforme constitutionnelle pour le renforcement de la démocratie et des libertés locales, la réforme de l'État, le renforcement de l'égalité des chances à l'école, la politique de la ville, l'intégration sociale des immigrés et la lutte contre l'immigration clandestine, notamment avec la réforme du droit d'asile, Troyes, 14 octobre 2002.

42. Jacques Chirac, Allocution à la Séance solennelle de commémoration du quatrième centenaire de l'édit de Nantes, Paris, Unesco, 18 février 1998.

43. Jacques Chirac, Déclaration à l'agence France-Presse, 9 décembre 2005.

44. *Le Nouvel Observateur*, 2 mai 2004.

45. Jacques Chirac, Point de presse sur les négociations sur la Constitution européenne, la nomination d'un nouveau président de la Commission européenne et celle d'un nouveau ministre des affaires étrangères européen, Bruxelles, le 17 juin 2004.

46. Jacques Chirac, Rencontre-discussion avec les élèves de première et terminale du lycée Pierre Mendès-France, sur l'intégration des immigrés de deuxième génération, le port du voile islamique, le respect des différences culturelles et la défense de la laïcité, la notion de « discrimination positive », le maintien de l'aide de l'UE vers les pays méditerranéens malgré son élargissement vers l'Est et l'action française en Côte d'Ivoire, Tunis, 5 décembre 2003.

47. Jacques Chirac, Discours lors de la réception en l'honneur du Comité pour la mémoire de l'esclavage, Paris, 30 janvier 2006.

48. Jacques Chirac, Allocution prononcée lors des cérémonies commémorant la grande rafle des 16 et 17 juillet 1942, Paris, 16 juillet 1995.

49. Jacques Chirac, *Mon combat pour la France. Textes et interventions, 1995-2007*, Paris, Odile Jacob, 2007, p. 16.

50. Jacques Chirac, Allocution à l'occasion du 90e anniversaire de la bataille de Verdun, Verdun, 25 juin 2006.

51. Jacques Chirac, Allocution lors de la cérémonie organisée à l'occasion du centenaire de la réhabilitation d'Alfred Dreyfus, École militaire de Paris, 12 juillet 2006.

52. Jacques Chirac, Discours lors d'une réception en l'honneur du Comité pour la mémoire de l'esclavage, palais de l'Élysée, 30 janvier 2006.

53. Jacques Chirac, Communiqué de la Présidence de la République à la suite de l'entretien de Jacques Chirac avec Jean-Louis Debré, président de l'Assemblée Nationale à propos de la loi du 23 février 2005, 25 janvier 2006.

54. Jacques Chirac, *La Lueur de l'espérance*, *op. cit.*, p. 139.

55. Jacques Chirac, Intervention à l'occasion de la fête nationale, palais de l'Élysée, 14 juillet 1999.

56. Jacques Chirac, Discours à l'occasion du 25e anniversaire de la Ve République, Hôtel de ville de Paris, 4 octobre 1983.

57. Jacques Chirac, *Mon combat pour la France, op. cit.*, p. 13.

58. *Le Monde*, 24 octobre 1991.

59. *Ibid.*

60. *Ibid.*

61. *Ibid.*

62. Jacques Chirac, Intervention à l'occasion de la fête nationale, palais de l'Élysée, 14 juillet 1999.

63. Jacques Chirac, *Mémoires*, t. II, *op. cit.*, p. 277.

64. *Ibid.*, p. 278.

65. *Le Monde*, 24 octobre 1991.

66. *Ibid.*

67. *Ibid.*

68. *Le Monde*, 12 mai 1977 ; voir aussi Jacques Chirac, *La Lueur de l'espérance*, *op. cit.*, p. 177.

69. Jacques Chirac, Entretien avec Guillaume Durand, *Paris Match*, 3 septembre 1992.

70. *Ibid.*

71. Jacques Chirac, *Une nouvelle France*, Paris, Nil, 1994, p. 21.

72. Jacques Chirac, Allocution télévisée, 22 février 1996.

73. Jacques Chirac, Discours au Congrès de l'association des départements français, 18 octobre 2001.

74. Jacques Chirac, Discours de vœux aux corps constitués, palais de l'Élysée, 5 janvier 2005.

75. Europe 1, 12 septembre 1974.

76. Journées parlementaires, Tessé-la-Madeleine, 25 septembre 1975.

77. Jacques Chirac, Déclaration, 27 octobre 1977, Avignon.

78. Jacques Chirac, *La Lueur de l'espérance*, *op. cit.*, p. 176.

79. Jacques Chirac, Vœux aux corps constitués, palais de l'Élysée, 5 janvier 2000.

80. Jacques Chirac, Discours, Rouen, 10 avril 2002.

81. Jacques Chirac, Déclaration sur son refus de débat télévisé avec le président du Front national et sur son programme gouvernemental, Rennes, 23 avril 2002.

82. Jacques Chirac, Discours d'Égletons, Corrèze, 3 octobre 1976.

83. Jacques Chirac, Discours, Paris, Porte de Versailles, 17 février 1995.

84. Jacques Chirac, Allocution prononcée à l'occasion de l'installation de la Commission de réflexion sur l'application du principe de laïcité, palais de l'Élysée, 3 juillet 2003.

85. Jacques Chirac, Discours, Amnéville, 25 mars 2002.

86. Jacques Chirac, Allocution, palais de l'Élysée, 17 décembre 2003.

87. Jacques Chirac, *Mémoires*, t. II, *op. cit.*, p. 230.

88. *Ibid.*, p. 598-599.

89. Jacques Chirac, Discours, Rennes, Conseil régional de Bretagne, 4 décembre 1998.

90. Jacques Chirac, Allocution, palais de l'Élysée, 17 décembre 2003.

91. Jacques Chirac, Discours en réponse au mot de bienvenue de M. Serge Grouard, maire d'Orléans, Orléans, 3 mai 2001.

92. Jacques Chirac, Conseil de l'Europe, Strasbourg, 27 janvier 1987.

93. Jacques Chirac, Discours à l'occasion du centenaire de la conférence des Bâtonniers, La Sorbonne, Paris, 4 juillet 2003.

94. *Ibid.*

95. Jacques Chirac, *Une nouvelle France*, *op. cit.*, p. 89.

96. Jacques Chirac, Discours sur la nécessité de promouvoir le partage des responsabilités entre hommes et femmes au sein de l'environnement familial, professionnel et politique et sur le projet de révision constitutionnelle pour l'égal accès des femmes et des hommes aux fonctions électives, Paris, 16 avril 1999.

97. Jacques Chirac, Allocution, palais de l'Élysée, 17 décembre 2003.

98. Jacques Chirac, Message à l'occasion des états généraux de la Démocratie locale et de la parité, lu par Simone Veil, Paris, Palais du Luxembourg, 7 mars 2005.

99. Jacques Chirac, *Une nouvelle France*, *op. cit.*, p. 89.

100. Jacques Chirac, Discours à l'occasion de l'installation à Paris de la Haute Autorité de lutte contre les discriminations et pour l'égalité, Paris, 23 juin 2005.

101. Jacques Chirac, Allocution, palais de l'Élysée, 17 décembre 2003.

102. Jacques Chirac, Allocution devant la Commission consultative des droits de l'homme, palais de l'Élysée, 10 décembre 1996.

103. Jacques Chirac, Discours prononcé lors de la réception en l'honneur du Comité pour la mémoire de l'esclavage, palais de l'Élysée, 30 janvier 2006.

104. Jacques Chirac, *Mon combat pour la France, op. cit.*, p. 14.

105. Jacques Chirac, Déclaration aux Français pour annoncer qu'il ne briguera pas leurs suffrages pour un troisième mandat, palais de l'Élysée, 11 mars 2007.

106. Jacques Chirac, Discours lors du Xe anniversaire du SAMU social, Paris, hospice Saint-Michel, 28 novembre 2003.

107. Jacques Chirac, Discours à l'occasion de la réception en l'honneur des initiatives « Fraternité 2000 », palais de l'Élysée, 7 avril 2000.

108. Jacques Chirac, Allocution, Valenciennes, 21 octobre 2003.

109. Jacques Chirac, Allocution, Mont-de Marsan, 7 octobre 1977.

110. Jacques Chirac, Discours à l'occasion du 50e anniversaire de la Sécurité sociale, la Sorbonne, Paris, 4 octobre 1995.

111. Jacques Chirac, Allocution à l'assemblée générale de l'association des centres éducatifs du Limousin, Bort-les-Orgues, 1er juillet 1995.

112. Jacques Chirac, « L'action », *Revue des Deux Mondes*, *op. cit.*, p. 5.

113. *Ibid.*, p. 6.

114. Jacques Chirac, Discours prononcé à l'occasion du débat national sur l'avenir de l'école, palais de l'Élysée, 20 novembre 2003.

115. Jacques Chirac, *Une nouvelle France*, *op. cit.*, p. 29.

116. Jacques Chirac, Allocution à l'occasion de sa visite au lycée technologique et professionnel Maréchal-Leclerc-de-Hautecloque, Saint-Jean-de-la-Ruelle, Loiret, 23 février 1999.

117. *Le Monde de l'éducation*, décembre 1996.

118. Jacques Chirac, Allocution aux États généraux des jeunes entrepreneurs européens, Palais des congrès, Paris, 29 novembre 1999.

119. Jacques Chirac, Allocution au Congrès des juristes catholiques, Paris, 12 novembre 1982.

120. Jacques Chirac, Entretien avec Bernard Pivot, *Paris Match*, 15 avril 1988.

121. Jacques Chirac, *Mémoires*, t. I, *op. cit.*, p. 273.

122. Jacques Chirac, Conférence de presse conjointe avec Aleksander Kwasniewski (président de la République de Pologne) sur les relations franco-polonaises et sur l'élargissement de l'Union européenne et de l'Otan à la Pologne, Varsovie, 12 septembre 1996.

123. Jacques Chirac, Allocution, Valenciennes, 21 octobre 2003.

124. Service de presse de la Présidence de la République, 19 septembre 1996.

125. Jacques Chirac, Allocution, palais de l'Élysée, 17 décembre 2003.

126. Jacques Chirac, Discours à l'occasion de la remise du rapport de la commission Stasi sur la laïcité, palais de l'Élysée, 11 décembre 2003.

127. Jacques Chirac, Allocution sur l'histoire des relations entre la communauté juive et la République, sur l'antisémitisme et la xénophobie, sur l'enquête sur la confiscation des biens juifs, sur l'intégration des immigrés, palais de l'Élysée, 2 mars 1997.

128. Jacques Chirac, Allocution à l'occasion de l'inauguration du musée d'Art et d'Histoire du judaïsme, Paris, 30 novembre 1998.

129. Jacques Chirac, Discours lors de l'inauguration du Centre bouddhique, Paris, 28 octobre 1977.

130. Jacques Chirac, Déclaration sur le massacre d'Oradour-sur-Glane et la poursuite des auteurs de crimes de guerre et crimes contre l'humanité, Oradour-sur-Glane, 16 juillet 1999.

131. Jacques Chirac, Discours à l'ouverture du Forum mondial des biotechnologies, Lyon, 8 février 2001.

132. Jacques Chirac, Discours à l'occasion du 20e anniversaire du Comité consultatif national d'Éthique pour la santé et les sciences de la vie, Paris, 23 février 2003.

133. Jacques Chirac, Discours, Orléans, 3 mai 2001.

134. *Ibid.*

135. Jacques Chirac, Discours à l'ouverture de la conférence pour une gouvernance écologique mondiale « Citoyens de la terre », palais de l'Élysée, 2 février 2007.

Notes du chapitre 3, p. 179

1. Jacques Chirac, *Mémoires*, t. I, *op. cit.*, p. 145.
2. Assemblée nationale, *JO*, 15 juin 1977.
3. *Ibid.*
4. Jacques Chirac, *La Lueur de l'espérance*, *op. cit.*, p. 195.
5. *Ibid.*, p. 197.

6. Jacques Chirac, Appel de Cochin, Paris, 6 décembre 1978.

7. Assemblée nationale, *JO*, 11 avril 1990.

8. Jacques Chirac, Déclaration à la presse à l'issue de la réunion des députés et sénateurs RPR, Paris, 15 avril 1992.

9. Jacques Chirac, Entretien avec Guillaume Durand, *Paris Match*, 3 septembre 1992.

10. *Libération*, 11 septembre 1992.

11. Jacques Chirac, Discours prononcé devant le Bundestag allemand, Berlin, 27 juin 2000.

12. *Ibid.*

13. *Ibid.*

14. *Ibid.*

15. *Ibid.*

16. *Ibid.*

17. Jacques Chirac, Discours à l'occasion de la commémoration du 10e anniversaire de la réunification allemande, Dresde (Allemagne), 3 octobre 2000.

18. Jacques Chirac, Discours à l'occasion de la réunion des députés français et allemands pour célébrer les 40 ans du traité de l'Élysée, Versailles, 22 janvier 2003.

19. Jacques Chirac, *Une nouvelle France*, *op. cit.*, p. 102.

20. Jacques Chirac, Intervention à l'occasion du sommet euro-méditerranéen, Barcelonne, 28 novembre 2005.

21. Jacques Chirac, Discours à la séance inaugurale de l'Atelier culturel Europe-Méditerranée-Golfe, 13 septembre 2006.

22. Jacques Chirac, *Mémoires*, t. II, *op. cit.*, p. 530.

23. Jacques Chirac, Intervention télévisée, 15 décembre 2004.

24. Jacques Chirac, Intervention à l'occasion de la fête nationale, palais de l'Élysée, 14 juillet 2004.

25. Jacques Chirac, *Mémoires*, t. II, *op. cit.*, p. 528.

26. *Ibid.*, p. 532.

27. Jacques Chirac, *Une nouvelle France*, *op. cit.*, p. 99.

28. Jacques Chirac, Discours prononcé devant le Bundestag allemand, Berlin, 27 juin 2000.

29. *Ibid.*

30. *Ibid.*

31. *Ibid.*

32. Jacques Chirac, *Mémoires*, t. II, *op. cit.*, p. 310.

33. Jacques Chirac, Discours devant les parlementaires Français et Allemands, Versailles, 22 janvier 2003.

34. Jacques Chirac, Discours devant les parlementaires de la Chambre des communes et de la Chambre des Lords, Palais de Wesminster, Londres, 15 mai 1996.

35. Jacques Chirac, Allocution au Palais de Wesminster, Londres, 18 novembre 2004.

36. Jacques Chirac, Discours prononcé à la tribune de l'Unesco, Paris, 15 octobre 2001.

37. *Ibid.*

38. *Ibid.*

39. *Ibid.*

40. *Ibid.*

41. *Ibid.*

42. *Ibid.*

43. *Ibid.*

44. *Ibid.*

45. *Ibid.*

46. Jacques Chirac, Conférence « Contre le terrorisme pour l'humanité », New York, 22 septembre 2003.

47. Jacques Chirac, Discours prononcé à la tribune de l'Unesco, Paris, 15 octobre 2001.

48. Jacques Chirac, Discours à l'occasion du 20e anniversaire de l'Institut français des relations internationales, palais de l'Élysée, 4 novembre 1995.

49. Jacques Chirac, *La Lueur de l'espérance*, *op. cit.*, p. 226.

50. Jacques Chirac, Discours à l'occasion de la réunion des ambassadeurs, palais de l'Élysée, 31 août 1995.

51. *Time Magazine*, 16 février 2003.

52. Jacques Chirac, Discours à l'ouverture de la 58e session de l'Assemblée générale des Nations unies, 23 septembre 2003.

53. Jacques Chirac, Discours prononcé à la tribune de l'Unesco, Paris, 15 octobre 2001.

54. *Ibid.*

55. *Ibid.*

56. *Ibid.*

57. *Ibid.*

58. Jacques Chirac, *Mon combat pour la France. Textes et interventions, 1995-2007*, Odile Jacob, 2007, p. 9.

59. Jacques Chirac, *Mémoires*, t. II, *op. cit.*, p. 562.

60. *Spectacle du monde*, 1er décembre 2005.

61. Jacques Chirac, Allocution à l'occasion de l'inauguration du Musée du quai Branly, Paris, 20 juin 2006.

62. Jacques Chirac, *Une nouvelle France*, *op. cit.*, p. 133.

63. Jacques Chirac, Discours à l'occasion de la XIXe conférence ministérielle de la francophonie, Paris, 6 janvier 2004.

64. Jacques Chirac, Allocution prononcée, à l'occasion de la présentation de la maison de la Francophonie, palais de l'Élysée, 19 mars 2007.

65. Jacques Chirac, Conférence de presse lors du sommet du G7, Halifax, Canada, 15 juin 1995.

66. Jacques Chirac, Discours au Congrès, Washington, 1er février 1996.

67. Jacques Chirac, *Mémoires*, t. II, *op. cit.*, p. 379.

68. Jacques Chirac, Interview dans le *New York Times* du 9 septembre 2002, sur le projet d'une attaque préventive des États-Unis contre l'Irak, ses réserves sur la doctrine de prévention et sur l'idée d'une intervention pour changer un régime, sa préférence pour un ultimatum et une action militaire éventuelle dans le cadre du Conseil de sécurité de l'ONU, ainsi que sur l'antisémitisme, la condamnation à mort de M. Moussaoui, et la montée de l'anti-occidentalisme.

69. Jacques Chirac, *Mémoires*, t. II, *op. cit.*, p. 389.

70. *Ibid.*, p. 391.

71. *Ibid.*, p. 423.

72. Jacques Chirac, Allocution sur le devoir de solidarité des grands pays industrialisés à l'égard de l'Afrique et sur le refus de la France de l'afro pessimisme, Yamoussoukro, 21 juillet 1995.

73. Jacques Chirac, Discours devant les deux chambres réunies du Parlement congolais, 18 juillet 1996.

74. *Ibid.*

75. Jacques Chirac, Point de presse, à l'issue de la réunion du G7 à Kananaskis, le 26 juin 2002.

76. Jacques Chirac, Discours à l'occasion du sommet France-Afrique, Cannes, 15 février 2007.

77. *Le Monde*, 13 juillet 2012.

78. Jacques Chirac, *20 heures*, France 2, 22 octobre 1996.

79. Jacques Chirac, Allocution en l'honneur du Président de l'État d'Israël Moshe Katsav, palais de l'Élysée, 16 février 2004.

80. Jacques Chirac, Conférence de presse de au premier jour du sommet du G8, Saint-Pétersbourg, 16 juillet 2006.

81. Jacques Chirac, Discours à l'École nationale d'administration chinoise, Pékin, 16 mai 1997.

82. Jacques Chirac, Allocution à l'occasion du dîner d'État offert en l'honneur de M. Jiang Zemin, président de la République populaire de chine, et de Mme Wang Yeping, palais de l'Élysée, 25 octobre 1999.

83. Jacques Chirac, Allocution à l'Institut des hautes études diplomatiques, Pékin, 22 avril 2009.

84. Jacques Chirac, Discours à l'université Keio, Tokyo, 18 novembre 1996.

85. Jacques Chirac, Allocution à l'occasion du dîner d'État offert en son honneur par Sa Majesté l'Empereur du Japon, Tokyo, 18 novembre 1996.

86. Jacques Chirac, Intervention suivie d'un débat devant le Kankeiren, Osaka, Japon, 26 mars 2005.

87. Jacques Chirac, Allocution prononcée à l'université d'État de Saint-Pétersbourg, suivie de questions, Saint-Pétersbourg, 27 septembre 1997.

88. Jacques Chirac, « L'après URSS », *Le Monde*, 28 août 1991.

89. Jacques Chirac, Allocution à l'occasion du dîner d'État offert en son honneur au Kremlin par M. Boris Eltsine, Président de la Fédération de Russie, Palais du Kremlin, Moscou, 26 septembre 1997.

90. Jacques Chirac, Allocution sur les relations entre la France et la Russie à travers l'histoire, les réformes entreprises par la Russie, la coopération entre l'Union européenne et la Russie come deux pôles majeurs d'un monde multipolaire souhaité par la France et la coopération franco-russe dans différents domaines, Moscou, 2 juillet 2001.

91. Jacques Chirac, Allocution à l'occasion de la réception du prix d'État, palais du Kremlin, Moscou, 12 juin 2008.

92. Jacques Chirac, Discours prononcé à l'occasion de la réception offerte en l'honneur des participants à la rencontre internationale des communautés amérindiennes, palais de l'Élysée, 20 juin 1996.

93. Jacques Chirac, Allocution sur les relations franco-brésiliennes et les échanges commerciaux entre le Mercosur et l'Europe, Brasilia, Brésil, 12 mars 1997.

94. Jacques Chirac, Discours sur les relations franco-boliviennes, l'aide française et européenne au développement, la lutte contre la drogue et la reconnaissance de la civilisation amérindienne, La Paz, Bolivie, 15 mars 1997.

95. Jacques Chirac, Allocution sur les relations franco-argentines, la communauté française en Amérique latine et sur les échanges entre l'Europe et le Mercosur, Buenos Aires, Argentine, 18 mars 1997.

96. Jacques Chirac, Interview à propos d'Unitaid, http://www.unitaid.eu/fr/ressources/centre-de-presse/actualites/1256-interview-du-president-jacques-chirac-a-propos-d-unitaid.

97. Jacques Chirac, Point de presse conjoint avec Luiz Inacio Lula Da Silva, Brasilia, Brésil, 25 mai 2006.

Notes du chapitre 4, p. 243

1. Jacques Chirac, *Mémoires*, t. I, *op. cit.*, p. 68.
2. Jacques Chirac, Discours à l'occasion de la pose de la première pierre du Mémorial Charles-de-Gaulle, Colombey-les-Deux-Églises, 9 novembre 2006.
3. *Time Magazine*, 6 novembre 2006.
4. *Ibid.*
5. *Ibid.*
6. Jacques Chirac, *Mémoires*, t. II, *op. cit.*, p. 11.
7. Jacques Chirac, *La France pour tous*, Paris, Nil, 1995, p. 24.
8. Jacques Chirac, *Mémoires*, t. I, *op. cit.*, p. 77.
9. Jacques Chirac, *Mémoires*, t. II, *op. cit.*, p. 11-12.
10. Jacques Chirac, *Mémoires*, t. I, *op. cit.*, p. 78.
11. *Ibid.*, p. 78.
12. Citation de Chirac dans Denis Tillinac, *Pompidou vingt ans après*, *op. cit.*, p. 248.
13. Jacques Chirac, *Mémoires*, t. I, *op. cit.*, p. 75.
14. Jacques Chirac, Déclaration de politique générale sur les grandes orientations de la politique étrangère, la construction européenne, la politique économique, monétaire et sociale, la politique contractuelle et les relations dans l'entreprise, Assemblée nationale le 5 juin 1974.
15. Entretien avec Jacques Chirac, 17 juillet 2014.
16. Jacques Chirac, *Mémoires*, t. I, *op. cit.*, p. 283.
17. Entretien avec Jacques Chirac, 17 juillet 2014.
18. Jacques Chirac, *La Lueur de l'espérance*, *op. cit.*, p. 38.
19. Jacques Chirac, *Mémoires*, t. I, *op. cit.*, p. 129.
20. *Ibid.*, p. 211.
21. Jacques Chirac, Discours, Metz, 10 octobre 1977.
22. Jacques Chirac, *Mémoires*, t. I, *op. cit.*, p. 287.
23. Jacques Chirac, *La Lueur de l'espérance*, *op. cit.*, p. 78.
24. *Ibid.*, p. 289.
25. *Ibid.*, p. 339.
26. Jacques Chirac, *Mémoires*, t. II, *op. cit.*, p. 12
27. *Ibid.*, p. 20.
28. Jacques Chirac, Intervention télévisée, palais de l'Élysée, 8 janvier 1996.
29. Jacques Chirac, *Mémoires*, t. I, *op. cit.*, p. 428.
30. Jacques Chirac, *Mémoires*, t. II, *op. cit.*, p. 15.
31. *Ibid.*, p. 194.

32. *Ibid.*, p. 194.
33. *Ibid.*, p. 15.
34. *Ibid.*, p. 14.
35. *Ibid.*, p. 213.
36. *Ibid.*, p. 208.
37. *Ibid.*, p. 356.
38. *Ibid.*, p. 535.
39. *Ibid.*, p. 30.
40. *La Montagne*, janvier 1975 ; voir aussi *Le Figaro*, 14 mars 1975.
41. Jacques Chirac, *Mémoires*, t. II, *op. cit.*, p. 355.
42. *Ibid.*, p. 263 et 265.
43. *Ibid.*, p. 355.
44. *Ibid.*, p. 488.
45. Jacques Chirac, Intervention à l'occasion de la fête nationale, palais de l'Élysée, 14 juillet 2004.
46. Cité par Philippe Gouilliaud, *Le Figaro*, 2 octobre 2014.
47. J'ai interrogé Chirac sur la réalité de cette phrase que lui prête Denis Tillinac à la page 98 de son livre sur Chirac et Hollande. Il se souvient très bien l'avoir prononcée. Entretien avec Jacques Chirac, octobre 2014.
48. Jacques Chirac, *Mémoires*, t. II, *op. cit.*, p. 482.
49. *Le Nouvel Observateur*, 13 juin 2011.
50. Cité par Philippe Gouilliaud, *Le Figaro*, 7 mai 2012.
51. Jacques Chirac, Allocution prononcée à l'occasion de l'inauguration de la statue de sir Winston Churchill, Paris, 11 novembre 1998.
52. Jacques Chirac, *Mémoires*, t. I, *op. cit.*, p. 362.
53. Jacques Chirac, *Mémoires*, t. II, *op. cit.*, p. 234.
54. Jacques Chirac, *Mémoires*, t. I, *op. cit.*, p. 364.
55. Jacques Chirac, *Mémoires*, t. II, *op. cit.*, p. 300.
56. *Ibid.*, p. 300.
57. *Ibid.*, p. 50.
58. *Ibid.*, p. 319.
59. *Ibid.*, p. 50.
60. *Ibid.*, p. 321.
61. Jacques Chirac, Lettre à Barack Obama parue dans *Le Figaro*, 5 novembre 2008.
62. Réponse à Georges Suffert, *Le Figaro*, 3 novembre 1990.
63. Jacques Chirac, *Mémoires*, t. II, *op. cit.*, p. 146-147.
64. *Ibid.*, p. 313.
65. *Ibid.*, p. 316.

66. *Ibid.*, p. 431.

67. Jacques Chirac, Allocution sur le devoir de solidarité des grands pays industrialisés à l'égard de l'Afrique et sur le refus de la France de l'afro pessimisme, Yamoussoukro, Côte d'Ivoire, 21 juillet 1995.

68. Jacques Chirac, *Mémoires*, t. I, *op. cit.*, p. 265.

69. Jacques Chirac, Allocution à l'occasion de la réception à Dakar de la communauté française, Dakar, 23 juillet 1995.

70. Jacques Chirac, *Mémoires*, t. II, *op. cit.*, p. 230.

71. Jacques Chirac, Communiqué de suite au décès de Nelson Mandela, Paris, 5 décembre 2013.

72. Jacques Chirac, Discours prononcé lors du dîner offert par le président Lula en l'honneur de Jacques Chirac, Brasilia, Brésil, 25 mai 2006.

73. Jacques Chirac, Déclaration après le décès du Premier ministre israélien, M. Yitzhak Rabin, Paris, 5 novembre 1995.

74. Jacques Chirac, *Mémoires*, t. II, *op. cit.*, p. 165.

75. *Ibid.*, p. 179.

76. *Ibid.*, p. 167.

77. *Ibid.*, p. 173.

78. *Ibid.*, p. 187.

79. *Ibid.*, p. 189.

80. Jacques Chirac, *Mémoires*, t. I, *op. cit.*, p. 196.

81. Jacques Chirac, *Mémoires*, t. II, *op. cit.*, p. 447.

82. Jacques Chirac, Discours lors de l'élévation de l'abbé Pierre à la dignité de grand officier dans l'ordre de la Légion d'honneur, palais de l'Élysée, 19 avril 2001.

83. Jacques Chirac, Déclaration sur le rôle et la modernisation de la Cour des comptes, Paris, 22 janvier 2007.

84. *Pèlerin Magazine*, hors série *Jean-Paul II. Album 1978-1988.*

85. *Ibid.*

86. Jacques Chirac, Déclaration sur l'action menée par le pape Jean-Paul II en faveur de la paix, de la démocratie et de la lutte contre la pauvreté dans le monde, Paris, 3 avril 2005.

87. Jacques Chirac dans *Le Monde*, 7 septembre 1997.

88. Jacques Chirac, Communiqué du 20 octobre 2008.

89. *Ibid.*

90. Jacques Chirac, Lettre adressée à Lazare Kaplan, à l'occasion de l'inauguration de la place qui porte le nom de son père, Jacob Kaplan, Paris, 16 novembre 2000.

91. Jacques Chirac, *Mémoires*, t. II, *op. cit.*, p. 71-72.

92. Jacques Chirac, préface au livre du rabbin Haïm Korsia, *Être juif et français. Jacob Kaplan le rabbin de la République*, Paris, Privé éditeur, 2006.

93. Jacques Chirac, *Mémoires*, t. II, *op. cit.*, p. 72.

94. Jacques Chirac, Déclaration sur la Grande Mosquée de Paris, les musulmans de France, la lutte contre la haine raciale et la nécessité du dialogue sur le plan international, Paris, 9 avril 2002.

Notes du chapitre 5, p. 289

1. Jacques Chirac, *Mémoires*, t. I, *op. cit.*, p. 283.

2. *Ibid.*, p. 283.

3. Jacques Chirac, Discours aux journées parlementaires de Bordeaux, voir *Le Monde*, 22 février 1988.

4. Dans son entretien avec Guillaume Durand, *Paris Match*, 3 septembre 1992, il attribue l'origine de cette citation au syndicaliste André Bergeron.

5. *Le Figaro Magazine*, février 1993.

6. *Le Nouvel Observateur*, 16 juin 1980.

7. *Le Figaro magazine*, 20 juin 1992.

8. Jacques Chirac, Entretien télévisé, 21 septembre 2000. Ce mot revient souvent dans la bouche de Chirac. Dans le *Paris Match* du 13 octobre 1978, il évoque « l'acadabra européen ». Voir aussi le discours de Chirac aux maires RPR, le 10 septembre 1977, où il évoque un « arrêté plus abracadabrant. »

9. Phrase rapportée par Jean-Pierre Raffarin, 11 mars 2007.

10. *Libération*, 17 février 1995.

11. Jacques Chirac, *La Lueur de l'espérance*, *op. cit.*, p. 75.

12. *Ibid.* Emprunté à André Tardieu.

13. Guy Mollet, Président du Conseil de la IVe République de février 1956 à juin 1957, a été secrétaire général de la SFIO de 1946 à 1969.

14. Jacques Chirac, *Mémoires*, t. I, *op. cit.*, p. 45.

15. Auto-journal, 1er août 1977.

16. Jacques Chirac, *La France pour tous*, *op. cit.*

17. Jacques Chirac, *La Lueur de l'espérance*, *op. cit.*, p. 25.

18. *Ibid.*, p. 26. *Dame Tartine* est une cantine enfantine qui date du XIXe siècle : « Il était une Dame tartine / Dans un beau palais de beurre frais / La muraille était de praline / le parquet de croquets / La chambre à coucher / de crème de lait / le lit de biscuit / les rideaux d'anis… »

19. Jacques Chirac, *La Lueur de l'espérance*, *op. cit.*, p. 30.

20. *Ibid.*, p. 58.

21. Franz Olivier Giesbert, *Jacques Chirac*, Paris, Le Seuil, 1987, p. 53.

22. Jacques Chirac, Entretien avec Anne Sinclair, TF1, 6 mars 1988.

23. Turlupin vient du nom de scène du comédien français Henri Legrand (1587-1637) qui fit partie en 1615 de la troupe de l'hôtel de Bourgogne. On a donné aux farces grossières qu'il faisait sur scène le nom de turlupinades.

24. Jacques Chirac, *La Lueur de l'espérance*, *op. cit.*, p. 34.

25. Jacques Chirac, « L'action », *Revue des Deux Mondes*, *op. cit.*, p. 3. Il s'agit de la reprise du titre d'un livre publié en 1974 par Georges Suffert (1927-2012).

26. Jacques Chirac, *La Lueur de l'espérance*, *op. cit.*, p. 30.

27. Jacques Chirac, *Journal de l'UDR Lorraine*, 30 juin 1975.

28. Jacques Chirac, *La Lueur de l'espérance*, *op. cit.*, p. 35.

29. *Ibid.*, p. 39.

30. Jacques Chirac, Entretien avec Georges Suffert, *Le Figaro*, 3 novembre 1990.

31. Jacques Chirac, Entretien avec Anne Sinclair, TF1, 6 mars 1988.

32. Jacques Chirac, Entretien avec Jean Cau, *Paris Match*, 17 décembre 1976.

33. Jacques Chirac, Conférence de presse, Paris, hôtel Intercontinental, 8 mars 1988.

34. Jacques Chirac, Discours devant l'Union internationale des journalistes et de la presse de langue française, *Le Figaro*, 8 février 1975.

35. Franz Olivier Giesbert, *Jacques Chirac*, *op. cit.*, p. 53.

36. Jacques Chirac, Conférence de presse à l'issue du sommet franco-africain, Ouagadougou, 6 décembre 1996. Il semble avoir emprunté cette citation à Jean Guitton.

37. Réponse que Jacques Chirac fit à la question : « Aimez-vous le sport ? » le 13 novembre 2014.

38. « Cou-couche panier / Pa-pattes en rond / Les yeux fermés / On fait ronron… » Refrain d'une chanson de 1960 de Serge Castel, sur une musique de René Denoncin.

Note de la conclusion, p. 301

1. Jacques Chirac, « L'action », *Revue des Deux Mondes*, *op. cit.*, p. 3.

Bibliographie sommaire

Jacques Chirac

Mémoires, t. 1 : *Chaque pas doit être un but*, Paris, Nil, 2009 ; t. 2 : *Le Temps présidentiel*, Paris, Nil, 2011.

Mon combat pour la France. Textes et interventions, 1995-2007, Paris, Odile Jacob, 2007.

Mon combat pour la paix, Paris, Odile Jacob, 2007.

La France pour tous, Paris, Nil, 1995.

Une nouvelle France, Paris, Nil, 1994.

La Lueur de l'espérance, Paris, La Table ronde, 1978.

Discours pour la France à l'heure du choix, Paris, Stock, 1978.

Sur Jacques Chirac

BACQUÉ Raphaëlle, *Chirac ou le démon du pouvoir*, Paris, Albin Michel, 2002.

BAS Philippe, *Avec Chirac*, Paris, L'Archipel, 2012.

BASSET Michel, *Les Vertes Années du Président*, Paris, Filipacchi, 1996.

BRANCA Éric, *Jacques Chirac*, Chronique Éditions, 2015.

BOUE-MÉRAC Pierre, *Chirac l'authentique*, Paris, Harca, 1995.

CLERC Christine, *Le Journal intime de Jacques Chirac*, Paris, Albin Michel, 4 t., 1995-1999.

CLESSIS Catherine, PRÉVOST Bernard, WAJSMAN Patrick, *Jacques Chirac ou la République des cadets*, Paris, Presse de la Cité, 1972.

COLLOVALD Annie, *Jacques Chirac et le gaullisme*, Paris, Belin, 1999.

DELIGNY Henri, *Chirac ou la fringale du pouvoir*, Paris, Moreau, 1977.

DESJARDINS Thierry, *Un inconnu nommé Chirac*, Paris, La Table Ronde, 1983.

DESSALE Karine, *Sa garde du cœur… jusqu'au bout*, Paris, La Table ronde, 2007.

DIVE Bruno, *Le Dernier Chirac*, Paris, Jacob-Duvernet, 2011.

DUHAMEL Alain, *Le Ve Président*, Paris, Gallimard, 1986.

FULDA Anne, *Un président très entouré*, Paris, Grasset, 1997.

GIESBERT Franz Olivier, *Jacques Chirac*, Paris, Le Seuil, 1987.

GURREY Béatrice, *Chirac, les secrets du clan*, Paris, Robert Laffont, 2015.

JEAMBAR Denis, *Accusé Chirac, levez-vous !*, Paris, Le Seuil, 2005.

JOUVE Pierre, MAGOUDI Ali, *Chirac portrait total*, Paris, Carrère, 1987.

LECLERC-GAYRAU Guy, *L'Héritage. 20 ans après ou le gaullisme résiduel*, Paris, L'Albatros, 1989.

MADELIN Philippe, *Jacques Chirac*, Paris, Flammarion, 2002.

MICHAUD Yves, *Chirac dans le texte*, Paris, Stock, 2004.

MONTALDO Jean, *Chirac et les quarante menteurs*, Paris, Albin Michel, 2006.

PÉAN Pierre, *L'Inconnu de l'Élysée*, Paris, Fayard, 2007.

PROBST Jean-François, *Chirac et dépendances*, Paris, Ramsay, 2002.

PROBST Jean-François, *Chirac, mon ami de trente ans*, Paris, Denoël, 2007.

SZAFRAN Maurice, *Jacques Chirac ou les passions du pouvoir*, Paris, Grasset, 1986.

TILLINAC Denis, *Chirac, Hollande, une histoire corrézienne*, Paris, Plon, 2014.

TONDRE Jacques-Michel, *Jacques Chirac dans le texte*, Paris, Ramsay, 2010.

Merci à Christine Branchu pour sa patience et pour avoir relu plusieurs fois, avec une attention remarquable, ce manuscrit pour y traquer les erreurs, les redites et apporter ses conseils toujours judicieux.

Table des matières

Achevé d'imprimer par Corlet Imprimeur S.A.
14110 Condé-sur-Noireau
Dépôt légal : mars 2015
ISBN : 979-10-210-0866-3
Numéro d'édition : 3773
Numéro imprimeur : 171594
Imprimé en France